MANITIES AND SOCIETY

HUMANITIES AND SOCIETY

休谟的人生智慧

Julian Baggini

[英国] 朱利安·巴吉尼 著 杨春丽 译

译林出版社

图书在版编目（CIP）数据

休谟的人生智慧 /（英）朱利安·巴吉尼（Julian Baggini）著；杨春丽译．— 南京：译林出版社，2024.7

（人文与社会译丛 / 刘东主编）

书名原文：The Great Guide: What David Hume Can Teach Us about Being Human and Living Well

ISBN 978-7-5753-0181-7

Ⅰ.①休… Ⅱ.①朱… ②杨… Ⅲ.①休谟（Hume, David 1711—1776）—人生哲学 Ⅳ.①B561.291

中国国家版本馆 CIP 数据核字（2024）第 098770 号

著作权合同登记号 图字：10-2022-12 号

休谟的人生智慧 ［英国］朱立安·巴吉尼 / 著 杨春丽 / 译

责任编辑 张海波
特约编辑 陈秋实
装帧设计 胡 苨
校 对 王 敏
责任印制 董 虎

原文出版 Princeton University Press, 2021
出版发行 译林出版社
地 址 南京市湖南路 1 号 A 楼
邮 箱 yilin@yilin.com
网 址 www.yilin.com
市场热线 025-86633278
排 版 南京展望文化发展有限公司
印 刷 江苏凤凰通达印刷有限公司
开 本 880毫米 ×1240毫米 1/32
印 张 9.875
插 页 2
版 次 2024 年 7 月第 1 版
印 次 2024 年 7 月第 1 次印刷
书 号 ISBN 978-7-5753-0181-7
定 价 68.00 元

主编的话

刘 东

总算不负几年来的苦心——该为这套书写篇短序了。

此项翻译工程的缘起，先要追溯到自己内心的某些变化。虽说越来越惯于乡间的生活，每天只打一两通电话，但这种离群索居并不意味着我已修炼到了出家遁世的地步。毋宁说，坚守沉默少语的状态，倒是为了咬定问题不放，而且在当下的世道中，若还有哪路学说能引我出神，就不能只是玄妙得叫人着魔，还要有助于思入所属的社群。如此嘈嘈切切鼓荡难平的心气，或不免受了世事的恶刺激，不过也恰是这道底线，帮我部分摆脱了中西"精神分裂症"——至少我可以倚仗着中国文化的本根，去参验外缘的社会学说了，既然儒学作为一种本真的心向，正是要从对现世生活的终极肯定出发，把人间问题当成全部灵感的源头。

不宁惟是，这种从人文思入社会的诉求，还同国际学界的发展不期相合。擅长把捉非确定性问题的哲学，看来有点走出自我囿闭的低潮，而这又跟它把焦点对准了社会不无关系。现行通则的加速崩解和相互证伪，使得就算今后仍有普适的基准可言，也要有待于更加透辟的思力，正是在文明的此一根基处，批判的事业又有了用武之地。由此就决定了，尽管同在关注世俗的事务与规则，但跟既定框架内的策论不同，真正体现出人文关怀的社会学说，决不会是医头医脚式的小修小补，而必须以激进亢奋的姿态，去怀疑、颠覆和重估全部的价值预设。有意思的是，也许再没有哪个时代，会有这么多书生想要焕发制度智慧，这既凸显了文明的深层危机，又表达了超越的不竭潜力。

于是自然就想到翻译——把这些制度智慧引进汉语世界来。需要说明的是，尽管此类翻译向称严肃的学业，无论编者、译者还是读者，都会因其理论色彩和语言风格而备尝艰涩，但该工程却绝非寻常意义上的“纯学术”。此中辩谈的话题和学理，将会贴近我们的伦常日用，渗入我们的表象世界，改铸我们的公民文化，根本不容任何学院人垄断。同样，尽管这些选题大多分量厚重，且多为国外学府指定的必读书，也不必将其标榜为“新经典”。此类方生方成的思想实验，仍要应付尖刻的批判围攻，保持着知识创化时的紧张度，尚没有资格被当成享受保护的“老残遗产”。所以说白了：除非来此对话者早已功力尽失，这里就只有激活思想的马刺。

主持此类工程之烦难，足以让任何聪明人望而却步，大约也惟有愚钝如我者，才会在十年苦熬之余再作冯妇。然则晨钟暮鼓黄卷青灯中，毕竟尚有历代的高僧暗中相伴，他们和我声应气求，不甘心被宿命贬低为人类的亚种，遂把移译工作当成了日常功课，要以艰难的咀嚼咬穿文化的篱笆。师法着这些先烈，当初酝酿这套丛书时，我曾在哈佛费正清中心放胆讲道：“在作者、编者和读者间初步形成的这种‘良性循环’景象，作为整个社会多元分化进程的缩影，偏巧正跟我们的国运连在一起，如果我们至少眼下尚无理由否认，今后中国历史的主要变因之一，仍然在于大陆知识阶层的一念之中，那么我们就总还有权想象，在孔老夫子的故乡，中华民族其实就靠这么写着读着，而默默修持着自己的心念，而默默挑战着自身的极限！”惟愿认同此道者日众，则华夏一族虽历经劫难，终不致因我辈而沦为文化小国。

一九九九年六月于京郊溪翁庄

目　录

引　言

一枚深藏于苏格兰的宝石

未竣工的苏格兰国家纪念碑坐落于爱丁堡市中心附近的卡尔顿山山顶上，纪念的是在拿破仑战争中阵亡的苏格兰将士和水手。纪念碑的设计以雅典的帕提侬神庙为原型，从中汲取的灵感却远超设计者的初衷。[1]帕提侬神庙已损毁过半，国家纪念碑则因资金匮乏于1829年弃建，半途而废。

纪念碑令人联想到古典希腊在现代苏格兰的显现，如此联想乍一看并不相宜。当柏拉图和亚里士多德为西方哲学奠定根基时，苏格兰如同英国其他地方，仍是没有文字的社会。但是，到了18世纪早期，苏格兰可以自豪地称自己是雅典的继承者，是世界哲学之都了。爱丁堡引领欧洲启蒙运动，仅有巴黎这个思想中心可与之匹敌。无论是在爱丁堡，还是英国乃至全世界都闻名遐迩的最伟大的哲学家大卫·休谟曾说，苏格兰人“是当之无愧的欧洲最杰出的文学民族”[2]，此话言之有理。 1

1　Charles Robert Cockerell & William Henry Playfair.

2　*Letters of David Hume*, *Volume 1*, ed. J. Y. T. Greig (Oxford University Press, 1932), Letter 135.

图1　未竣工的苏格兰国家纪念碑，爱丁堡市卡尔顿山

近代有两位伟大的思想家诞生于爱丁堡这座城市。一位是经济学家亚当·斯密，他闻名遐迩、备受尊崇；另一位是休谟，在学术圈外则鲜为人知。然而，在哲学家这个群体里，人们都会赞美休谟，尊他为最伟大的哲学家。近年有一项研究[1]，邀请几千位学院哲学家（academic philosophers），请他们回答“你最认同哪一位已经作古的前辈？”；他们的答案显示，休谟明显领先于亚里士多德、康德和维特根斯坦。休谟曾描述过一个现象：“学者的活动封闭在学院和小房间里，与世隔绝，缺乏

1　philpapers.org/surveys/demographics.pl.

与良好伙伴的交流，故一直遭受损失。”[1]其身后之事足以说明，他也为这种现象所害。休谟享受学术界无上的爱慕；在学术圈外，竟湮没无闻。 2

许多科学家——并非总是哲学痴迷者——也会提及休谟对自己的影响。爱因斯坦在致信莫里茨·石里克（Moritz Schlick）时说，他“曾怀着热切、钦佩的心情”阅读休谟的《人性论》，“之后不久便发现了相对论”。他甚至说：“倘若没有这些哲学研习，我很可能找不到这个答案。”[2]查尔斯·达尔文的笔记也显示，他读过休谟的几部著作。生物学家刘易斯·沃尔珀特（Lewis Wolpert）曾说，哲学家“很聪明，可是所言没有丝毫用处”；然而，他认为休谟属于例外，承认自己一度“深深爱上了”他。[3]

即使是在学术上崇拜休谟的人，也未必能充分领会他作为实践哲学家的价值。休谟最有名的是他的因果观念、知觉观念以及对宗教的批评。可是，人们学习休谟的思想，往往不是为了过上良好的生活，此可谓一大损失。休谟耗费许多时间思索并撰写的内容，确实大多是关乎玄奥晦涩的问题，但那也只是因为这些问题有助于我们理解人性，寻求安身立命之所。“关乎人性的最抽象的思辨，无论如何枯燥无趣，都可服务于实用道德（practical morality），并使实用道德的戒律更正确，使它的劝导更具说服力。”[4]例如，休谟认为，因果关系不是抽象的、形而上学的问题，而与我们日常经验的每个瞬间息息相关。休谟绝不允许自己的理智插上幻想的翅膀，总是把自己的思想扎根于经验，把经验称为“人生的伟大指南”。因此，休谟思考日常问题，犹如他思考哲学的终极问题一样庄重、理性。

休谟究竟如何给我们树立了人生的榜样？要知道答案，我们不仅需要阅读他的著述，还要观察他的一生。除了偏执、自恋的让-雅 3

1 “Of Essay-Writing,” 4.

2 Einstein to Moritz Schlick, December 14, 1915, Papers, A, vol. 8A, Doc. 165.

3 Interview with Julian Baggini, *Philosophers' Magazine*, issue 42 (2008): 120–126.

4 *A Treatise of Human Nature*, 3.3.6.6.

克·卢梭以外，认识休谟的每一个人都对他有极高的评价。他晚年曾在巴黎旅居三年，在沙龙这样的社交场合游走的人们都渴望与他为伴，人人称他“好人大卫”。霍尔巴赫男爵（Baron d’Holbach）在致休谟的书信中说，休谟是“一个伟大的人，您的友情弥足珍贵，我会视若珍宝”[1]。亚当·斯密盛赞休谟：“也许在人之脆弱的本性可容许的范围内，他几乎接近‘智慧、美德皆完美的人’这个概念。”[2]

休谟不仅撰写如何生活的文章，他还以身践行良好的生活方式。他的哲学主张中庸、适度，他倡导人类同情心，对同情心的重视程度即使没有超越，也不次于对人类理性的拥护。他不会恣意乐观地赞美科学和理性的力量，更不会歇斯底里地鞭挞宗教和迷信。最重要的是，他从来不会因为追求学问和知识而妨碍自己享受美酒、佳肴、社交和玩耍这些令人舒缓放松的乐趣。休谟以身践行一种温和、理性、友善的生活方式。这种生活涉及的一切都是今天的公共生活里罕有的。

休谟的所言和所行同等重要，它们一起构成一个和谐的整体。这个和谐的整体就是身心合一的生活，它激励我们所有人。我想纵观大卫·休谟这个整体，即此人本身，还有他论及他本人、他的生活方式诸方面时传递的哲学思想。要做到这一点，我需要同时解读他的生活和他的著作。我跟随休谟一生的脚踪，包括他生活和旅居过的地方，旨在说明：跟随他哲学的脚踪，也是同样明智的。

我们观察休谟的生平和为人，能更好地理解他为何没有从学术界的卓越地位“转身”，而获取公众的赞扬。简言之，休谟没有可以彰显知识的魅力和神秘感的个人特征。还有一些浪漫的悲剧人物，遭人误解，默默无闻，不得人心，年纪轻轻就撒手人寰；休谟亦非如此。相反，

---

1 *Letters of Eminent Persons, Addressed to David Hume*, ed. John Hill Burton (W. Blackwood & Sons, 1849), Letter 16, March 1766, p.234.

2 Adam Smith to William Strachan, November 9, 1776, available at www.ourcivilisation.com/smartboard/shop/smitha/humedead.htm.

休谟和蔼可亲，整日兴高采烈；他去世时，受人爱戴，饱享声誉。他的思想合乎情理，不会惹人反感；他的观念没有明显的极端倾向，不至于令 4
人诧异。他对“狂热者”的厌恶——他指的是各种狂热分子——让他极其温和，不会在仰慕者中间唤起狂热行为。这些品质让他成为一个睿智而完善的人，可是，同样的品质又遏制了他，使他无法成为一个受狂热崇拜的偶像。

倘若我们要在近代历史的某个时间点上回归休谟的哲学，这个时间点肯定就是现在。狂热分子愈来愈多，民粹主义的铁腕政治人物维护人民的意志时，仿佛认为人民的意志是绝对的，且是绝对正确的。在比较稳定的时代，我们也许可以借助尼采式的人物帮我们摆脱中产阶层盲目自满的情绪，或者心存柏拉图式的完美而不朽的梦想。可现在这些哲学理念是多余的，沉溺其中会产生祸害；如今，我们比以往任何时候都更需要健全的理智和非同寻常的见识。

我会使用许多休谟用过的词汇，主要因为我发现休谟的词汇如此精湛优美，我不知道如何用自己的词汇升华他的词汇。我知道，许多人认为休谟的作品不易读懂，这主要归咎于他18世纪的文风——句子长，词汇过时。但是，在他貌似冗长枯燥的漫谈式文本里，瑰宝俯拾即是。休谟特别懂得文章开头和结尾的重要性。此处以休谟的《道德原则研究》第一段为例：

> 在所有争论中，与那些顽固地扼守自己原则的人争论最令人气恼。然而，也许这种气恼远不及与那些毫无诚意的人争论，那些人其实并不相信自己维护的观点，他们参与争辩乃是因为装腔作势，源于一种对抗精神，或渴望炫耀自己的机智和技巧比其他人更高明。我们可以预测，这两类人同样盲目坚持自己的论证，同样蔑 5
> 视自己的对手，在固守诡辩和谬误时保持同样狂热的激情。他们在争论时并非从推理中获得原则；由于逻辑和感情毫不相干，若我

> 们指望运用逻辑让他们接受更合理的原则，则是枉费心机。[1]

如果你能克服文本中“pertinaciously”（顽固地）、“whence”（从那里）、“inforcing”（固守）这类词汇造成的障碍，你就能看出，这个段落简直就是一篇微型论文，直击顽固之人的本质，并说明这种顽固性何等令人反感；我们还能看出，休谟决意远离这样的恶行。休谟所做的研究是真诚的，绝不试图为自己既往坚持的信条辩护。读者应当用同样开放的精神解读他的作品。

我们可以向休谟学习许多有益的经验和教训，我从这些经验和教训中提取精华，由此产生源自休谟的箴言。比如，从上面引用的这段文字，可以汲取这个原则：**倘若人们持守信条的原因和理性无关，理性也就无力改变他们**。这些原则，我基本上用自己的词汇表述，有时也用休谟的语言，全部收集在本书的附录中。这些原则有时是负面的教训，即我们从休谟的错误和失败中获得的经验。休谟为人谦卑，常自我贬低，他肯定很赞同我这么做。他曾经说，人之所以比其他动物更胜一筹，原因之一是人能“纠正自己的错误，并从自己的失误中获益”[2]。他在给罗伯特·沃波尔爵士（Sir Robert Walpole）的品格下断语之后，又特别提到：“公平公正的读者（假如真有这样的读者）和子孙后代（如果他们知道这样的琐事）完全有能力纠正我的错误。”[3]

为方便读者在本书中找到这些格言，我使用了不同的字体。既然
6 我们的旅程有休谟的指引，我们就直接引用休谟的一句箴言来开启这
段旅程：“**旅行有许多好处，它是消除偏见的最佳方式**。”[4]休谟一生中游历甚广，两次最重要的旅行都是去法国。这两次旅行恰好在他创作生

1 *An Enquiry concerning the Principles of Morals*, 1.1.

2 *Of the Dignity or Meanness of Human Nature*, 5.

3 *Essays, Moral, Political, and Literary*, “*Advertisement*” , (1752), 2.

4 *Letters of David Hume, Volume 1*, Letter 64.

涯的两端，有着截然不同的特征。他年轻时去卢瓦尔河谷寂静的拉弗莱什镇，过着离群索居的生活，撰写了第一部哲学著作《人性论》。待他年迈，主要作品均已完成时，他来到熙熙攘攘的巴黎生活了两年多，这里的知识分子整日盛宴款待他。两次旅行颇似一排图书两侧的书立，既对称又不对称，同时塑造他的生活和创作，也帮助我们更好地理解他的个人生活和创作生涯。这两次旅行告诉我们，无论休谟是孑然一身还是宾客盈门，是誉满天下还是默默无闻，是飞黄腾达还是苦苦挣扎，是年轻力盛还是年近垂暮，他在人生的每个时刻都在劝导我们每一个人。休谟和他的哲学是我们生命的指南。 7

第一章

一位思想家的根基

诗人奥维德说，我们心中都有一个神，这个神吞吐那神圣之火，让我们的生命焕发光彩。历世历代的诗人都称这圣火是灵感之源。然而，这种说法并没有超乎自然。这圣火并非在天堂点燃；它只在人世间传递，由一个心灵传递给另一个心灵。一个人的材料准备越充分，内心越欢喜乐意，这圣火就燃烧得越璀璨。[1]

从洛锡安[*]起步

若我们在启程前好好了解出发点，就更容易懂得整个旅程的本质和意义。爱丁堡是休谟人生旅途的起点，又是最终的落脚点。休谟诞生于1711年4月26日，他在施洗登记册上的信息显示，他是"奈恩韦尔斯（Ninewells）小区的律师约瑟夫·霍姆（Joseph Home）先生及其夫人凯瑟琳·福尔克纳（Katherine Falconer）"[2]的儿子。他家境舒适安逸，和

---

1 "Of the Rise and Progress of the Arts and Sciences," 8.

* 洛锡安是苏格兰以前的行政区之一，行政中心在爱丁堡，现在划分为东洛锡安郡、中洛锡安郡和西洛锡安郡。——译者注

2 Mossner, *The Life of David Hume* (Oxford University Press, 1980), 6.

当时其他中产阶层的家庭一样，虽算不上特别富裕，但也雇得起用人。

休谟的祖父约翰·霍姆在爱丁堡城堡附近劳恩市场街（Lawnmarket）北面的住宅区里有一套公寓。休谟在这里降生，但是霍姆一家主要居住在苏格兰南部距离英国边境不远的奈恩韦尔斯，毗邻彻恩赛德 8（Chirnside）村。休谟在这里度过了他大部分的童年时光。奈恩韦尔斯位于低洼的默斯平原（the Merse）。在我造访此地的日子里，这里通常都是阴郁天；“dreich”这个单词必不可少，苏格兰人用它形容沉闷、阴暗、云雾笼罩的天气。今天的彻恩赛德依然与世隔绝：可想而知，18世纪时，它肯定极端偏远。休谟在晚年经常说自己酷爱独处，厌恶大型聚会。他喜欢“与少数几个出类拔萃的人为伴，和他们一起，我可以心平气和地享受理性的筵宴；每次可能出现的沉思，无论欢快还是严肃，我都能体会其中的客观公正”[1]。他这么说也许在情理中，因为在他性格形成的青少年时期，他经历过异乎寻常的离群索居的生活。

奈恩韦尔斯这小小的一隅，偏远闭塞，却是儿童自由成长的世外桃源。房屋和庭院位于怀特德河（Whiteadder Water）的河湾里。这条河名字的第二个单词“Water”是多余的，因为第一个单词“Whiteadder”就是“白水”（white water）的意思。这个河段有时水流湍急，故得“白水”之名。今天河两岸绿树成荫，而在近几个世纪里英国总体上有滥伐树木的现象；在休谟时代，河两岸很可能也是绿树成荫，甚至处处是参天大树。休谟曾在著作里说，当他“倦于娱乐和交游”，就会“在河边独行”，从而感到“心灵深处的安定”[2]。他说的就是怀特德河这个地方。这里是小男孩玩耍的世外桃源，也是成年男子整理思绪的绝佳之地。

1　“Of the Rise and Progress of the Arts and Sciences,” variant reading in *Essays, Moral, Political, and Literary*, ed. Eugene F. Miller (Liberty Fund, 1987), 626.

2　*A Treatise of Human Nature*, 1.4.7.12.

图2　从彻恩赛德村奈恩韦尔斯房舍蜿蜒而来的“大卫·休谟小道”

休谟生活过的房子在1840年遭大火焚毁，但是，那栋房屋庭院入口处的石头门牌上今天依然刻着“奈恩韦尔斯房舍”的字样，这说明，近些年修缮的房屋沿袭了古老的名字。这栋房产为私人所有，而周围都是人行道，其中有苏格兰边区[1]议会命名的“大卫·休谟小道”。包 9
括这条小道在内一共有五条“边区智者小道”，其余四条分别纪念了詹姆斯·赫顿（James Hutton）、詹姆斯·斯莫尔（James Small）、亚历山大·道（Alexander Dow）和邓斯·司各脱（Duns Scotus）。“大卫·休谟小道”从彻恩赛德村奈恩韦尔斯的庭院蜿蜒而出，大部分路段都沿着一条废弃的铁路线悠然伸展；显然，在休谟时代，这条铁路线尚不存在。“大卫·休谟小道”穿过田野，基本是一条平坦的路，根本算不上苏格兰漂亮的人行道，但是，因为所处的地区几乎没有开发，它肯定能让人极为精确地体会休谟成长时的田园风光：静谧，柔和，蕴藏含蓄之美。 10

“大卫·休谟小道”在2011年正式建成，直到几年前，这个区域几乎还没有任何纪念休谟的设施。然而，在近几年，彻恩赛德村已经意识到自身与历史的纽带。2006年竣工的房地产开发项目中包括“大卫·休谟景观街”，这条街的命名恰到好处，因为它俯瞰奈恩韦尔斯的房产。2011年，为庆祝休谟诞辰300周年，当地一个社区团体——彻恩赛德公共财产协会——搭建了几个广告板，宣传休谟的生平和工作。如今，这些广告板已不复存在，但是，社区中心的旁边一直点缀着休谟的纪念匾。纪念匾的模板是苏格兰艺术家詹姆斯·塔西（James Tassie）设计的、赫赫有名的休谟半身像大纪念章。

彻恩赛德村享受过休谟的恩惠。休谟在遗嘱里留下100英镑以重修怀特德河上的石桥。这座三孔石拱桥如今和承载公共交通的、更加现代化的路桥平行而立。古老的石桥周围是正常运行的造纸厂建筑群。

---

* 苏格兰边区（Scottish Borders）是苏格兰下辖32个行政区或议会区之一，地处苏格兰和英格兰交界处。——译者注

图3　彻恩赛德村用休谟遗嘱中的100英镑重修的石拱桥

在庆祝休谟诞辰300周年的活动中，彻恩赛德的村民举办了一次哲学节；庆祝节日的人主要是爱丁堡大学举办的国际休谟学会大会的与会代表。来自15个国家的几百位学者体验了非同寻常的一日游。当地一家报纸报道了学者们的此次造访，记者特别提到："这次活动让许多来访者津津乐道。他们用许多年的时间研究休谟思想的方方面面，但是未必了解他生平的细节——他的生活方式和他生活的地方，这次活动让他们眼界大开。"[1]

1　Carol Jefferson-Davies, "World's Scholars at Chirnside," *Berwickshire News*, Saturday, July 30, 2011, www.humesociety.org/about/ScholarsAtChirnside.asp.

这一观察足以说明，学者们对休谟的研究有限。哲学，尤其是英语世界的哲学，仿佛认为观念和论据无始无终，也无地方特性。学校告诉学生，他们只需关心论据的有效性和合理性；谁，于什么时间，在什么地方提出这些论据，这些都不重要。人们常常被老掉牙的口号怂恿："跟着论据走"，"踢球，不要管踢球的男人"。（也许同样的口号也适用于 11
"踢球，不要管踢球的女人"。既然无人关注谁在提供论据，哲学家自然没有留意男人已经在多大程度上主宰了哲学，许多人甚至不会迟疑片刻去思考其中的缘由。）

倘若你认为哲学意味着解决一套互不关联的知识问题，学校的这种教育方式才有意义。但是，倘若你认为哲学是一门纵观全局的学科，所有构成部分互相联系，形成一个（有希望）合乎逻辑的整体，那么这种教育方式则意义不大。倘若你认为这个合乎逻辑的整体是由生活与工作、观念与实践构成的，那么这种教育方式则毫无意义。我希望你能深信，了解哲学家的生平有助于更好地理解他们的著作；传记不妨碍学习 12
哲学，而是研习哲学的工具。

对大学的质疑

休谟自幼就有家庭教师陪伴，年少时就开始知识的启蒙。然而，他的学识培养是在回到出生的城市，在爱丁堡大学学习后才正式开始的。入学手册显示，休谟在1723年2月27日注册，跟随希腊语教授威廉·斯科特（William Scot）学习。[1]从时间上看，他未满12岁。当时的大学是与今天的大学截然不同的机构，在这个年龄注册入读，算不上特别低龄。就入学时机来说，休谟很幸运。就在一年前，学校新设立三个教授席位；爱丁堡及周围行政小区酿造并售卖的麦芽啤酒每品脱征税两便

1　Mossner, *The Life of David Hume*, 39.

士，用以供养聘请的教授。[1]啤酒在很长一段时间对爱丁堡至关重要。啤酒厂散发的麦芽香味，随微风荡漾，在市中心弥漫；我每次到这里，总是身心迷醉。爱丁堡这位最有智慧的人是在这样的氛围中接受教育的。我如今意识到这种氛围对他的教育大有裨益，于是麦芽香味便有了新的意义。不过，啤酒厂逐渐从成本高的市中心迁移到城市周围，这种香味在不远的将来可能不复存在。

休谟的传记作者E. C. 莫斯纳这样描述彼时的爱丁堡："这是一座矛盾的城市，既艰苦朴素又舒适安逸，既远离尘嚣又胸怀天下，既有乡村的质朴又有都市的儒雅，既有古旧的传统又有现代的理念。这座城市对过去恋恋不舍，又对未来满怀憧憬。"[2]文化教养与道德败坏，优雅的策略与污秽的手段，在这里同时存在。富裕带来的舒适也是相对的。
13 试想1737年末，休谟正在法国，当得知休·布莱尔（Hugh Blair）牧师是他房屋的租客时，休谟便写信给他："我离开时把房子打扫得干干净净，绝无虱蚤，我希望你也感到它洁净无比。我建议你不要让用人住在厨房旁边的小房间里：用人会感到空气不流通，而且容易招惹虫子。"[3]看来，即使是中产阶层也难以逃避虫子、老鼠带来的烦恼。

然而，这还远远算不上爱丁堡城市卫生的主要问题。旧城区高层公寓各楼层的居民都把尿壶里的尿液和粪便直接倾倒在大街上。有一位路过爱丁堡的士兵说："这里臭气熏天，我相信，世上没有比这更臭的地方了。"夜晚十点以后在街上行走，很有可能一壶尿就会泼到你头上。此后，城市立了规章制度，规定市民须把排泄物带下楼，倒进臭水沟里，但是女仆们太忙碌，能遵从规定的寥寥无几。因此，这位路过的士兵说，人们常在大街上高声呼叫："请稍等。"意思是"等我走过去你再往

1 Mossner, *The Life of David Hume*, 44.

2 Ibid., 35.

3 *Letters of David Hume, Volume 1*, Letter 227.

下泼”[1]。

爱丁堡劫后余生，今天已经没有这样的麻烦，但是和许多大城市一样，贫富之间依然有着紧张情绪。旧城区到处都是游客、咖啡馆、餐馆和礼品店。但是，随处可见无家可归之人为了生存苦熬、乞讨，在商店门口过夜。离开旅游区，走到城市郊区的一些地方，贫穷更加显而易见。20世纪80年代末，欧文·沃尔什（Irvine Walsh）生动描述瘾君子的小说《猜火车》（*Trainspotting*）在1996年由丹尼·博伊尔（Danny Boyle）拍摄成电影，故事的背景就设在爱丁堡的利斯（Leith）港口区。

图4　从卡尔顿山俯瞰爱丁堡

1　*Letters of David Hume, Volume 1*, 240–242.

最近有一项研究把苏格兰分成7 000个区域，而且该研究显示，50个赤贫区域中有4个在爱丁堡。[1]和休谟时代相比，爱丁堡依然是一个矛盾
14 重重、贫富差距悬殊的城市。

今天从爱丁堡市最中心的卡尔顿山上放眼远眺，我们也许能借此了解休谟生活过的城市。当然，今天的城市与18世纪相比，建筑物更密集。当时的地标建筑物今天有许多依然风貌犹存，这个城市起伏不平的地貌依然如故。正前方就是爱丁堡城堡，占据旧城区最高的位置。

图5　从卡尔顿山上俯瞰的风景。前景是老卡尔顿公墓；休谟的陵墓挡住了视线，使我们看不到桥的右端

1　The Scottish Index of Multiple Deprivation（苏格兰综合贫困指数，SIMD），www.gov.scot。

休谟的青年时代就是在这里度过的。你的视线触及城堡之前，会经过新城区的南部边缘；在休谟的一生中，新城区一直在建设。他在新城区购置了一块土地，修建自己的家园，晚年一直住在这里。你还能看到卡 15
尔顿山脚下的老卡尔顿公墓，休谟就长眠在其中一座陵墓里。在城堡左边，与卡尔顿山距离更近的是爱丁堡大学，休谟在这里开始了他正式的学习生涯。

休谟对自己接受的大学教育不以为然。“**教授教给我们的知识，书本里都有，**”他如此写道，“我认为，上大学的理由并不比去其他地方的更充分，我们也没有理由费心去仰慕教授的学识或能力。”[1]他退学了，没有取得学位，这在当时很普遍。这其中有一个单纯的经济上的理由：只有自然哲学教授的学生可以获得毕业费用，所以其他教授没有很强的动机鼓励自己的学生毕业。[2] 16

休谟在学术上受到的启发可能更多源自他参加的兰肯俱乐部（the Rankenian Club）。这是当时的知识分子组建的许多学会中最重要的一个。他们在一家酒馆聚会，因而以酒馆老板的姓氏将其命名为兰肯俱乐部。[3]休谟人生中第一次体会到，他喜欢这样的社交活动：一群优秀、聪明的人在一起吃喝宴饮。

休谟在这期间可能失去了宗教信仰。后来，博斯韦尔（Boswell）转述说，休谟曾告诉他，“自从他开始阅读洛克和克拉克，他就不再持任何宗教信仰”；这应当是在大学期间发生的事。[4]当时流行的宣教小册子《人当尽的本分》（*The Whole Duty of Man*），他应当是读过的；这本册子描述了当时盛行的虔敬的德行典范，可这并没有特别令休谟信服。“吃

1　Mossner, “Hume at La Flèche, 1735: An Unpublished Letter”, *Texas Studies in English* 37(1958): 30–33.

2　Mossner, *The Life of David Hume*, 39.

3　Ibid., 48.

4　Ibid., 51.

喝为快乐而非健康”，“把时间和财产荒废在交友中”，这些都属于不守本分。[1]然而，休谟认为，吃喝交友这些活动不是恶行，而是美德的典范。他在《人性论》里论证说，德行必须有用或宜人，然而“独身、斋戒、苦行、禁欲、克己、谦卑、沉默、孤居、独处以及整套僧侣式的德行”都无济于事。这些德行“无法达到任何目的，既不会改善一个人在俗世的命运，也不会让他成为更有价值的社会成员；既无法让他有能力获得社交的娱乐，又不能增强他自娱自乐的能力”[2]。他在其他著述中说：“**若一个人没有被狂热思想冲昏头脑，正常的头脑绝不可以把感官的享受、对美酒佳肴和华服的嗜好想象成恶行。**”（这里的“狂热”指的是宗教极端分子持有的那种过度的热情。）只有当我们过度沉溺于这些嗜好，致使我们无法追求慷慨、仁慈等美德或者致使我们一贫如洗，这种沉溺才会成
17 为恶行。“如果这些享乐既不损害美德，又有足够宽裕的基础给朋友、家人以及任何合适的对象施以慷慨和同情，它们就全然无害，而且在任何时代，几乎所有道德家都承认这是正当的。”[3]

虽然休谟完全摒弃了基督教的道德观，可他的书信告诉我们，他没有那么容易放弃自己的信仰。1751年，他在回首往事时写道，他的怀疑论（后来他以此闻名天下）倾向不是天生的，它“逆着我的意志悄悄爬进我的头脑里”。他看着自己的一本旧手稿，里面的文章都是他20岁之前写给自己的。这手稿“一页又一页”地记录他对宗教的思考产生的循序渐进的变化。“一开始为了确证大众接受的普遍观念，我对论据孜孜追求。这时，怀疑悄悄涌上心头，遭驱散，又回来，又遭驱散，再次回来。躁动的心灵逆着天性，也许还逆着理性经历了无尽无休的挣

1 Dennis C. Rasmussen, *The Infidel and the Professor* (Princeton University Press, 2017), 20.

2 *An Enquiry concerning the Principles of Morals*, 9.3.

3 “Of Refinement in the Arts,” 1.

扎。”[1]休谟缓慢而不情愿地放弃了自己的宗教信仰。正如莫斯纳所言，休谟“经过理性思考而走出了宗教”[2]。

爱丁堡大学没有对休谟的思想产生长久的学术影响，也没有对爱丁堡这所城市产生持久的建筑影响。爱丁堡大学成立于1582年，号称英国第六古老的大学，但是，它占据的都是这座城市周围大杂烩一样的各类建筑物，丝毫没有系统化的建筑基础。因此，休谟当时所在的大学在今天只是一个影子式的存在。到了1789年，大学的奠基石才安置在旧校址，这里是大学的第一处带着明确目的而修建的校园，也是今天爱丁堡大学可以参观的最古老的部分，位置在南桥街。旧校址周围是爱丁堡市中心一些不合时宜的商店和餐馆，多年交通污染产生的煤烟熏黑了学校的建筑，因此它潜在的辉煌因为所处的环境而黯然失色。我们试图想象18世纪时一个男孩绕着大学建筑物围成的“四方院子”健 18
步如飞，然而，休谟并没有这样做。

现代的爱丁堡大学没有这样的时代魅力。再往南大约半英里，在乔治广场附近，就是大学的主校区。休谟大楼耸立于此，这是一栋毫无生气的功能性大楼，大楼用休谟的名字命名，对他不是荣耀，反倒是一种侮辱，因为它不像做学问的地方，更像一栋庞大的社会福利房。

现代的爱丁堡大学和休谟学习过的学校不只是在审美上存在反差。休谟上大学时，享有高等教育这一优越条件的人寥寥无几。虽然休谟的书信常常流露出“我不富裕”之类的信息，可那只是相对于他已有的特权地位来说的。休谟属于一个人数极少的精英阶层，这意味着他终生都能够和爱丁堡每一位重要的知识分子有交情，哪怕只是肤浅的交情，同时，他还能够认识英国其他地方的知识分子。那时的哲学家不是在学术界某个不知名的角落勤恳耕耘的专家，而是在一个相对狭

1 *Letters of David Hume*, *Volume 1*, Letter 72.

2 Mossner, *The Life of David Hume*, 64.

图6　爱丁堡大学，休谟大楼

小的独一无二的学者圈子里活动的成员。这些学者的兴趣，用当今的词汇来描述，就是“跨学科的”。那时甚至没有清晰的科学家类别。我们现在所说的“科学”，那时就是“自然哲学”，这个术语一直延续到19世纪。

因此，认为休谟本质上是一位哲学家，这有些不合时宜。他所受的教育把他造就成了一个文人，但他的兴趣涉及经济、科学、心理学、历史和政治理论。我们更有理由严肃思考他终生高瞻远瞩的追求。他研究的对象是人性，他穷尽一切可以利用的智力工具帮助自己研究人性。我们由此看到一则格言：**我们作为个体和社会应该如何生活？我们应** 20
该向任何给予我们教益的源头学习。

危机和顿悟

休谟可能是在1726年[1]离开大学的，此后他才开始认真接受强度最大的教育。他明白法律行业是一个受人尊重的可靠的行业，于是首先尝试学习法律。但是，他在给一位内科医生的信中说，“我好像厌恶”法律，“让我出人头地的”唯一方式是成为“学者和哲学家”。因此，在1729年的春天，他放弃了法律，用六个月时间集中精力研习哲学。他已经形成了自己独到的哲学观。不久之后，他回忆说：“在我大约18岁时，一个新的思想领域仿佛向我敞开了大门。”[2]

休谟接着说道：“在我的生命历程中这几个月的时间里，我感到无限的幸福。”但是，六个月后，在1729年9月，他发现：“我所有的热情仿佛一瞬间熄灭了；此前我沉溺于极大的快乐中，可现在我的头脑再也

1　E. C. 莫斯纳认为，休谟“可能是1725年或者1726年离开爱丁堡大学的”（*The Life of David Hume*, 49）。詹姆斯·A. 哈里斯（James A. Harris）认为是1726年，并提供了证据。［*Hume: An Intellectual Biography*（Cambridge University Press, 2015），41.］

2　*Letters of David Hume, Volume 1*, Letter 3.

无法抵达那个高度。” 休谟遁入深度抑郁中，他称之为 “博学病”。这个病的治愈方法是减轻研习的强度，每日运动，腾出时间放松自我，参与社交。他获得一则启示，几年后记入他的著作《人类理解研究》(*An Enquiry concerning Human Understanding*):“**人的头脑需要些许放松，不能总是任由自己操心、劳累**。由此看来，大自然似乎向我们指明，混合的生活方式最适宜人类，它隐秘地告诫人们，不要过度受自己偏好的迷
21 惑，免得自己无法从事其他事务或享受快乐。”[1]

此后，他一直在休闲、运动和工作之间保持平衡。在他人生的最后几年时间里，他劝勉自己18岁的侄子大卫:“无论晴天抑或阴天，每天都应当做些运动”，这对健康是 “绝对必要的”；身体欠安 “是在俗世学习的最大障碍”。他用一则趣闻做比喻来总结这一要旨:“一个骑马的人狠狠地抽着马鞭，他的马跑得喘不过气。他稍做停留，向一位村夫询问多久才能到达某个地方。那人回答他:‘如果你慢一些，需要两个小时；如果你如此匆忙，则需四个小时。’” “欲速则不达” 说的不仅仅是实际工作或紧急事务，还是对任何生活领域的警示。

休谟短暂的危机，和他人生的兴趣并非完全相关。休谟走出抑郁，获得了至关重要的教训：哲学必须扎根于对人性的准确理解。这成为他整个哲学追求的奠基石：**研究人的本性，哲学即成功；仅研究哲学家头脑中想象的人，哲学乃失败**。在《人性论》结尾处，休谟比较了哲学家的世界与解剖学家和画家的工作，于是留给读者一句话:“我们必须对于各部分及其位置和联系有精确的认识，然后运笔布局，才能优雅、正确。”[2]

如何才不会高谈阔论？休谟从古希腊、古罗马的斯多葛学派获得最伟大的教训。斯多葛学派认为，人须学会从世俗的事务和情感中脱身，

---

1 *An Enquiry concerning Human Understanding*, 1.6.

2 *A Treatise of Human Nature*, 3.3.6.6.

置身事外，方能实现心灵的宁静，即心神安定（ataraxia）。斯多葛学派的目标是尽最大可能找到我们理性的本质，放弃动物的本能。

休谟竭尽全力去尝试。他阅读西塞罗、塞涅卡和普鲁塔克的许多作品，“沉醉于他们对美德和哲学的美丽表达”，开始“改善我的脾性和 22
意志，增强我的理性和理解力。我思考死亡、贫穷、羞耻、痛苦以及生活中其他一切的灾难，不断地让我自己更加坚强”[1]。

斯多葛学派明确建议：我们应当不断地自我提醒，财富、健康和名誉是脆弱的，死亡如影随形。例如爱比克泰德直言不讳地告诫读者：“你亲吻自己的孩子或妻子时，告诉自己：你正在亲吻一个会死的人。这样，万一有谁死了，你就能承受死亡的事实。”[2]伊壁鸠鲁告诉我们：“世间一切其他事物都有可能预防，但是，面对死亡的袭击，我们这些世人都住在不设防的城市里。”[3]我们对物质的贪恋不应当超过对生命的渴望。塞涅卡写道：“金钱永远无法使人富有：它只会让触摸金钱的人感染贪钱的毛病。”[4]穆索尼乌斯说：“只有那些学会在任何境况下都无欲无求的人才是真正富有的。”[5]

斯多葛学派给人们最关键的训示是：我们应当轻视我们无法控制的一切事情，即美德之外的一切事情。爱比克泰德完美地总结了这一训示：“请运用这一原则——此事是在我的选择之内还是之外？之外，则弃之不理。你看见了什么？有人在哀悼孩子的死亡。请运用这一原则。死亡不在你的选择之内，请弃之不理。”[6]

---

1 *Letters of David Hume, Volume 1*, Letter 3.

2 Epictetus, *Enchiridion* (Handbook), Chapter 3.

3 Epicurus, *The Extant Remains*, trans. Cyril Bailey (Clarendon Press, 1926), 111.

4 Seneca, *Letters on Ethics*, trans. Margaret Graver and A. A. Long (University of Chicago Press, 2015), Letter 119 to Lucilius, p.477.

5 *Musonius Rufus*, trans. Cynthia King (Create Space, 2011), 34.

6 Epictetus, *Discourses*, trans. Thomas Wentworth Higginson, Book 3, Chapter 3, oll.libertyfund.org.

休谟告诫自己，这些残酷的事实只是生机勃勃的生活中的一小部分，他发现这样的提醒有良好的效果。这些严酷的事实如果成为生活的焦点，人就会“精神萎靡”。我们大多数人没有充分思考生命的有限性，因此可能有些内疚；但是，思考过度，只会忧心忡忡。同样，我们往
23 往高估财富和健康的重要性；但是，如果我们时常告诉自己，财富和健康脆弱且毫无价值，那么，在我们有幸拥有财富和健康时就无法享受它们。休谟认为，思考过度，这是他生了重病的一个原因。[1] **拒绝正视残酷的现实，这值得钦佩；从不回避残酷的现实，这是愚蠢的，具有破坏性。**

休谟认为斯多葛派学者的观点“过于美好，不适合人性”，他无法接受，故而放弃这些观点。尽管如此，他承认“这些学者是伟大的，让旁观者震惊，肃然起敬”。苏格拉底不属于斯多葛派，但是休谟认为他同样值得所有人钦敬，因为“他穷困潦倒、家庭矛盾缠身却始终保持安宁和满足；他谢绝朋友和门徒的帮助，甚至不依赖任何恩惠，他对财富断然轻蔑，以慷慨的态度关切并维持自由”[2]。

尽管休谟对斯多葛派有一丝残存的尊敬，但他在后来的作品中狠狠地鞭挞了斯多葛派哲学。他认为，斯多葛派学者“长盛不衰的侈谈让人类厌恶”。[3]这是休谟最猛烈的批评。他在随笔《怀疑论者》(“The Sceptic”)中言简意赅地回应了斯多葛派常见的训谕。比如，斯多葛派说:“你应当一直关注死亡、疾病、贫穷、失明、漂泊、诽谤、声名狼藉，人的天性让他逃不过厄运。如果其中一种厄运降临在你的头上，倘若你曾预料过它，你就能更好地承受它。”怀疑论者(事实上，是休谟自己)答道:“如果我们自我禁锢，远距离空泛地思考人类生活中的厄运，这无益于我们为厄运做准备。如果我们近距离沉溺于思考，拉近我们和这

1 *Letters of David Hume*, *Volume 1*, Letter 3.

2 *An Enquiry concerning the Principles of Morals*, 7.16–17.

3 Ibid., 6.21.

些厄运的距离，这又成为破坏我们的乐趣、令我们永恒痛苦的真正原
因。”斯多葛派坚持认为，“**你的悲伤无效，它无法改变命运的轨迹**”； 24
休谟对此直言不讳，简明扼要地答道：“**说得很对，而我正是为此感到悲伤。**”[1]

休谟认为，斯多葛派让我们过分抵抗人性的本质。他抱怨说：“**哲学家已经尽力说明，幸福完全不取决于外部因素，然而，世事不可能尽善尽美。**”一个智慧之人可以追求的比较适中且现实的目标是“努力将其幸福建立在主要依靠自身可以实现的目标上”[2]。

把幸福*完全*建立在自己可控的事情上，或把幸福*主要*建立在自己可控的事情上，这两者之间的差异非常微妙，但是很重要。一个人完全不受命运的影响，从人性上看，既不可能也不合乎理想。要做到不受命运影响，你必须首先使自己与刻骨铭心的爱彻底决裂，因为死亡或关系破裂会导致这种爱走向终结，从而会使你崩溃。幸福不完全取决于你自己，你若这样想，必有人说你愚蠢；说你愚蠢就等于扼杀你的雄心抱负，试图让你仅剩下不温不火的“尽一己之力”的想法。

在实现生命所赐的所有福乐时，对他人或命运的依赖要适可而止。
这句格言总结了休谟比较中庸的原则。这个原则承认，人要过圆满的
生活，需要缺少一些独立性；但是，这个原则也要求我们不断地自我检
查，审视我们是否过分依赖自己不可控的因素。例如：如果你的福祉不
依赖于孩子的福祉，你就不能成为好的父母。但是，如果你把你作为父
母的角色变成你唯一的决定性身份，倘若孩子有了变故，你就变得脆弱
不堪。如果你是运动员，要挖掘你的潜力，也许你必须树立最高理想。 25
这意味着一旦理想没有达成，你必定感到失望。但是，即使你取得的成
就未达到最高理想，你也无须视其为彻底的失败。如果我们从不让失

1　“The Sceptic,” 43.

2　“Of the Delicacy of Taste and Passion,” 3.

败或失望考验我们的脆弱性，我们就限制了自己的理想和视野。当然，这并非意味着我们应当愚昧地把我们全部的幸福都建立在不可控的事情上。

休谟直接体会了抽象推理所产生的暴力，这让他在理智上产生顿悟，从此为他以后的人生奠定了方向："古人传递给我们的道德哲学如同自然哲学一样，会给人类造成不便，它们完全依赖假设，依靠创造而不是经验：他们每个人在确立美德和幸福的计划时都参考自己的想象，没有考虑人性，然而，任何道德结论必须依据人性。"[1]"最好"是"好"的敌人（*il meglio è l'inimico del bene*），伏尔泰把这条意大利谚语传授给我们；休谟却告诉我们：**非人性的完美是人性完美的敌人。**

休谟不断地回归到这一点。他在晚年批评"有些哲学家以严肃的态度竭力追求完美，以匡正偏见和谬误为借口，攻击人们心中各种最珍贵的情操"。休谟以古代一位哲学家为例。那位哲学家的同胞兄弟恳求他以友情相待，他却断然拒绝友好的关系，因为他是"头脑过于清醒的哲学家"，不相信同胞兄弟这一事实有理由改变他们彼此之间的看法。[2]与之相反，休谟把人性当作自己的研究对象，人性是"我在批评和
26 道德中获得事实的源头"。[3]

休谟离开大学后，开启了五年的自学生涯。五年后，到了1734年，他能够自信地得出结论：哲学中的"一切都没有定论"，主要的哲学著作，"甚至是最基础的文章，内容只不过是无穷无尽的争议而已"。这激发了"我性情中的果敢因素，使我愈加胆大，不会屈服于这些问题领域的权威，而是让我勇往直前，寻求某种新手段，使事实有可能通过这个手段获得定论"[4]。

---

1 *Letters of David Hume, Volume 1*, Letter 3.

2 "Of Moral Prejudices," 3.

3 *Letters of David Hume, Volume 1*, Letter 3.

4 Ibid.

失败的商人

在开启全新的哲学研究之前，休谟感到必须先尝试一个更可靠的谋生方式。他短暂地为布里斯托尔的一个糖商工作了一段时间，“尝试活跃的生活”，却以失败告终。[1]糖商迈克尔·米勒（Michael Miller）先生在皇后广场15号居住并经商。我已经在布里斯托尔居住了15年有余，我常常走过女王广场，广场上绿草如茵，可供步行的多条小径在中心交叉，草坪周围树木葳蕤。18世纪的建筑物已经消失，但是基本布局犹存。1831年，《改革法案》（*Reform Bill*，依照现代的标准，这是一次扩大选民基础的改革）引起的一场骚乱把女王广场当成了目标，在三天多的时间内这里一半的建筑物被摧毁。布里斯托尔人大多认为，此次骚乱是城市进步的象征；但是，事实上，骚乱迅速恶化，演变成纵酒、劫掠，毫无原则。

糖商米勒卷入贩卖奴隶的活动与他所做的蔗糖贸易息息相关，这个残酷的现实在某种程度上玷污了休谟在布里斯托尔酝酿的甜蜜思 27
想。这让人无法忘记，无论休谟有多么卓越的天赋，他都无法超越他那个年代最顽固的一个偏见——种族偏见。他在《论民族特性》（“Of National Characters”）这篇论文的一个脚注里写下一段臭名昭著的内心独白：“我倾向于认为，黑人以及白人以外的其他人种（人种有四五个）天生劣于白人。”他提出的证据是：“除了白人，任何其他肤色的人都未曾建立文明的国度，在作为或思辨上也未曾出现杰出的个体”；“倘若不是天性造成人种之间天生的差别，如此普遍存在、恒久不变的差异就不会出现在如此多的国家、如此多的时代”[2]。

1　*My Own Life*, 4.

2　“Of National Characters,” n6.1.

这似乎是休谟思想的美中不足之处。他那个时代的偏见遮蔽了他的双眼，让他因缺乏经验和想象力不慎滑入非典型的缺陷里。其实，他本应更明智的，因为他在另一篇论文里曾说："在人的理解力要处理的一切问题中，**偏见破坏良好的判断，颠覆智识能力所有的活动**。"[1]他甚至发现这个原则亦可应用于各民族。他说，偏见常常来源于我们鲁莽形成的虚假的通则：比如"爱尔兰人不机智，法国人不庄重"。休谟非常聪慧，他明白"人性最容易受这类错误的支配；我们这个民族或许也和任何其他民族同样如此"[2]，但是，他无法一直在自身找到这种错误。

我们并非为休谟的种族主义言论辩护，需要说明的是：休谟用一个脚注写下那番话，用不甚肯定的表达"我倾向于认为"缓和自己的观点，可能事出有因。休谟在《论民族特性》一文中也说了一些冒犯人的言论，但是他唯独在这条脚注里把种族差异归因于天性和生理而不是
28 文化和地理。他看似相信我们今天有时所说的"环境决定论"：天气尤其塑造民族特性。他说："我们的确有一定的理由认为，生活在北极圈之外或热带地区的所有民族都劣于其他民族，不能实现人类心智更高的造诣。因所需的维生物资匮乏，地球北部居民贫困悲惨，地球南部居民慵懒怠惰，这或许可以解释这种明显的差异，无须归因于生理因素。"[3]休谟用"气候因素"这个词清晰地说明，他并不认为对优劣的解释应归结为任何内在的生理缺陷。

这个观点可以由他的观察得以强化："一个民族的风俗习惯从一个时代到另一个时代变化很大，这源于政府的大变革、新移民的融入或者世事无常。"同一血脉的人因为出生在一个国家不同的历史时期，无论祸福，均有不同的个性特征。休谟举例说："古希腊人的机灵、勤勉和活

1 "Of the Standard of Taste," 22.

2 *A Treatise of Human Nature*, 1.3.13.7.

3 "Of National Characters," 20.

跃与该地区现代居民的愚笨、懒散全无共同之处。”[1]

我们应当在这样的背景下看待他的种族主义言论。他说：“欧洲的犹太人和东方的亚美尼亚人都有独特的性格，前者以奸诈著称，后者以诚实闻名。”[2]我们可以十分肯定，他说这番话时，认为其中的原因是文化而不是生理。

休谟说，有人提出不合事实的断言：“如果你给黑人一杯烈酒，你可能得到他们手中任何东西。只要用一箱白兰地，即可轻易劝诱他们不仅卖掉儿女，而且卖掉妻子和情人。”[3]然而，鉴于前面提到的那条可怕的脚注，我们不敢肯定休谟是否也有同样的想法。哲学家约翰·伊默瓦尔(John Immerwahr)认为，休谟选择使用“其他人种”(other 29
species of men)这样的字眼儿给人以强烈的暗示：休谟支持人种多源论(polygenesis)，即不同的种族就是不同的人种。我们常常认为，人种多源论意味着不同的种族是不平等的人。[4]鉴于休谟关于气候和文化的言论，我们也许可以更准确地说，休谟在这一问题上的看法前后还不一致。休谟写的是随笔，就像今天报纸的专栏作家一样，拥有许多宽泛的观点，但是并非所有观点都经过深思熟虑。休谟的种族观就是这样的，他所做的评价说明他思考这个问题时欠缺审慎。

在他作品选集的最后一版(出版时他已去世)里，他修改了那条脚注，至少减弱了对人种多源论的影射，把种族低劣的范围缩小至黑人。修订版的脚注是：“我倾向于认为，黑人天生劣于白人。黑皮肤的人几乎不曾建立文明的国度，在作为或思辨上也未曾出现杰出的个体。”新版的脚注没有大的改观；他修改脚注而非将其删除，在哲学家伊默瓦尔

---

1 “Of National Characters,” 17.

2 Ibid., 14.

3 Ibid., 32.

4 John Immerwahr, “Hume’s Revised Racism,” *Journal of the History of Ideas* 53, no. 3 (July-September 1992): 481–486.

看来，足以说明他的种族主义是“蓄意的，深思熟虑的”。

我们应当说明，休谟思想上有纰漏，但是，面对那些打着种族或文化优越的旗号施暴、施虐的人，他从不为他们辩护。在他一生中，他毫不掩饰地谴责十字军东征，说这“是历时历代所发生过的人类愚蠢行为最具标志性的、最持久的标记”[1]。尽管休谟曾为糖商工作过一段时间，但他也极力鞭挞奴隶制，认为奴隶制“比任何屈从关系（civil subjection）都更冷酷、更残暴”。他说：“那些从小就习惯于凌驾于他人之上作威作
30 福、践踏人性的人，在他们身上简直看不到丝毫仁慈恻隐之心，这足以让我们对那种无法无天的统治深恶痛绝。”[2]不过，令他颇感欣慰的是，欧洲大多数地区已经废除奴隶制。

然而，休谟在表达这些观点时，似乎对他那个时代尚存的奴隶制熟视无睹。由历史学家费利克斯·瓦尔德曼（Felix Waldmann）最近发现的一封书信显示，休谟曾经怂恿自己的资助人赫特福德勋爵（Lord Hertford）在格林纳达购买一个种植园，而且他肯定知道这个种植园是靠奴隶工作的。有记录显示，这个种植园一共有42个奴隶。[3]休谟知道奴隶制是错误的，但是他的行为似乎说明，让贩奴者、投资者刻意不接受奴隶制是不切实际的。

我们若悉心阅读休谟，把他视为时代的产物，就能稍微理解他的种族主义观，但是，我们不能否认他的错误观点，也不能为他找借口。由此可得清晰的教训：**即使面对最伟大的思想家，也不可盲从，因为他们也有偏见、弱点和盲点**。休谟的盲点是他真正的缺陷，而不仅仅是作为一个18世纪的欧洲人的必然后果。1770年，和休谟同时代的詹姆斯·贝蒂（James Beattie）无情地抨击休谟的哲学。贝蒂对休谟的许多

1 *The History of England*, 5.9.

2 “Of the Populousness of Ancient Nations,” 6.

3 *Further Letters of David Hume*, ed. Felix Waldmann (Edinburgh Bibliographical Society, 2014), Letter 30.

批评均未击中要害，但是，他抨击休谟的“黑人劣等观”则一语中的。事实上，贝蒂的批评恰好使用了我们可以在休谟的作品中看到的那种立足于实践经验的合理论证。贝蒂论证说，“若非亲自接触地球表面上现在和过去的所有黑人，任何人都没有足够的证据”来证明休谟对黑人笼统的论断。贝蒂指出，地球上许多伟大的文明都不是出自白人之手，比如秘鲁文明和墨西哥文明。“世人皆知，非洲人和美洲人都有许多精巧的产品和艺术品，这些物品即使是欧洲人都难以仿制。”有些社会比较“野蛮”，并非因为这些社会的成员天生劣等。“如果欧洲人没有掌握 31
书写和打铁的技艺，他们至今仍和非洲、美洲的土著居民一样野蛮。况且，这些技艺的发明并非源于我们在能力上优于其他人种。”[1]

休谟本应亲自看到这一点的，或者，当他人把论据呈现给他时，他至少应当接受。也许休谟对这些论据不够尊重和重视，因为这些论据包裹在500多页的恶毒的批评文字里，而且是针对休谟的整个思想体系发起的批评。休谟显然无暇顾及贝蒂，称他是“那个偏执的傻家伙”。[2] 休谟本应意识到，**我们不应该完全摒弃那些几乎总是出错的人，因为他们几乎总是在某些时候是对的**。

既然休谟有这些严重的缺点，我们现在该如何评价他呢？[3]越来越多的人认为，休谟有种族歧视言论，不配获得任何荣誉。2020年，在布里斯托尔，人们拆毁了贩奴者爱德华·柯尔斯顿（Edward Colston）的雕像。雕像的位置离休谟当年工作的地方不远，人们的情绪受到激发，呼

---

1 James Beattie, *An Essay on the Nature and Immutability of Truth, in Opposition to Sophistry and Scepticism*, 2nd ed. (A. Kincaid & J. Bell, 1771), 508–510.

2 *Letters of David Hume, Volume 2*, ed. J. Y. T. Greig (Oxford University Press, 1932), Letter 509.

3 下文观点源自我2018年7月发表的论文《性别主义和种族主义哲学家为何依然可以令人钦佩》[“Why Sexist and Racist Philosophers Might Still Be Admirable”, *Aeon* (aeon.co)]。

吁拆毁其他名声不好的历史人物的纪念碑。休谟很快就“榜上有名”。有人开始请愿，要求重新命名爱丁堡大学的休谟大楼，同时发出呼吁，将休谟的雕像从皇家英里大道上清除出去。

过去有些思想家所持的观点在道德上令人反感。我们不能简单地认为这些不可接受的偏见无足轻重因而置之不理，但是也不能认为他们因观点不受欢迎而没有资格成为伟大的思想家或政治领袖。倘若如此，历史上就没有伟大人物流传下来。关于重新命名休谟大楼一事，有一个警世的故事：当请愿者呼吁为休谟大楼重新命名时，他们第一次建议将命名大楼的殊荣给予坦桑尼亚反殖民主义政治家朱利叶斯·尼雷尔（Julius Nyerere），然而有人提醒请愿者注意：“尼雷尔有独裁的野心，而
32 且对同性恋者有憎恶和恐惧情结，他以自己的方式给人带来了危害。”

然而，如果认为秉持种族主义、性别主义或其他偏执观点的历史人物理所当然地没有资格受人仰慕，这也是误入歧途的想法。倘若一个人无法使自己仰慕这样一个历史人物，这说明他根本不理解社会环境如何塑造了我们所有人，甚至是伟人。今天我们轻而易举就能辨识这些偏见，所以，我们许多人都无法想象，一个没有腐化堕落的人竟然看不出这些偏见是错误的。

这些人内心充满愤慨，傲慢地假设我们是如此有美德的人，永远不会丧失道德，哪怕是周围所有人都对不公正的行为视而不见，我们也永远不会失德。我们足够理智，不会出错。第三帝国就曾留下一个最令人不安的教训：普通人倘若恰好没有经历那段歹毒的时期，他们也能过着无可责备的生活，然而，事实是第三帝国就是由普通人支撑的。如果我们充满信心地说，换作我们，我们绝不会做这样的事；那么，我们的信心是毫无根据的。今天我们难以想象会有人支持纳粹，因为支持纳粹产生的后果，我们无须想象就能理解。

即使天才有时也无法看清自己的偏见和无理，因而失德。为什么那么多人难以相信这个事实呢？其中一个原因是，我们的文化有一个

根深蒂固的错误的假设，即这个个体是一个脱离社会环境的、独立自主且才智超群的人。我们哪怕对心理学、社会学或人类学有一鳞半爪的了解，就会把这种舒适的幻想抛到九霄云外。我们能够而且应当为我们自己着想，这一启蒙理想不应当和“我们可以完全依靠自己思考”这一超启蒙的幻想混为一谈。我们常常并未察觉自己的思想深受所处环境的影响。休谟对民族特性的论述也正说明他明白这一点，只是所做的特定结论有些粗陋、不成熟。如果我们拒绝承认自己和其他人一样 33
受环境力量的影响和限制，我们就对才智的伟大产生了妄想。

更详细地了解过去的偏见，会不会让我们失去谴责的能力，无法谴责理应遭谴责的偏见？这种担忧没有根据。厌女症和种族主义既是个人的选择，也是社会的产物，是罪大恶极的。宽恕休谟并不等于宽恕种族主义。

我们接受这个观点并不意味着掩饰过去的偏见。休谟这一类人物也是时代的产物，这一认识会提醒我们以谦卑的态度认识世界：最伟大的思想家也会对过于盛行的偏见和罪恶视而不见。这也应当激发我们去思考：这些在思想家臭名昭著的言论里粗鲁地爆发出来的偏见是否一直幽灵般地躲藏在他们思想的某个角落里。有许多人从女性主义视角评价已去世的白人男性的哲学，才发现厌女症只是隐匿的冰山浮出水面的小尖顶。有时，这也许是真实的，但是，我们不能假设自始至终都是这样。**许多盲点极具地域性，而视野整体上是一览无余的。**

英国杰出的古典学者伊迪丝・霍尔（Edith Hall）为亚里士多德的厌女症辩护，她的辩护堪称典范，把一位哲学家从他最坏的自我中拯救出来。霍尔不用今天的标准评价亚里士多德，她认为，如今更重要的考验是要探索他思维方式的基本原则是否导致了他的偏见。[1]鉴于亚里士多德对证据和经验的开放程度，毋庸置疑，他今天会毫不犹豫地承认女

1　Edith Hall, *Aristotle's Way* (Bodley Head, 2018), 17–18.

人和男人是平等的。同样，休谟总是顺从经验；如果他生活在今天，他
34 的著作也不会包含对黑皮肤民族的侮辱性言论。总之，我们不必无视他们的哲学原理而紧盯他们在运用哲学原理时犯下的错误。

如果休谟一直从事蔗糖贸易，他的种族主义会更有争议。然而，他在几个月后就“发现这个行业完全不适合我”[1]。做生意不是他的志向。休谟总是将才智与实践紧密结合，他的商业生涯也许有些三心二意，却是才智与实践紧密结合的一个案例。他终其一生地渴望谋生，这有助于他对生活保持理智和现实的态度。与此同时，他从不让自己务实的现实主义的态度抑制他求知的冒险精神。**如果你完全清醒，你可以只追求梦想。**

休谟本想用布里斯托尔的差事谋得新生活，却以失败告终，其中一个原因是，他试图修订雇主信函中的语法错误和文风，却好心不得好报。米勒告诉休谟，他用自己不完美的英语赚了两万英镑，所以不打算提高自己的英语。[2]休谟一直谨慎地保持语言风格的优美，这样良好的写作素质自然而然最终使他成为一名优秀的写作者，而没有从事其他行业。

休谟正是在布里斯托尔意识到，要让英国人准确读出“Home”这个姓氏，使其与“Rome”而不是与“whom”押韵，这简直白费力气。于是，他就在这里把自己姓氏的拼写从“Home”改为“Hume”。

休谟就这样放弃了糖业的差事，再次尝试他多年来真正渴望的
35 “文人”命运。他离开英国，动身到法国去。

1 *My Own Life*, 4.

2 Mossner, *The Life of David Hume*, 90.

第二章

自然的智慧

任何讨人喜欢的事物，倘若又是新的，就会令人加倍愉悦；但是，不讨人喜欢的事物，仅仅因为是新的，就会让人加倍讨厌它。这是新事物的本质。

法国拉弗莱什，1734—1737年[1]

1734年，23岁的休谟着手撰写他的巨著，为此他决定“隐居乡间继续做研究”。他为什么选择法国呢？首先，毫无疑问，与自己的家乡相比，法国的干扰更少。然而，这种选择主要出自经济因素的制约。那时，在法国生活可能比在苏格兰成本更低，而休谟也没有很多钱。因此，他写道：“我决心过严格的节俭生活，以弥补我财富的不足，保持我完整的独立性。我只是提高我的文学才能，除此以外，我鄙弃一切事物。”[2]

这个简单的陈述反映了休谟生活和事业的两个重要特征。首先， 36

1 “Whether the British Government inclines more to Absolute Monarchy, or to a Republic,” 4.

2 *My Own Life*, 4.

休谟渴望独立，终生保持收支平衡。他在晚年简短的回忆录《我的一生》中多次提到他在经济上的成功。休谟并不奢望纸醉金迷的奢华生活，但他过得“比较殷实”，已然心满意足，使他能随心所欲地从事自己的工作。

其次，他认为自己选择的生活与“文学”有关。现代读者乍一听，会觉得奇怪，“文学”不是小说、诗歌和戏剧吗？然而，在休谟时代，就像在《约翰逊词典》里解释的那样，“文学”指的是“学问、文字技巧”，即任何类型的学问。需要着重强调的是，休谟认为自己是“文人”，而不是现代狭窄意义上的“哲学家”。他写历史和经济方面的文章，并非在偏离他关注的核心问题，而是在探索他所感兴趣的广阔领域的方方面面。

当时，从海路去法国有两个选择：一条是从拉伊（Rye）到迪耶普（Dieppe），另一条是从多佛（Dover）到加莱（Calais）。休谟可能选择了后者。我出生在多佛，在附近的福克斯通镇（Folkestone）长大。天气晴朗时，从这两个地方都可以看到法国的海岸。在多佛，我们看见船只，才意识到法国近在咫尺。然而，即使在今天，一衣带水的两地文化却迥然不同。在休谟时代，这个鸿沟一定更大。与一百年前相比，当今世界联系更加紧密，人们可以快速、轻松地旅行，这几乎在整个人类历史上都是不可思议的。然而，在休谟时代，非地理意义上的一个“文学共和国”诞生于17世纪晚期，贯穿18世纪。图恩和塔克西斯等家族拥有许多高效的邮递系统，这使欧洲和美国的知识分子可以通信、交流手稿，
37 他们仿佛置身于一所虚拟的大学。

这些知识分子讨论笛卡儿的著作，这足以证明这所虚拟大学互动的效率。通信中的反驳和答辩经过汇集，于1647年作为笛卡儿《沉思录》的附录得以出版。这些反驳主要来自荷兰神学家约翰内斯·卡特鲁斯（Johannes Caterus）和英国哲学家托马斯·霍布斯（Thomas Hobbes），以及法国各地的思想家。附录的第一句话是伽森狄（Gassendi）写的：“先生，梅森让我看了您精彩的作品，这让我非常高

兴。”马林·梅森(Marin Mersenne)修士是推动“文学共和国”的关键人物。1635年,他建立了巴黎学者学院(Academia Parisiensis),这是非正式的知识分子协会,有近140名成员。梅森擅长誊写大量的文本和信件,这一技能有助于思想的交流。

因此,在休谟尚未动身离开英国时,他和海外思想家的互动便早已远超过那些在肯特郡工作,日常只看见欧洲大陆的人们与海外的联系。今天多亏了互联网,一个人足不出户就能徜徉知识的海洋,这在以往无法想象。**只有当思想已经敞开,旅行才能开拓思想。**

如今,每隔一小时就有渡轮穿过英吉利海峡,比我年轻时乘坐的渡轮要快得多,稳得多。那时,即使在风平浪静的日子里,渡轮也会左右摇摆,让人眩晕呕吐。很难想象,在那几个小时的航行中,容易晕船的休谟要经历何等翻江倒海的肠胃之苦。

这一跨海旅行有一个方面几乎不曾改变:祖国在背后慢慢消失,多佛白崖的景色缓缓褪去。白崖是英国一个矛盾的象征,它既代表了 38
第一眼看到它的亲切归来之感,又代表了保护国家不受外敌入侵的防护墙。

在休谟时代,这种双重的象征意义也很恰当。纵观休谟的一生,英国与法国之间和平少,战事多。休谟在战争的间隙中成功安排了两次决定他一生的旅程,这简直是奇迹。我认为这说明了休谟的开放精神。对他来说,任何学者或思想家都是志趣相投的人,是人生的旅伴。通过旅行来拓展我们的知识视野,乃不容错过的机会。

到达拉弗莱什

休谟在兰斯(Rheims)短暂停留,然后前往安茹(Anjou)的拉弗莱什(La Flèche)。拉弗莱什是一座小镇,坐落于卢瓦尔河(the Loire)河谷。我们会想象,这里是田园牧歌般的乡村,一座位于河岸边,四周都是葡萄园的迷人的法国小镇。可是，如今如果我们到了那儿，这种幻想很快支离破碎。拉弗莱什只是一个毫不起眼的小镇。我们四处闲逛，寻觅一间意式咖啡屋，就是那种在门外鹅卵石铺就的广场上摆放桌椅的咖啡屋，却寻而不得。最后，我们去了一个位于主干道旁还在营业的咖啡馆，里面的电视正播放体育节目。那里只有我们一行人，并没有想象中抽高卢烟的当地居民。菜单也让我们提不起兴致，于是我们去超市采购了一番，在预订好的城外的民宿中解决了这一顿，那里的伙食也索然无味。这里所谓卢瓦河（the Loir river），是人们熟知的源远流长的卢瓦尔河的支流，它沿着穿过小镇的主干道而行。我们可以沿着这条
39 河走几百码，但前方的景色并无诱人之处。

也许拉弗莱什在休谟的时代更有特色，但对于休谟这位后来人称“伟大的异教徒”来说，这似乎仍然是一个奇怪的选择，因为拉弗莱什当时有一所学校闻名于世。休谟曾在家书中写道，“这座小镇有良好的社交生活，除此以外”，还有“一所耶稣会学院，有一百名会士。它的建筑和花园在法国乃至欧洲的耶稣会学院中都是最壮观的”[1]。

耶稣会会士不仅是基督徒，而且是天主教徒，属于休谟经常批评的那种“迷信”之流。然而，休谟从来不是狂热的无神论者，他终生与许多神职人员保持朋友关系。从他的书信中可以看出，他们在交往中不乏善意的揶揄。人们通常称耶稣会会士的修会为耶稣会，认为它是天主教最有学问的修会之一。休谟也许不认同耶稣会会士的神学观点，但和他们在一起能碰撞出灵感的火花。

这所耶稣会学院有过许多杰出的校友。如今，学院墙上有一块牌匾证明，马林·梅森是这里的校友，他曾于1604年至1612年间在此就读。在这块牌匾的上方还有另一块牌匾，纪念的是该学院最杰出的毕业生勒内·笛卡儿，上面写着他于1607年至1615年在学院求学（不

1 Mossner, “Hume at La Flèche, 1735: An Unpublished Letter.”

过，休谟最早的传记作者将笛卡儿的求学时间认定为1606年至1614年）。[1]1638年，笛卡儿描述了学院得天独厚的学习环境："这里有来自法国各地的年轻人，他们相互交谈，观点交织碰撞，学习效果和他们周游世界并无二致。"[2]

达里奥·佩里内蒂（Dario Perinetti）详细研究了这所学院在休谟逗留拉弗莱什期间的情况。根据他的研究，在1737年，这所学院有90名耶 40
稣会会士，300名寄宿学生，1 000名走读学生，未注册的学生数据不详，但数量可观。此外，学院还吸引了许多游客。[3]休谟在一封信中写道："我们的同胞经常光顾这个小镇，曾经有30个英国人同时在这个小镇寄宿。"[4]

拉弗莱什镇弥漫着特别自由的思考氛围。休谟的传记作者詹姆斯·哈里斯（James Harris）说："这所学院似乎是那些对现代异端邪说过于感兴趣的耶稣会会士的聚集地；这些离经叛道的思想，最有名的是奥拉托利会会友、哲学家尼古拉·马勒伯朗士（Nicolas Malebranche）极力推广的笛卡儿哲学派别。"[5]"偶因论"是马勒伯朗士最著名的理论，该理论认为物体没有因果力量，上帝是所有寻常运转的因果关系的创造者。休谟在拉弗莱什逗留时，当然也研究过这些哲学。他在1737年致迈克尔·拉姆齐（Michael Ramsay）的一封信中，推荐一份阅读清单，其中有马勒伯朗士的《真理的探求》（*De La Recherche de la Verité*）、皮埃尔·贝尔（Pierre Bayle）的《词典》（*Dictionary*）、笛卡儿的《沉思录》和贝克莱（Berkeley）的《人类知识原理》（*Principles of Human*

1 Harris, *Hume: An Intellectual Biography*, 79.

2 Dario Perinetti, "Hume at La Flèche: Skepticism and the French Connection," *Journal of the History of Philosophy* 56, no. 1 (January 2018): 49.

3 Ibid.

4 Mossner, "Hume at La Flèche, 1735: An Unpublished Letter."

5 Harris, *Hume: An Intellectual Biography*, 80.

Knowledge)。[1]

在这些作者中,了解笛卡儿对于我们理解休谟的学说至关重要。休谟强烈反对理性主义哲学家,而笛卡儿正是理性主义哲学家的代表。笛卡儿试图将人类知识牢牢地建立在纯粹理性之上。为了做到这一点,他质疑一切,决心只抓住确定的、不容置疑的知识。笛卡儿用一个比喻来解释:有一个人“有满满一篮子苹果,他担心有些苹果已经腐烂,于是
41 为防止腐烂蔓延,他要拿出腐烂的苹果”。要做到这一点,唯一的办法就是把所有苹果都倒出来,逐个仔细检查,只把毫无瑕疵的放回篮子里。他建议我们对持守的信念做同样的事情:我们只需“将错误的信念与其他信念分开,以防止它们污染其他信念,导致整体信念不可靠”[2]。

那么问题就来了,几乎所有信念都有瑕疵。我们甚至无法保证外部世界是存在的:难道疯子不是看到了不存在的事物吗?难道我们不知道自己是在做梦,却也相信我们经历的是真的吗?整个世界可能是一个幻觉、一场梦。

然而,有一件事不容置疑:正在怀疑的这个思考者的存在。怀疑自己的存在,这个行为本身不成立。要产生怀疑的思想,必须有一个思考者。我们无法知道自己是物质的存在,但是,我们能肯定自己的身体不是幻觉,不能怀疑我们在思考。笛卡儿因此得出结论:这意味着我们本质上是*思考物*(*res cogitans*),不是*物质物*(*res extensa*)。

笛卡儿从这个看似可靠的基础出发,试图重建人类其他知识。他认为,一位良善的上帝一定存在,这位神在知识系统上不会欺骗我

1 Harris, *Hume: An Intellectual Biography*, 83; Tadeusz Kozanecki, “Dawida Hume’a Nieznane Listy W Zbiorach Muzeum Czartoryskichp,” *Archiwum Historii Filozofi Społecznej* 9 (1963): 127–141.

2 René Descartes, *Meditations on First Philosophy with Selections from the Objections and Replies*, trans. John Cottingham (Cambridge University Press, 1986), 7: 481, CSM II 324, p.63.

们。这使他合乎情理地对外部世界重拾信心。然而，从那时起，大多数哲学家认为笛卡儿对知识系统的重建远不如他对知识系统的摧毁更具说服力。简言之，他给自己挖掘一个怀疑的深坑，跌入其中，无法自拔。

休谟的《人性论》主要是在拉弗莱什镇旅居期间写成的。我们
会看到，休谟在《人性论》中几乎否定了笛卡儿所有的主张，包括他的
“怀疑法”。休谟称这种方法为“前因怀疑”，即你带着怀疑去研究，而
不是研究结果让你产生怀疑。这种“普遍的怀疑”不可能实现，还“会 42
变得完全不可救药；任何推论都不能使我们在任何问题上达到确信的
地步”[1]。

也许笛卡儿更关键的错误和斯多葛学派的错误如出一辙：把自己的哲学建立在抽象原则而不是人性的基础上。休谟写道，“人的科学是其他科学唯一坚实的基础”，而“人的科学本身又必须建立在经验和观察这个坚实的基础之上”。换句话说，人性是物质现实，不是抽象概念；如果我们试图理解人性，“我们只有遵循实验的方法，将特定实例进行比较，从而推导出一般规律，这样我们才会获得成功”。因此，休谟将自然科学的实验方法引入了哲学领域。这种方法后来被命名为“经验主义”。笛卡儿从纯粹理性出发的方法，后来被称为“理性主义”。休谟认为理性主义“本身可能更完美，但并非适合不完美的人性；无论是这个话题还是其他话题，它都是人的幻想和错误常见的源头”[2]。

然而，值得注意的是，休谟的理论在一个非常重要的方面与笛卡儿的理论不谋而合。两位哲学家都在寻找知识可靠的基础。笛卡儿写道，他的意图是“如果我想在科学中建立任何可以经受考验、经久不变

1　*An Enquiry concerning Human Understanding*, 12.3.

2　*An Enquiry concerning the Principles of Morals*, 1.10.

的东西，那就从基础重新开始”[1]。休谟使用相似的语言写道：“因此，我们在试图解释人性的原理时，实际上提出了完整的科学体系。这个体
43 系建立在几乎全新的基础上，而这个基础也正是一切科学唯一可以稳固立足的基础。”[2]

休谟认为观察是“人的科学”，优于纯粹理性。他这么说是正确的，但他随后发现观察也不是一个牢靠的基础。在这方面，休谟适可而止，没有完全摒弃笛卡儿的怀疑论。事实上，他接受了“知识需要坚实基础”这一观点，但是尚且无人提供这个坚实的基础。艾耶尔（A. J. Ayer）发现了怀疑论引发的问题，他说：“并非怀疑论者的论证是错误的；他们的逻辑一如既往地无可挑剔。但是，怀疑论者的成功是虚妄的，因为他们对确定性的定义导致确定性肯定无法获得，因此，他们从我们这里剥夺了知识的确定性。”[3]

反驳怀疑论更好的办法，不是从一开始就支持它，而是证明“要求知识必须有根基，这是不合理的”。后来的经验主义哲学家认为，知识根本没有任何根基供我们“建立”体系。确切地说，如果不同的事实具有连贯性，这就可以证明我们对知识的主张准确无误。维特根斯坦（Wittgenstein）曾说：“我已经为自己的信念找到坚实的根基。有人不禁会说，这些根基之上的墙壁是由整栋房屋支撑的。”[4]

就知识根基来说，休谟主张经验主义而非理性主义，但颇具讽刺意味的是，在许多方面，笛卡儿比休谟更像一个科学家。这一点从1664年笛卡儿的《论人》（*L'Homme*）的初版（如今拉弗莱什的图书馆仍藏有此

1 Descartes, *Meditations on First Philosophy with Selections from the Objections and Replies*, First Meditation, 17, p.12.

2 *A Treatise of Human Nature*, 0.6.

3 A. J. Ayer, *The Problem of Knowledge* (Macmillan, 1956), 73.

4 Ludwig Wittgenstein, *On Certainty*, trans. Dennis Paul and G.E.M. Anscombe (Basil Blackwell, 1969), para. 248, p. 33.

书）即可见一斑。这本书非同寻常，里面包含几十幅详细的人体解剖图画，对人类感官知觉的原理有着极为超前的理解。在其中的一幅画里，一个男人把手伸到火焰上；这幅画解释了身体神经如何将信号从手传递到大脑，从而感知到热。另一幅画展示了眼睛的晶状体，正确地显示 44
出视网膜上的图像是倒置的，因此大脑必须对此进行纠正，这样我们才不会看到颠倒的世界。

休谟从未对自然界做过如此详细的科学研究。他的“实验”只不过是对普通经验的仔细观察。例如，《人性论》中有一节专门讲述为检验他的理论而设计的“实验”。[1]但这只不过是思想实验，只是邀请读者单靠内省和想象来“测试”他的一个理论。理论缺乏真正的实验，这是一个弱点，而闭门造车的实验方法也同样如此。例如，安妮特·拜尔（Annette Baier）提出：“要了解我们自己的思想，需要有善于观察的同伴，这样他们才能理解我们的思想。”休谟隐居在拉弗莱什闭门造车，这无疑为他的研究方法所需的客观观察套上了枷锁。[2]

尽管如此，实验家笛卡儿坚持认为，我们作为有思想的人，不是通过科学研究，而是通过理性和内省来揭示人的本质。正如《论人》的第一行所写，笛卡儿认为人是由灵魂和身体组成的。休谟是一名读者，但他似乎比笛卡儿本人更清楚地看到用科学方法研究人体所具有的重要意义。休谟的洞察力值得我们铭记，当然，现如今，人们常常很快就能分辨出哪些人采取了科学方法，哪些人没有。而休谟和笛卡儿的事例表明，这一切不是非黑即白的。一个人可能是科学家，但由于受先前的意识形态或哲学观念的影响，对证据视而不见；一个人也可能不是科学家，但比科学家更能理解科学的含义。

1　*A Treatise of Human Nature*, 2.2.2.1.

2　Annette C. Baier, *The Pursuits of Philosophy* (Harvard University Press, 2011), 38.

45 在一个科学可信度很重要的时代，这两项原则经常遭到忽视。例如，有一小部分科学家秉持非常正统的宗教观点，其他有相同信仰的人往往以此来论证他们的世界观是有科学依据的。另一方面，大多数科学家不相信上帝的存在，这一事实也不能起决定作用，因为上帝是否存在，根本不是他们专业研究领域的问题。同样，当许多科学家断言自由意志或自我是一种幻觉时，我们不应该认为他们就是权威。任何普遍的、以证据为基础的世界观所依据的事实和观察都比任何一个专家所掌握的要多。这样，我们就可以引出休谟的另一条格言：**我们要有意愿去关注所有的人类经验以及它们是如何相辅相成的，而不只是关注专门的科学知识，这样才能形成对现实和人性准确的看法。**

笛卡儿在拉弗莱什学习，这件事在叙事上似乎是一个巧合，极其美好，令人难以置信。然而，到了休谟时代，笛卡儿的哲学遭到罗马天主教会公开的谴责。1663年，天主教会将笛卡儿的全部著作列入《禁书索引》(*Index Librorum Prohibitorum*)，这是不允许天主教徒阅读的书籍清单。然而，耶稣会会士似乎并没有把这太当回事。佩里内蒂告诉我，虽然“不能说这所大学是笛卡儿研究中心，也不是其他人所说的马勒伯朗士研究中心”，但是，“图书馆里很可能藏有笛卡儿的著作”。图书馆1776年的书目里确实有“笛卡儿”这个条目，并且至今仍然收藏着笛卡儿自那时起的所有作品版本。

耶稣会学院的图书馆肯定很打动人，这自然是休谟定居拉弗莱什的主要原因之一。休谟不需要任何特权就可以使用图书馆。佩里内
46 蒂说：“在18世纪的法国，民间、皇家、教会和学术图书馆一律对公众开放。”[1]现如今，这座图书馆里原来的图书室已经现代化，面目已非同往昔，但昔日的面貌依稀可见。笛卡儿的一尊半身像占据了最重要的位置。尽管笛卡儿现在已经恢复名誉，但他表情严厉，仿佛在表达自己对

1 Perinetti, “Hume at La Flèche,” 54.

图7　拉弗莱什耶稣会学院图书馆里的笛卡儿半身像，此处为现今的法国国立皇家军校（Prytanée national militaire）

多年来遭母校排斥而产生的不满。

这座图书馆很小，主要由两个房间组成，其中一个图书室狭长，里面排列着木制书架，而相邻的房间里则是更实用的金属书架，其余便是没有利用的空间。这些图书都是藏书家的梦想；几乎可以肯定，图书馆内的许多藏书在休谟时代已经存在，休谟甚至读过这些书。佩里内蒂的研究表明，现在的藏书中至少有964卷来自最初的耶稣会图书馆。[1] 47
其中有笛卡儿的《哲学原理》（*Principia philosopæ*）和《第一哲学沉思

1　Perinetti, "Hume at La Flèche," 56.

录》(*Medationum de Primâ Philosophia*),图书卡上的信息显示这两本分别是1692年和1698年的版本。

那个时代的书籍印刷都很精美,配有木版画插图,段首首字母大写下沉。拉弗莱什本身有图书印刷传统,但是,许多书籍都来自其他地方,尤其是巴黎和阿姆斯特丹。这使我们记起,当时欧洲有一场知识分子的良性辩论浪潮;也涌现出大量的二次文献,比如,加布里埃尔·丹尼尔(Gabriel Daniel)的《笛卡儿世界之旅》(*Voyage du monde du Descartes*),标题迷人,但此书如今已鲜为人知。

我们随意浏览一个书架,即可看到一卷又一卷的历史文献。这里有马勒伯朗士的《道德论》(*Traité de morale*),休谟可能也阅读过。还有法国作家皮埃尔·贝尔所著的《笛卡儿先生的哲学奇思妙想集》(*Recueil de quelques pieces curieuses concernant la philosophie de monsieur Descartes*),这是贝尔研究笛卡儿的一部非常重要的著作,休谟在法国研读过贝尔的著作。还有一卷塔西佗(Tacitus)的作品,这肯定会出现在休谟的阅读清单里,因为休谟是塔西佗的忠实爱好者。休谟认为塔西佗属于第一批真正的历史学家,而不是神话编年者或宣传者。此外,还有许多不出名的作品,如弗朗索瓦·L.德·埃舍尔尼(François L. D'Escherny)的《哲学的鸿沟》(*Les Lacunes de la Philosophie*)。这本文集代表了跨越时间和空间的历史哲学讨论,撰写于1783年,那时休谟已经去世。但在1760年,埃舍尔尼搬到了巴黎,可能正是在这个时候,这位正在巴黎逗留的瑞士作家见到了旅居巴黎的
48 苏格兰人休谟。

耶稣会学院的图书馆如何拥有如此卓越的藏书?它一开始就有天赋的雄厚实力。1603年,亨利四世创建这座图书馆,他把自己在拉弗莱什的城堡给了耶稣会的神父们,让他们"教导年轻人,使他们热爱科学、荣誉和美德,有能力为公众服务"。亨利还给他们一万埃居,用其中的1 000埃居购买图书。此后许多年,每年用300埃居的津贴购书,再加

上私人赠书，这使藏书不断增多。我们不知道在休谟时代图书馆有多少藏书，但我们知道，到1776年，它至少收藏了4 869本书，这在当时是非常丰富的。[1]

整个学院的环境都非常适合思考和工作。学院拥地13公顷，1630年建了围墙，院内有两公顷的花园。今天的布局是正统的法国风格，有宽阔垂直的砾石小径。最初的布局应该是文艺复兴风格，有更精致的几何形状的景观。尽管如此，你今天仍可以体会当时花园的静谧：休谟漫步于此，思考阅读所得的收获和自己撰写的奇思妙想，这是多么理想的场所啊！

今天这里是一所面向军人家庭的学校。这所军校创建于1764年，1808年拿破仑将校址迁移到拉弗莱什。1870年，它成为法国国立皇家军校，延续至今。休谟不太可能在学校内这座高顶的白色石头教堂里花太多时间。这座教堂以拉丁十字架的形状为平面，主区两侧各有五个小教堂。中殿的明朗简洁与祭坛暗淡的巴洛克风格形成鲜明的对照；管风琴廊也是巴洛克风格，以天使、面具、树叶和号角为装饰。这种对比无意间戏剧性地呈现了在组织严密的基督教中贫穷与宏伟、世俗的软弱与世俗的权力之间长期的冲突。

然而，休谟不会因为自己的宗教怀疑论而对这座建筑及其文化意 49
义产生偏见。大约在1767年，有人带领他参观伦敦的圣保罗大教堂。东道主告诉他，参加大教堂宗教仪式的人微乎其微，并说："给这么没用的东西捐出100万英镑，多么愚蠢啊！"可是，休谟对此并不认同，他的回答出人意料："圣保罗教堂是国家宗教情感的纪念碑，配得上尊荣，并永垂不朽。我们在佛兰德斯的一场竞选活动上浪费了数百万英镑，却未得丝毫益处。"[2]

1　在访问拉弗莱什时，我从来自法国国立皇家军校的游客那里打听到的信息。

2　Mossner, *The Life of David Hume*, 545.

图8 法国国立皇家军校，拉弗莱什

无论如何，拉弗莱什的教堂既是上帝荣耀的见证，也是人类荣
50 耀的见证，这是显而易见的。耳堂里有亨利四世及其第二任妻子玛丽·德·美第奇的心脏陵墓*；这座建筑显然是他行使皇权的纪念碑。建筑是人的杰作，不是上帝的赐予，因此人的聪明才智也在建筑及其装饰中得到了颂扬。教堂应当是上帝的居所，权且不论那看不见的上帝，这里的一切已经让人肃然起敬。

* 亨利四世于1610年遭暗杀，他的心脏装在一个瓮里运到了拉弗莱什，安葬在他1604年创建的耶稣会学院的教堂里。1642年，他的第二任妻子玛丽·德·美第奇去世，她的心脏也运到拉弗莱什，依照亨利四世生前的愿望，也安葬在这座教堂里。——译者注

图9　法国国立皇家军校的教堂，拉弗莱什

这很好地提醒我们，休谟一生都不喜欢任何形式的派系主义。他曾在一篇文章中写道：“**人们按派别行事时，热衷于为自己的党派服务而无视名节和道德的一切约束，行恶事亦不知羞耻或懊悔。**”[1]他在另一篇文章中补充说：“派系颠覆政体，使法律瘫痪，同一民族本应互相帮助、互相保护，却因党派而激发最强烈的仇恨。”[2]人们蔑视持异见的人，同时又声称自己为“人民”说话。休谟对社会的两极对立深感失望，他说：“**我认为，公共精神应该使我们热爱公众，对所有同胞怀着平等的关** 51

1　“On the First Principles of Government,” 3.

2　“Of Parties in General,” 2.

怀，不要以'爱整体'之名去恨其中一半的人。"[1]

休谟选择与自己宗教观点完全相悖的人，在他们中间生活和工作三年，这一事实表明他言行一致。我们由此从休谟身上获得另一条格言：**如果你秉持怀疑的态度、开放的思想，那么你和那些与你观点迥异之人沟通、共处，你将无所畏惧，且受益匪浅。**

论神迹

我们知道，休谟的重要思想中至少有一点是在这所耶稣会学院逗留期间萌发的。他后来回忆说："我年轻时在法国拉弗莱什的耶稣会学院度过两年时光。我当时在回廊里散步，和一位多才多艺、学识广博的耶稣会会士交谈。他向我讲述他们的修道院最近发生的一个不合常理的神迹。他极力说服我，于是我忍不住和他辩论起来。那时我正撰写《人性论》，满脑子都是有关人性的话题，论据脱口而出，我想我的论证一定触怒了我的这位同伴。"[2]

"这次论证"在休谟的《论神迹》一文中得到了阐释。休谟几乎是在一刹那间构思出这一论证的，这完全可信，因为它的主要原则非常朴实："**较弱的证据永远无法推翻较强的证据。**"[3]"神迹确实发生"，其证据
52 总是弱于"没有发生"的证据，因此，我们永远没有理由相信神迹确实发生过。

但为什么神迹的证据总是不够有力，不能让人相信呢？论证的核心是"神迹违背自然法则"。小概率事件算不上神迹。如果有人从飞机上摔下来，一阵奇怪的大风阻缓了他的坠落，还有一个异常柔软的表面

1 Advertisement to *Essays, Moral, Political, and Literary* (1741), 1.

2 *Letters of David Hume, Volume 1*, Letter 194.

3 *An Enquiry concerning Human Understanding*, 10.1.

图10 法国国立皇家军校的花园，拉弗莱什

起了缓冲作用，导致他落地时安然无恙。那么，他着实好运，但这不是神迹；然而，如果有人从飞机上坠落时发现自己能飞起来，此可谓神迹。

休谟认为，人类的整体经验表明自然法则的成立没有例外。倘若 53
有人说，自然法则不是确定的，神迹已经发生了，那么，反驳这个说法时提供的证据"和任何可能来自人类经验的论据一样充分"。经验的恒常不变验证了这些事实：引力始终在起作用，热量总是使冰融化，死人不会复活，等等。总有"恒常不变的经验与一个神奇的事件相逆，否则，这个事件也配不上'神奇'二字了"。这种恒常不变的经验是反驳神迹存在的最好证据。[1]即使是无法解释的异常事件也不足以成为反对自然

1 *An Enquiry concerning Human Understanding*, 10.12.

法则主权的证据。休谟在一封信中说，即使太阳消失48小时，“理性的人也只能从这个事实中得出结论：太阳这个球型机器在这段时间内失灵了”[1]。

我们从理论上可以设想这样一个神迹：我们无法解释它，但可以常常看到并证实它，于是只好接受它的真实性。然而，任何所谓神迹事实上都没有达到甚至接近这个标准。证明神迹已经发生的证据永远不够充分，因为它总是建立在一个人或少数几个人的证词上，而且没有一个可靠的证据足以动摇我们对自然的恒常不变所做的假设。有时，轻信或撒谎的动机比说实话的动机要强得多，因为目睹过非凡的事件使我们与众不同。休谟写下这关键的一段话：

> 从古至今，我们未曾见过一个神迹是由足够多有资格的人证明的。所谓资格，就是他们具有公认的良好的判断力、教育和学识，让我们相信他们没有自欺；同时，他们具有毋庸置疑的正直、诚
> 54 实，没有任何企图欺人的嫌疑；他们在人的眼中享受崇高的信誉和声誉，一旦有人发现他们撒谎，他们便遭受重大损失；此外，他们在世界上如此有名的地方，如此公开地做证，若有谎言，便不可避免被人识破。所有这些条件都必不可少，这样我们才能确保这些人的证词真实可靠。[2]

拉弗莱什是休谟驳斥神迹时举证的来源，也给休谟提供了很多用以说明问题的例子。在休谟逗留拉弗莱什期间，耶稣会会士和詹森派信徒之间正在进行神学辩论。17世纪早期的荷兰神学家科尼利厄斯·詹森（Cornelius Jansen）去世后，他的作品得以出版。詹森派受詹

1 *Letters of David Hume, Volume 1*, Letter 188.

2 *An Enquiry concerning Human Understanding*, 10.15.

森作品的启发，对天主教持有异议。他们强调人有原罪，人性本恶，认为我们命中注定的救赎全然依赖上帝主观的恩典。有一个哲学上微不足道却引起激烈争论的话题，就是人们传说在巴黎詹森派神父的墓地里发生的神迹。休谟在《论神迹》一文中提到了这个争论。他写道："在一个人身上发生的神迹，为数最多的，莫过于最近法国人盛传的巴黎最著名的詹森派神父的墓上涌现的神迹。关于这位神父的圣洁，人们受蒙骗已久。他们到处传说，说这座圣墓让病人痊愈，聋者复聪，盲人重见光明；他们说，此等功效在这里乃寻常之事。"[1]

休谟举出此例，旨在说明有些神迹似乎有目击证人提供的证据。"在这样一个开明的时代，在现今世界这个卓越的舞台上，许多神迹竟然能在真诚、可靠的裁判者面前立刻得以证明，得到许多声名显赫的目击者的证实。"耶稣会"是地方民事法官支持的有学问的团体，和支持 55
神迹的观点是死对头"，但是，就连他们也不能"确定无疑地驳斥或拆穿那些观点"。

即使如此，也不足以说服一个理性之人去相信发生过真正的神迹。"**一个有智慧的人……使自己的信念与证据适成比例。**"[2]休谟警告世人，一篇合乎报道者心意的报道，"无论美化他的国家、他的家庭还是他自己，抑或以任何其他方式契合他自然的天性和癖好"，智慧之人对于这样的报道都应当存疑。"但是，还有什么比成为传教士、先知、自天而降的使者有更大的诱惑力呢？"我们必须提防"人所共知的、轻信和欺骗这两个自然原则"，而休谟认为轻信和欺骗是普遍存在的。[3]"惊喜和诧异这样的激情"是"令人愉悦的情感"，容易让人相信神迹。为了论证这个观点，休谟反问："难道人们没有贪婪地接受旅行家们奇异的

1 *An Enquiry concerning Human Understanding*, 10.27.

2 Ibid., 10.4.

3 Ibid., 10.31.

记载，相信他们对海陆怪物的描述，相信他们讲述的奇人异事和粗野的习俗吗？”[1]

休谟处事圆滑，他明确表示，他并不想论证《圣经》记载的神迹是否未曾发生。基督教的神迹只是让我们明白，我们永远不能依赖充分的理性相信它们发生过；我们只能靠信心相信它们。他情愿这样说："我们最神圣的宗教建立在信心之上，而不是建立在理性之上；让它这样经受它无法承受的考验，这个方法肯定使它的缺点暴露无遗。”[2]休谟承认这一点，话说得模棱两可。那些没有信仰的人，或者认为信仰没有
56 足够正当理由的人，会像休谟一样得出这样的结论：所有关于神迹的报道都是假的。他们也可以从休谟的观察中得出这样的结论：对超自然事件的报告“主要在无知和野蛮的民族中大量存在”[3]。休谟说：“基督教最初就是依靠神迹的，即便到了今天，任何理性的人都不会相信没有神迹的基督教。”当休谟这么说时，人们可能很容易得出“基督教不可信”这个结论。[4]但对于那些有宗教信念并视信心为宗教核心的人来说，对神迹的信念比普通信念更特别。毕竟，任何人都可以相信证据向我们展示的事实：只有那些全然相信上帝和宗教的信徒才能只靠信心去信仰宗教。

然而，在这种背景下，就像反驳任何其他宗教一样，休谟提出了一个鞭挞基督教的论点。人们总是援引神迹作为证据，来支持某一特定的宗教。但是所有宗教都宣称有神迹。更有甚者，各种宗教之间互相冲突，没有哪一个宗教由大多数人信仰。因此，每个人为自己信仰的宗教中神迹的真实性做证，同时举证说明其他宗教的神迹的虚假性。由此，“不同宗教的所有神奇事物都可以视为相反的事实；这些神奇事物

1 *An Enquiry concerning Human Understanding*, 10.16–17.

2 Ibid., 10.40.

3 Ibid., 10.20.

4 Ibid., 10.41.

的证据，无论弱与强，都是彼此对立的”[1]。

休谟的论点非常有弹性。批评家们往往认为休谟未能证明神迹的不可能性，但休谟本来就不是要证明神迹的不可能性。既然没有任何事情可以单靠理性来证明或否定，那么任何事情都是可能的，包括神迹。虽然神迹并非不可能，但相信神迹已发生，这不具合理性。休谟并非论证神迹发生的不可能性，而是论证理性地相信这些神迹是不可能的。

有人可能会说，这还是太牵强了。也许有一个神迹，目击者众多， 57
它具备的条件让人几乎不可能怀疑它确实发生过。但这种纯粹假设的可能性可以忽略。休谟没有时间去思考在某个想象的、与我们生活的世界完全不同的世界里有可能正确的事情。我们可以收录休谟的这一原则，将其视为休谟的一条格言：**你若没有理由相信一件事会在现实世界中发生，就不要浪费时间去思考它是否会在可能的世界里发生**。如果我们接受这句格言，休谟的论证就非常有力地驳斥了人们所说的所有发生过的神迹，因为毫无疑问，和“自然法则没有例外”这一信念不一样，神迹没有可靠的证据。

休谟原本打算将这一论证纳入他的《人性论》，但由于担心它会引起太多争议，使整部作品遭受污名而无法引起人们的重视，故将其略去。休谟回到伦敦后，他将这种删除行为描述为“将我作品中精华的部分阉割，即删除其高贵的部分，也就是说，使之尽量不冒犯别人”。休谟显然对此颇感不安，他将其描述为“一部懦弱的作品，我为此自我责备；当然，我相信我的朋友们不会怪我的”。尽管如此，他还是进行了自我审查，因为他“指责其他狂热者，于是我决心在哲学上不做一个狂热者”[2]。直到1748年，休谟的《关于人类理解的哲学论文集》（10年后

1 *An Enquiry concerning Human Understanding*, 10.24.

2 *Letters of David Hume, Volume 1*, Letter 6.

更名为《人类理解研究》)出版,世人才得以了解休谟的观点。

休谟在耶稣会学院里孕育了反宗教的观点,这颇具讽刺意味,可
58 是,休谟本人却乐在其中。1762年,他写道:“至少这种推理的自由使得在耶稣会修道院里诞生的论证显得有些非同寻常。”他同时自嘲:“你也许会想,这种论证的诡辩性明显带着它诞生地的味道。”[1]

伊旺多

休谟频繁使用耶稣会学院的图书馆,可他住在学院以外的地方。休谟的传记作者以及当地人都认为,他住在距离学院三公里处的伊旺多(Yvandeau)庄园;庄园坐落于山上,俯瞰拉弗莱什小镇。[2]今天的伊旺多是私人居所,无法预约参观。于是,我在参观拉弗莱什时,驱车来到这座庄园所在的一大片物业的入口,接通对讲机。一个女人回话,我妻子用她不完美但是比我好很多的法语解释我们的身份和来意,询问是否有可能进去看一看。那位女士问我们可否下午再来,但是我们计划好了下午要离开这里,就问是否可以至少在外面看看那栋房子。她居然同意了,我们万分欣喜。

我们沿着蜿蜒的私人车道走上来,走近这栋房子;很明显,休谟很会挑选住处。从这里放眼远望,视线越过山谷,我们体会到自己身处拉弗莱什的一座世外桃源。伊旺多透出暗淡的恢宏。虽然所有房间都不算大,可这是一座大庄园。房屋的许多特征,比如,木制的楼梯扶手,即使不是最初的扶手,看起来也很古老。很明显,这里住过几代人。这栋建筑有两层,呈“L”型,房子两端及其各自的房角都有一个四角的屋顶,使这栋房子呈现三座塔顶的模样。

1 *Letters of David Hume*, *Volume 1*, Letter 194.

2 Mossner, *The Life of David Hume*, 100.

房屋的主人带我们看了他们认为休谟曾在一楼住过的房间，它就在“L”的角落里。从这个房间的一扇窗望出去，拉弗莱什尽收眼底；另一扇窗的外面就是庄园的花园。房间不是特别大，但视野极好，屋内有一座灰色大理石壁炉。他的书桌据说是摆在风景最好的那扇窗户前。我们不知道是否如此，但是，可以肯定，这里明显是最适合工作的位置。 59

休谟似乎在法国很幸福，他喜欢法国人，认为他们“有礼貌，爱交际”[1]。1741年，他带着羡慕之情写道：“除希腊人以外，同时拥有哲学家、

图11　休谟在拉弗莱什的家，伊旺多

1　Mossner, “Hume at La Flèche, 1735: An Unpublished Letter.”

诗人、演说家、历史学家、画家、建筑师、雕刻家和音乐家的民族，只有法国人。在戏剧方面，法国人甚至超过了希腊人，而希腊人远远超过英国
60 人。在日常生活中，法国人大都十分精通生活的艺术（*l'Art de Vivre*），这是所有艺术中最实用、最令人愉悦的艺术，是社交和交谈的艺术。”[1]

伊旺多现在的主人符合法国人的这种形象。她不仅给我们安排了一次临时的私人游览，还送一瓶隔壁葡萄园酿制的酒。她充满歉意地说，“这不是顶级酒”，“品质一般”。后来我们和哲学家朋友们一起打开这瓶伊旺多庄园酒，发现她说得很对。这瓶酒用香槟酒的软木塞密封，可是它是红葡萄酒，只是略微起泡；酒精含量是12%，有清淡的水果味，几乎类似于用干葡萄加工而成的果汁，仿佛有些果糖尚未发酵成酒。这算得上是那种大众口味的、不难喝的乡村酒，整个欧洲大陆都会酿制这种酒，其风味可能接近于休谟当时品尝的酒，并不像现代的更浓烈的酒类。我们喝了这瓶酒，倍感荣幸，因为酒瓶上的标签注明这酒仅为拉弗莱什山酿酒商协会的成员储备，不作商用。

给休谟留下深刻印象的不只是法国人的热情好客。别处司空见惯的恶行，他在法国没有看到。他在兰斯时写道：“我在法国未曾见过一个人吵架。”他还说，你“在法国几乎见不到小丑或者没教养的人”。他对此做出了解释，认为正是“法国人行为中的这些美好的小细节使普通人也优雅起来，防止粗鲁、蛮横行为的发生”。士兵经常参与军事演习，使军人的素质成为本能而变得更加勇敢；信徒时常参与宗教仪式，变得更虔诚；同理，人们每天把微小的礼貌行为付诸实践，就会更有礼貌，仅
61 仅是“小细节”就可使人“容易产生实质性的变化”[2]。

这种观察反映了休谟道德哲学的一个特征。休谟认为，习惯是道德行为的关键。**无论大事小事，在每一种情况下做正确的事，你就能养**

---

1 “Of Civil Liberty,” 6.

2 *Letters of David Hume, Volume 1*, Letter 4.

成在所有情况下做正确事情的品格。对良好美德的思考“通过适当描绘恶行的丑和德性的美，进而培养相应的习惯，使我们规避前者，接受后者”。这个观点接近孔子的思想，当然，我们没有理由认为休谟了解孔子的思想。但是，我们可以预料，他知道这也是亚里士多德道德哲学的一个重要观点，他肯定读过亚里士多德的著作。拉弗莱什的图书馆里有一卷亚里士多德的《作品集》(*Varia Opeucula*)，还有他的《形而上学》(*Metaphysics*)、《尼各马可伦理学》(*Nicomachean Ethics*)。但是，奇怪的是，休谟在他所有的作品中极少提到亚里士多德；事实上，他只有几次提到这位伟大的哲学家：通常都是对他的形而上学提出异议；有一次是为了引用亚里士多德列举的“人的美德”；还有一次纠正亚里士多德对人的心理所持的某个观点——“一般来说，人们大多倾向于高估自己，而不是低估自己，尽管亚里士多德对此持不同意见。”[1]

休谟只有过一次轻描淡写而且有些掩饰地承认自己得益于亚里士多德。他说：“逍遥派都认为，适中是德性的特征。”[2]逍遥派(Peripatetics)是追随亚里士多德的一个哲学派别；在休谟时代，这个词主要指亚里士多德自己的哲学。“适中”即中庸。依据中庸的主张，德性不是哪一种恶的反面，而是介乎两种恶之间的某个位置：多余和缺
乏。慷慨是极端吝啬和过度挥霍之间的中庸；勇气是怯懦和鲁莽之间 62
的中庸；灵活是僵硬刻板和过度柔软之间的中庸。休谟使用节俭作为例子，其一极是贪婪，另一极是挥霍。[3]因此，休谟说：“**人们承认，没有哪种品质绝对要被谴责，或绝对值得称赞。这完全依照其程度而定。**”孔子也有几乎一样的概念，他完全独立地提出了这样的概念。

休谟的道德哲学和亚里士多德、孔子的思想还有一个相似之处。

1　*An Enquiry concerning the Principles of Morals*, 8.9 & Appendix 4, 12. Aristotle, *Nicomachean Ethics*, 1125a.20.

2　*An Enquiry concerning the Principles of Morals*, 6.2.

3　Ibid., 6.12.

他们都认为，道德、礼貌和礼仪是伦理的不同方面。伦理关注我们的行为对我们自己和他人是多么愉悦或有用，与大小事宜都相关。休谟说："缺点、过失、恶行、犯罪，这些表达似乎意味着不同程度的指摘和责难，然而，它们在根本上几乎属于同一种恶。"[1]

这也意味着伦理关注我们所有的行为，有意的或无意的行为。在这一点上，休谟和古希腊人是一致的；古希腊人"很少重视自愿和不自愿的区别"。但是，"他们有充分的理由认为，懦弱、卑劣、轻浮、焦虑、急躁、愚蠢，以及心灵的许多其他特征，虽然都不依赖于意志，但都可能显得荒唐、丑陋、可鄙和可恶"[2]。休谟认为，这更接近于常识而不是道德理论；道德理论只是把自愿的行为置于道德评估之下。"我愿意有人向我说出理由，说明为什么德与恶可以像美与丑那样不是不自愿的。"行为的德与恶取决于它讨人喜欢和（或）有用的程度，与行为是否自愿无关。事实上，许多美德"既是不自愿的又是必须的"，比如，"恒心、刚毅、豪爽，简言之，就是造就伟大人物的所有品质"[3]。休谟还特别指出，英语
63 "在标明德性和才华、恶行和缺点之间的界限时相当不精确"，这意味着其中的原因是"我们的内心在评价它们时，做出的区别非常微小"[4]。故此，休谟仰慕法国惯常行为的一些方面，认为这些方面在道德上值得称赞。尽管社会不是有意行动的能动者，社会规范可以是正确的或错误的。

休谟在拉弗莱什时显然很高产，《人性论》大部分是在这里撰写的。他后来称，他离开大学前孕育了这部作品，21岁前开始计划撰写，25岁前完成了写作，应该是在1736年。他在自传中说："我在法国隐居时（先是在兰斯，但是大部分时间在安如郡的拉弗莱什），撰写了我的

1 *An Enquiry concerning the Principles of Morals*, Appendix 4, 22.

2 Ibid., Appendix 4, 20.

3 *A Treatise of Human Nature*, 3.3.4.3.

4 *An Enquiry concerning the Principles of Morals*, Appendix 4, 3.

《人性论》。”但是，学者们都一致认为，在休谟1737年离开法国时，《人性论》尚未完成。莫斯纳相信，休谟回到苏格兰，他至少还在修改《人性论》的第一卷和第二卷，而第三卷是在苏格兰完成的。[1]

尽管有这些说法，《人性论》的大部分很明显是在拉弗莱什写成的。休谟自称，他在拉弗莱什坐下撰写此书之前，脑海里已经构思了它的总体框架和论证。在这一点上，我们没有理由怀疑休谟。

《人性论》

《人性论》第一版问世三年后，休谟在一篇摘要里写下了这部著作的总体精神。“读者很容易察觉到，”他写道，“本书蕴含的哲学是怀疑论，让我们了解人类理解的不完美性和狭隘的局限性。”[2]倘若我们要用一句话总结《人性论》的宗旨，那就是：让我们失去在这个确定的、毋庸置疑的真实世界上建立确定认识的希望；让哲学甘于完成更谦逊的任 64
务，即以经验为基础，仅得出试探性的结论。这就缩小了哲学的任务。如果我们“认真地研究人类理解的本质”，就会发现“它无论如何不适合研究那么辽阔、玄奥的话题。我们必须先接受这种精疲力尽之感，接下来才能安逸地生活。我们必须精心培育真正的形而上学，以求消灭虚妄、掺假的学问”[3]。

对观念之间的关系（relations of ideas）进行推理和对事实真相（matters of fact）进行推理，休谟在《人性论》里认为这两种推理有重要的区别。我们以理性思考观念之间的关系时，只不过是在分析概念之间的逻辑关系。因此，数学研究的是观念之间的关系。我们知道

1　Mossner, *The Life of David Hume*, 73–74.

2　Abstract of *A Treatise of Human Nature*, 27.

3　*An Enquiry concerning Human Understanding*, 1.12.

1+1=2，这仅仅是因为这个加法中每一个条件的意义是确定的，于是这个结果是必然的。同样，“一个没有结婚的男人是单身汉”，这个说法仅靠定义就可以成立。我们能绝对确定地知道这些真理。

但是，事实真相则不同。“每一个事实真相的反面总是可能的，因为它并不包含任何矛盾。”[1]比如：“太阳明天不会升起”这个说法中不包含逻辑上的矛盾。这个命题挑战我们的经验，没有挑战逻辑。仅逻辑本身无法告诉我们世界运行的方式。当我们把某物中的一个东西和另一个东西放在一起，我们不能凭借纯粹的逻辑推断要发生的事情。我们可能得到两个东西，它们也可能会生出多个东西，会爆炸，或会变成一个东西。你也不能凭借纯粹理性推断一个没有结婚的男人因此就是单身汉。你需要收集与他生活有关的信息。

65 在休谟看来，理性推论的对象有两种：观念之间的关系；事实真相。这个原则被称为“休谟之叉”。休谟后来重写《人性论》的第一卷，以《人类理解研究》为名将其出版。他在该书的结尾大胆且令人难忘地断言这两个对象的区分具备最根本的性质：

> 如果我们深信这些原则，那么，我们走遍各个图书馆时，会造成多大破坏呢？我们用手拿起一卷书，例如神学书或经院哲学书，我们就可以问，**书中包含与数和量有关的任何抽象推论吗**？没有。**书中包含着与事实真相和存在有关的任何经验的推论吗**？没有。那么，就可以把它投进烈火里，因为它所包含的没有别的，只有诡辩和幻想。[2]

“休谟之叉”最重要的结果是：在事实真相中，没有绝对的确定

1 *An Enquiry concerning Human Understanding*, 4.2.

2 Ibid., 12.34.

性。休谟在《人性论》的摘要中解释道："普遍的逻辑体系" 非常适合于"论证的形成"，即逻辑论证。但是它们没有能力处理可能性，没有能力评估"生命和行为完全依赖的" 证据。[1]哲学最重要的问题不同于接受严谨证明的数学问题，而是依赖来自经验的推理，所以，有可能没有确定性。

其中的原因至关重要。休谟说："所有可能的论证依据的假设是：将来和过去之间存在一致性。" 比如，我们相信人必然死亡，依据是我们观察到没有哪个人活过100岁。然而，这些自然都是对过去事情的观察。我们看不见人在未来会发生什么事。可是，我们假设未来会和过去一样；至少说到自然的基本规律时，我们这样假设。我们相信，休谟 66
在拉弗莱什时，地球引力把他吸在地面上，这引力今天同样让我们不至于飘浮于空中；休谟喝的酒，和我旅行后带回家的品质一般的酒，酿造时的发酵过程是一样的。

这是常识，没有人会对此严肃地辩论。但是，休谟指出，我们无法证明过去和将来之间的一致性。"这种一致性是一个事实真相，如果必须证明它，除了经验之外，没有证据，" 休谟写道，"但是，我们过去的经验无法作为未来任何事情的证据，只能假设将来和过去有类似性。因此，这个要点根本不可能证明；虽没有任何证明，我们却信以为真。"[2]

这就是后来所说的"归纳法的问题"。归纳法是一种推论，它从数量有限的、过去的具体案例概括而成适合未来的通则。其中的"问题"是，从逻辑上说，从与过去相关的前提无法推出与未来相关的结论。从逻辑视角看，*一直以来这都是事实*，并不能由此得出结论说，*将来这也是事实*。

当然，我们和休谟一样相信，"结果总是和原因相呼应"，这让我们

1　Abstract of *A Treatise of Human Nature*, 4.

2　Ibid., 14.

充满信心地认为，未来确实会遵循过去的模式。[1]但是，我们对这样的原则没有任何逻辑的证明。“原因”这一观念总是和“它的假定的结果”这个观念分离，这说明，拒绝承认因果关系“并非意味着矛盾或谬误，因此，也不可能被源自纯粹观念的推理驳斥”。[2]

有人表示反对，认为每一个事物都必然有一个原因：“如果任何事
67 物缺乏一个原因，那么它就是由自己产生的；也就是说，它在自己存在之前就已经存在，而这是不可能的。”[3]可是他们的想法是有问题的。如果说一个事物没有外因就必然是由自己引起的，这就是假设任何事物必然有一个原因。这正是要质疑的地方。

然而，休谟的怀疑论走得更远更深。我们举一个例子。划一根火柴，在过去往往燃起一团火，我们的结论是：未来也继续会这样。我们也许接受自己在下结论时超越逻辑。如果我们下结论说“每个事件都是某一原因产生的结果”，我们或许也接受自己在下这个结论时超越逻辑。但是，当我们看见划火柴引起一团火，服用对乙酰氨基酚来退烧，饮水来解渴时，我们真的不怀疑自己事实上观察到了因果关系吗？

休谟认为，我们从来没有看见这样的事情。我们从来没有观察到正在发生的因果关系。我们所看到的只是一个事件在另外一个事件之后发生。我们无法看见我们称为因果关系的那两个事件之间“必然的联系”。“的确，在日常生活中，我们觉察不到我们观念中的这个缺陷。”休谟写道。无论是在日常事务中，还是在“最不寻常、最奇特的”事件中，我们都不知道使因果结合的“最终原则”。[4]只有当我们从哲学角度认真严格地去研究，这个缺陷才会浮出水面，清晰起来。休谟肯定地说，如果我们尝试去观察，能看到的是一个事件紧跟另外一个事件。我

1 “That Politics may be reduced to a Science,” 12.

2 *A Treatise of Human Nature*, 1.3.3.3.

3 Ibid., 1.3.3.5.

4 Ibid., 1.4.7.7.

们永远看不到因果力量的真面目；甚至难以设想如何才能观察到这样的力量。

我们为什么假定自己看见了正在进行的因果关系？因为我们的大脑本能地弥补这个空缺，把事件之间的因果联系归入我们的心灵事实上观察不到的事物之列。这是休谟在学术研究中最强烈质疑的一个问题。但是，我仿佛清晰地看见，休谟认为我们对外部世界因果关系的理 68
解源自我们对一种“必然联系”的感受，这种感受是人类心灵自然活动的一部分。休谟有一句话颇为关键，他说：“因此，我们心灵感受到的这种联系，即我们的想象从一个对象习惯性地转移到与这个对象恒常伴随的对象上，就是一种感觉或印象，我们借助这种印象来形成‘因果力量’的观念或‘必然联系’的观念。”[1]

因此，必然联系的力量是“想象力的一种幻觉”。在这里，“幻觉”这个词可能容易让人产生误解。休谟的意思是，对因果关系的感受源自想象。我们想象的事物是否符合现实世界的事物，这是另一件事。

休谟提出的问题是：“我们应当在什么程度上听从这些幻觉？”回答这个问题使我们陷入“一个极端危险的两难处境”。我们不能过快地接受想象的幻觉，因为大多数幻觉“使我们陷入错误、荒谬和费解之中，致使我们最终对自己的轻信感到羞愧。**对理性产生最大危害，让哲学家有可能犯最多错误的就是想象力的迸发**”[2]。

但是，在另一方面，如果我们只相信唯理性可证明为确凿无疑的事情，我们就会陷入“完全的怀疑主义”，甚至无法假设椅子可以支撑我们身体的重量，食物让我们果腹而不是毒死我们，我们的家依然在我们早上离开的地方。

休谟承认，他发现许多怀疑主义的念头让人深深不安。比如：

---

1 *An Enquiry concerning Human Understanding*, 7.28.

2 *A Treatise of Human Nature*, 1.4.7.7.

“究竟是什么原因导致我的存在？”“我对谁产生影响？谁又影响了我？”“所有这类问题让我不知所措，我开始想象自己落入最可怜的境
69 况中，四周一片漆黑，我完全丧失了每一个肢体、每一种官能的运用能力。”如何解决这个问题？唯有休谟提出了最具说服力的答案：

> 最幸运的是，理性虽然不能驱散这些疑云，但自然本身刚好足以实现这个目的，治愈了我的哲学忧郁症和谵妄症；它或者放松这种心灵倾向，或者用业余爱好和活跃的感官体验，终使所有这些幻想消灭殆尽。我吃饭、下棋、谈话、和朋友谈笑宴乐；在享受三四个钟头的娱乐之后，我再回到这一类哲学思辨，就觉得这些思辨如此冷酷、牵强、滑稽，因而发现自己无心再继续进行这类思辨。[1]

我们可以从休谟的这段话里领会一句格言，权且用19世纪美国实用主义者查尔斯·桑德斯·皮尔士（Charles Sanders Peirce）的话来表达：**“我们在哲学上不要假装怀疑我们内心不怀疑的东西。”**

休谟对这个问题的诊断以及他开的药方让其他许多哲学家煞费苦心，原因不难看出。康德后来说，阅读休谟的著作让他从“教条主义的沉睡”中惊醒，迫使他为人类的知识寻找一种比休谟所提供的答案更可靠的根基。在许多哲学家看来，休谟提出了哲学无法解决的问题。既然如此，他们便漠然置之，继续走自己的路。

我认为，不能完全理解休谟的思想深度和复杂性，是一个严重的错误。要接受休谟针对逻辑推论的限度得出的结论，这需要我们放弃“唯
70 有理性可以成为知识的根基”这一希望。相反，我们必须依赖经验。把结论建立在经验之上和建立在理性论证之上同样具有哲学意义；只是这种哲学意义以前未曾得到恰如其分的理解。

1 *A Treatise of Human Nature*, 1.4.7.9.

针对因果关系、过去和将来之间的一致性问题，休谟的观念不是缺乏哲学证成（justification）的空洞的假设，而是没有逻辑证成的哲学结论。相反，其证成来源于经验。我们只要仔细思考这个世界，就知道：若不相信因果关系，就不可能对事实真相进行推理。我们也知道，休谟认为，相信因果关系，不是由理性或观察证成的。“惯习”（custom）或习惯“是人生的最大导师。只有这条原则可以使我们的经验有益于我们，使我们期待将来有类似过去的一连串事件会发生”[1]。

休谟认为“由因及果、由果及因的那种习惯性的推移”是“恒常的、不可抗拒的、普遍的原则”[2]。我们由此得出结论：我们必须相信因果关系，然而，我们的这种信心没有最终的证成。因此，休谟的怀疑主义并非严肃地怀疑因果力量；在我们试图以理性证成我们的信心而不是诉诸信心的绝对必要性时，休谟的怀疑主义给我们的理性证成能力以致命的怀疑。

休谟在回应《人性论》的一篇书评时把上述观点表达得淋漓尽致。这篇书评对《人性论》的批评很露骨，但是水平很一般，发表于颇具影响力的杂志《学术著作史》（*History of the Works of the Learned*）上。书评的作者称，休谟已经论证了“任何东西都可以产生任何东西”[3]。休谟对此断然否认。“任何东西可能没有原因地产生，我从未主张过如此荒唐的命题，”他写道，“有许多不同种类的确定性；有一些确定性是人的 71
心灵可以接受的，只是它们并不像那种可用理性证明的确定性那样具有恒常性。”[4]说句公道话，招致粗心读者误解的正是休谟所说的话：“任何东西都可以产生任何东西。创造、毁灭、运动、理性、意志；所有这些都可以互相产生，或者产生于我们所能想象的其他任何对象。”但是，这

1 *An Enquiry concerning Human Understanding*, 5.6.

2 *A Treatise of Human Nature*, 1.4.4.1.

3 Mossner, *The Life of David Hume*, 123.

4 *Letters of David Hume, Volume 1*, Letter 91.

句话前面有一个作为前提的主张:“如果单凭观察,不求助于经验,那么我们便不能确定任何对象是其他对象的原因;我们也不能以同样的方式确实地断定某些对象不是原因[强调是我加的]。”[1]当休谟写下“任何东西都可以产生任何东西”时,我们必须明白,这句话是有限制的,即“单靠理性和观察给我们的启示是不够的”。

休谟为自己辩护时使用的“确定性”一词让人困惑,因为他在著述中的其他地方似乎很清晰地说,论起事实真相,没有确定性可言。让人困惑的原因是,休谟事实上摒弃了从柏拉图、笛卡儿以及所有理性主义哲学家继承而来的“确定性”这一观念。那种确定性需要遵循理性的根本原则进行严格的、合乎逻辑的证明。然而,摒弃了那个概念,取而代之的可能就是把不同类型的确定性视为有足够保证的、强烈感受到的坚定信念。在这个意义上,我们肯定而且必须一直肯定这个世界是由因果关系的恒定原则控制的。

但是,有些学者认为,休谟相信因果关系事实上只是我们投射给世界的东西。我认为,毫无疑问,休谟相信因果关系是一种真正的力量。有人反对他,说他的实践驳斥了他所表达的对因果关系的怀疑;休谟早在《人类理解研究》中就对这种反对声音做出了回应。休谟对自己想象的批评者说:“不过,你这样说,就误解了我这个问题的要义。我作为
72 一个行事人,很满足于这一点;但是,作为一个有几分好奇心的哲学家,我且不说怀疑主义,我就想追问这个推断的基础。”[2]如果因果关系是真的,休谟在这同一部著作中对自由意志所做的完整讨论就是有意义的。事实上,他在书中说:“人们一致承认,物质在其一切的运行中,是由一种必然的力量驱使的,而且每一种自然的结果都恰好由其原因中的力量所决定,因此,在那些特定的情况下,就不可能有别的结果从那个原

1 *A Treatise of Human Nature*, 1.3.15.

2 *An Enquiry concerning Human Understanding*, 4.21.

因产生出来。”[1]休谟怀疑的从来不是因果关系的真实性。他只是怀疑我们的能力，即把信心建立在理性或观察之上的能力。

《人类理解研究》中还有一个众所周知的段落为这个解释提供了论据。休谟对因果关系提出了两个看似相等的定义。在第一个定义里，休谟认为原因是“由别的物象伴随着的一个物象；凡是和第一个物象相似的一切物象都必然由和第二个物象相似的物象所伴随。”他在第二个定义中说：“如果第一个物象不曾存在，第二个物象也必不曾[不会]存在。”[2]学者们提出异议说，这两个定义非常不同，第一个无论如何也无法证明第二个。我们在这里无须深究辩论的技术细节，而是要特别指出，休谟认为世界上的事件之间有真正的必然联系，这不是人的幻觉。

事实上，休谟继续提出了辨认真正原因的八项原则；如果因果关系是一个幻觉，这些原则就丧失了意义。这些原则中最重要的几项是：真正的原因和结果在时间和空间上是互相接近的；原因先于结果；原因和结果必须有一种“恒常的结合”；同样的原因必须产生同样的结果；如果不同的物象导致了同样的结果，那肯定是因为它们拥有某种共同的特性；相似的物象如果导致了不同的结果，那肯定是因为它们有不 73
同的特性。

有人提出异议：如果休谟承认我们有理由在没有逻辑论证或观察的情况下相信因果关系，又有什么能阻止我们有理由相信上帝、神迹或许多其他未经证实的事物或现象？答案很简单，而且在很大程度上得益于牛顿的科学研究方法：“我们只接受那些足以解释自然事物外在现象的真实原因；除此以外，我们不承认自然界事物的其他原因。”[3]我们

1 *An Enquiry concerning Human Understanding*, 8.4.

2 Ibid., 7.29.

3 Isaac Newton, *Philosophiæ Naturalis Principia Mathematica*, 3rd ed. (Henry Pemberton, 1726), Part 3.

相信因果关系，这对我们理解世界至关重要；而相信上帝或任何其他超自然的力量，则不然。若不提出任何假设，我们就完全落入怀疑主义的状态，对世界进行推理或推断时就失去了根基。若提出太多假设，我们最终会相信谬误。于是，我们遵循这样一则格言：**提出的假设不要多于或少于你的需求。**倘若遵循这则格言，你最终提出的假设就会少之又少，也许仅剩三个：因果关系是存在的；这个世界不是一个系统性的幻觉；我们没有完全疯狂。虽然我们有时候应当怀疑这些假设，但我们也不应该以“没有能力证明它们的不可能性”为理由而停止做这样的假设。

休谟的论证既让人深信不疑又令人极度不安。我在拉弗莱什驻足，准备喝一杯咖啡，思索休谟的论证蕴含的意义。毫无疑问，我所做的一切都包含因果关系的真实性和自然的恒定性。咖啡厅服务生把咖啡倒进移动过滤器，装在意式咖啡机里，按下按钮，带压力的热水就萃取了一小杯意式咖啡，不是牛奶，也不是熔化的黄金。我在椅子上坐下来，椅子承受了我的重量，没有把我掀到60英尺的高空中。在这个世界
74 上，我信以为真的每一件小事，依赖的都是因果关系的恒定性。可是，我从来没有目睹正在起作用的因果力量，也没有什么逻辑论证说服自己这一切是真的。我不得不相信，我的本能是顺应自然的。这一切让人晕头转向。但是，显然，别无他法。我把咖啡杯递到唇边，完全知道接下来会发生什么，但是，在我更深的意识里，我并非真的*知道*，只是相信而已。**我们对现实只有脆弱的理解；我们借着惯习、习惯和本能守住这份理解。**

理 性

休谟削减了“确定性”这一观念的范围；同样，他没有废除理性，却使理性变得谦卑。理性主义者认为，理性是能够证明事实真相的工

具。休谟拒绝接受这一观点，他机智、犀利地用一个比喻来解释："一个在空气中获得成功的实验，在真空中未必获得成功。"[1]我们不妨把这句话倒过来说：**一个在真空中获得成功的实验，在空气中未必成功**。这对哲学家来说也许是一条更清晰的教益。

尽管休谟表达了对理性的怀疑，但他在所有著作里都极清楚地运用了理性推理。事实上，正是因为他的理性推理如此卓越，他的怀疑才有了力量。休谟曾嘲讽地说："要借论证和推论来消灭理性，那似乎是怀疑论者很狂妄的企图。不过，这实在是他们一切研究和争论的最终目的。"[2]**若不使用理性，就无法在论证时反对理性，因为论证需要理性，否则，它就会沦为毫无根据的断语**。

我们应当改变自己对理性的理解，而不是摒弃理性。理性无法像笛卡儿等理性主义者所认为的那样为我们提供确定性。但是，理性不会把我们引入完全的皮浪主义（Pyrrhonic skepticism）中。皮浪主义是根据希腊的怀疑论者皮浪（Pyrrho）命名的；皮浪的思想通过怀疑论者塞克斯都·恩披里柯（Sextus Empiricus）的《皮浪学说概要》（*Outlines*
of Pyrrhonism）传递给了我们。皮浪主义者最重要的座右铭是："我悬 75
置判断。"因为"呈现在我面前的物象，我不能说该信哪一个，不该信哪一个"。人的心灵在这种悬置状态中，"既不肯定一切也不否定一切"[3]。

休谟拒绝皮浪主义，不是因为他拥有决定性的理性论证可以予以驳斥，而是因为"假如他的原则产生普遍而稳定的影响，那么所有人类的生活必然泯灭。一切话语、一切行动都会即刻停止，所有人都会遁入浑然无知的状态中，直到人自然的需求无法得到满足，便终结他们那可怜的存在生涯"。这种事发生的可能性不大。"**自然的强大力量不是原**

1　*An Enquiry concerning the Principles of Morals*, A Dialogue, 57.

2　*An Enquiry concerning Human Understanding*, 12.17.

3　Sextus Empiricus, *Outlines of Pyrrhonism*, trans. R. G. Bury (W. Heinemann, 1933), 10, available at sophia-project.org.

则所能胜过的。”[1]独断的理性会推翻所有信心。“及时摧毁一切怀疑主义论证的力量，使其不至于对人的理解产生重大影响。”[2]能够做到这一点的是自然，不是更多、更好的论证。怀疑主义的最佳解决方案不是哲学而是“疏忽和不注意”[3]。

因此，理性若使用得当，它既不创造确定性，也不毁灭确定性。它是引领者，引领我们走出不确定性。休谟称这种形式的理性为“较和缓的怀疑主义”（mitigated scepticism）或者“学院派的哲学”（academical philosophy）。这是我们面对皮浪主义的过度怀疑时用“常识和反省”进行“纠正”后所得的结果。在休谟看来，“**哲学思考……和日常生活方面的推理本质上没有差异；即使我们从哲学中得不到更伟大的真理，总可以指望从中获得更大的稳定性，因为哲学具有更精确、更审慎的做事方法**”[4]。

还有一种更谦逊的理性，而谦逊正是理性的美德。**我们看待理性以及在理性推理时都必须谦逊。**正如休谟所见到的那样：“大多数人在表达意见时自然而然地易于肯定、专断；如果他们只看见物象的一面，
76 不知道任何相反的论证，他们就会鲁莽地接受自己喜欢的原则；他们对于持相反意见的那些人，没有丝毫纵容。”今天的情形和休谟写作的时代并无二致。要对此进行反驳，我们则需要对智识的局限有更清晰的认识：“如果这些专断的推理者能觉察到人类的理解力是脆弱的，它即使在最完善状态下，在最精确最谨慎地做结论之时都是特别脆弱的，那么，这种反省自然会激励他们更谦逊、更含蓄，降低对自己的偏爱，减少对敌手的偏见。”[5]

---

1 *An Enquiry concerning Human Understanding*, 12.23.

2 *A Treatise of Human Nature*, 1.4.1.12.

3 Ibid., 1.4.2.57.

4 *Dialogues concerning Natural Religion*, 1.9.

5 *An Enquiry concerning Human Understanding*, 12.24.

休谟不厌其烦地鼓励人们在进行哲学思考时提防傲慢自大。“有些哲学家自命不凡，以为自己智慧超群，游刃有余，可是，一旦遇到喜欢‘打破砂锅问到底’的人，他们就颇感为难，”休谟警告说，“**要避免这样的尴尬处境，最合理的权宜之计乃是克服虚荣心；在别人尚未向我们发难时，我们先发现问题。借此方法，我们就可以把自己的无知转化为美德。**”[1]

对待理性持谦逊态度，这还会产生另一个积极效果，即“把我们的研究限制于人类有限的理解能力最适于研究的课题”。我们会停止思考我们经验之外的终极现实（ultimate reality）的真相，转而集中精神关注在我们能力范围内可理解的事物。休谟说：“**一个正确的判断要避免所有悠远而高深的探索，使自己局限于日常生活，局限于日常实践和经验规范内的话题。它把更崇高的话题留给诗人和演说家来渲染，或留给牧师和政治家来施展演说的技艺。**”[2]这让我想起，孔子也拒绝思考终极现实的本质。子曰：“天何言哉？四时行焉，百物生焉，天何言哉？”[3] 77

以谦逊的态度理解理性，这其中蕴含迷人的人道意义。但是，这种形式的理性是什么，可能还不甚清晰。我们知道，这不是逻辑推理；我们也知道，这是一种来自经验的推理。但是，归纳法的问题（我们从有限的经验推理得出更广泛的通则）似乎尚未解决。

虽然休谟没有清楚地告诉我们源自经验的正确推理是哪一种，但是，他肯定演示给我们看了。为了更好地用理性推理，我们以休谟为榜样，获取了几则格言。第一，**先认真思考力求理解的一切，再开始推理并下结论**。这看似是明显的道理，但是哲学史告诉我们，这条原则违反者多，遵守者少。休谟的能力非凡，他先认真对待力求理解的一切，

1　*An Enquiry concerning Human Understanding*, 4.14.

2　Ibid., 12.25.

3　*Confucian Analects*, Book 17, Chapter 19.3, in James Legge, *The Chinese Classics*, vol. 1 (Oxford University Press, 1893), 326.

这让他得出这样的结论：我们事实上从来没有观察因果关系；我们没有意识到自己是独特的思考动物。哲学通常太过于关注正确推理的重要性，结果它忽视了仔细观察的重要性。看清楚，这是清晰的思考和理解的前提。“**诚然，昏暗让人的眼睛和心灵痛苦，但是，我们若通过努力使昏暗中发出光亮，那肯定令人欢欣鼓舞。**”[1]

与推理有关的第二则格言是：**理性的论证应当为信念提供不可抗拒的理由**。要做到这一点，一项论证有许多方式。哲学往往关注那些涉及逻辑步骤的论证；有肯定的，也有否定的。肯定的类型是：*如果这*
78 *是真的，那肯定是真的*。比如：如果一切事物必须有一个原因，那么这个事物肯定有一个原因。否定的类型是：*如果这是真的，那不会也是真的*。比如：如果时间无限可分，那就不可能有最小的时间单位。但是，请注意，在上述两个例子中，我们都是从“如果”开始的，而“如果”在哲学上不能确定。这并非偶然。其中的部分原因是休谟认为演绎推理没有那么重要。好的前提才能保证好的逻辑论证；论及这个世界的运行方式，没有哪个前提足够稳定，好让我们从这个前提出发进行稳定的逻辑推理。

幸运的是，还有其他方式为信念提供难以抗拒的理由。其中的一个方式是：我们面对两个可能的解释，即使没有确定的方式来说明哪个正确，我们也可以说明一个比另一个更合理。在驳斥“神迹可信”时，我们便可以使用这个论证方式。比如：有这样两个解释：(1) 大多数人在大多数时间里的经验是准确的；(2) 一个人或少数几个人已经准确观察到与大多数人的经验相矛盾的事物。第一个说法更合理。这不是逻辑原则，而是理性原则。**“理性的”不同于“合乎逻辑的”**，我们把这视为休谟的一则格言。

此外，休谟对理性的限度有很深的怀疑。我们可以做许多事情来

1 *An Enquiry concerning Human Understanding*, 1.10.

测验一种信念的理性程度，但是，实质上我们所能做的一切最终依靠的还是自己的判断。休谟在《人性论》里做了鲜明的陈述。他说："一切概然推理"（对事实真相所做的推理）"都不过是一种感觉……我所相信的任何一个原则，都只是给我印象深刻的一个观念。当我偏爱一套论证而舍弃另一套论证时，只是因为我感受到前者的影响更具优势，从而做出了决定。"这段话告诉我们，归根结底，"**不仅在诗歌和音乐中，即使在哲学中，我们肯定也遵循自己的爱好和情趣**"，这令人震惊。休谟并不是说，我们应当遵循未经审查的爱好和情趣；他清晰地告诉我们，我们做过理性推理之后，就要判断论证的质量，检查论证对我们来说是否具有说服力。[1] 79

从本质上说，我认为休谟没有给我们精确地描述良好的推理有哪些主要特征，因为他无法提供清晰、全面的描述。虽然逻辑是一种算法系统，遵循严格的规则，但推理总体上不是这样。**没有哪种算法系统可保证完善的推理**。有许多例子为证，比如，休谟曾评论过这样的原则："人们对最高权力进行武装反抗是合法的；**既然政府只是人类为了互利和安全而发明的一种体系，那么，它一旦不再具有使人互利和安全的倾向，它就不再对人施加任何自然的或道德的义务**。"休谟相信这个原则是真理，他却说："法律甚至哲学，肯定都不可能建立任何特殊的原则，使我们能够根据这些原则知道什么时候反抗才是合法的，并裁决那个问题上可能发生的一切争端。"[2]也就是说，在道德上，我们也没有什么算法系统可用来帮助我们决定什么时候应该运用通则。我们别无他法，只有依赖我们的判断。

这并不是说推理没有结构或步骤。休谟批评"现代演说者"，说他们"非常热爱即兴演说，这使他们放弃了论证必不可少的所有步骤和方

1　*A Treatise of Human Nature*, 1.3.8.12.

2　Ibid., 3.2.10.16.

法；没有这些步骤和方法，他们几乎不可能彻底说服听众”[1]。良好的论证必须彻底、审慎，具备系统性；要点之间若没有建立联系，就不能从一
80 个要点跳跃到另一个要点。但是，论证需要的是步骤，不是公式。

我们用音乐来做类比。一首美妙的曲子不是音符杂乱无章的汇总。乐曲蕴含某种逻辑，它有节奏，旋律优美，有主题，演奏的方式会产生乐感。但是，从乐谱的第一小节无法生出一整首乐曲。倘若你用有限的几条原则来理解音乐创作，随时都会遇到例外。稍稍改变节拍，可能断送了一首曲子的和谐，却使另一首曲子更悦耳。以彼得·谢弗（Peter Shaffer）的《阿玛迪斯》（*Amadeus*）中的莫扎特为例。这位天才作曲家从他正在创作的歌剧《费加罗的婚礼》（*Le Nozze di Figaro*）中描述了一组场景。“二重奏变成三重奏。而后，丈夫的男仆也尖叫着入场。三重奏变成四重奏。接着，愚蠢的老园丁进来——四重奏变成五重奏，就这样，接续下去，六重奏、七重奏、八重奏！你觉得我可以这样继续多久？”一首动听的乐曲有可能是什么样子的？莫扎特在挑战人们的传统观念。“二十分钟连续的音乐。没有宣叙调。”莫扎特说道。你可以描述以前在音乐中总是产生良好效果的技巧，但是，你无法提前说清楚哪些技巧会有效，或肯定有效。同理，我们知道良好的论证具备的最典型特征，但是我们没有一套完整的规则来确定哪些特征有效，哪些无效。

有一个方法可以用来判断一项论证是不是好的论证，就是用其他论证来检验它。休谟追求学术上的友谊，肯定是因为他要和意见不一致的人交流。他徜徉于拉弗莱什耶稣会学院，和修士们探讨，他用这种方式检验自己的论证。**无法用绝对的标准来检验一项好的论证；最好
81 的论证没有更好的竞争对手。**

这从根本上挑战了理性的主导性观念，即理性的最佳例证存在于个人私下的推理中。我们必须对看似最理性的论证做最后评判，这

1 “Of Eloquence,” 21.

是有道理的，但是，我们为了做出判断，必须和他人争论，倾听相反意见。正如安妮特·拜尔所说，我们对理性的概念必须“放大”，“无论是在理性活动中，还是它的优秀标准评判中”，都要把它看成“一种社会能力”[1]。

如果休谟看上去反理性，那只是因为我们逐渐假定理性比它的实际情况更强大，更有独特性。有趣的是，对理性更适中、更社会化的理解近来已经得到认知科学家雨果·默西埃（Hugo Mercier）和丹·斯珀伯（Dan Sperber）的支持。针对“唯理智论的假设”——“推理的功能是帮助个人获得更多知识、做出更好的决定”，默西埃和斯珀伯表示反对；相反，他们提出了“推理的论证理论”（argumentative theory of reasoning），认为“运用理性的正常环境是社会，这个环境尤其具有对话特征。在这个环境之外，无法保证推理有益于推理者”[2]。他们在英国出版的著作，标题是《人类理解新理论》（*A New Theory of Human Understanding*），与休谟的开创性著作《人类理解研究》产生共鸣，这并非巧合。

很多人认为休谟的理性概念缺乏说服力，这不足为奇。休谟太了解人们的感受了。他在写完《人性论》第一卷，正在展望第二卷和第三卷时说：“我认为，我就像一个触过许多浅滩、驶过狭窄海湾时险遭沉船的九死一生之人，依然以蛮勇的精神，驾驭这艘经过风吹雨打的漏水的破船再次驶入大海，甚至雄心勃勃，立志要在这恶劣的条件下环游地 82
球。”他遭遇了不幸，就是因为运用了理性本身。**“人类的理解在依据它最一般的原则单独活动时，就完全推翻自己，无论在哲学或日常生活的**

1 Annette Baier, *A Progress of Sentiments: Reflections on Hume's "Treatise"* (Harvard University Press, 1991), 280.

2 Hugo Mercier & Dan Sperber, *The Enigma of Reason: A New Theory of Human Understanding* (Allen Lane, 2017), 4, 183, 247.

任何命题中，连最低层次的证据都无法留下。”[1]

哲学家们常常赞美理性。我们极少见到有人像休谟这样，如此愿意承认工作时使用的装备如此不足，以至于无法帮自己实现雄心壮志。休谟对哲学的力量，对自己作为推理者的能力充满了怀疑：“除了我个人特有的数不清的弱点，我还发现人性共有的许多弱点，既然如此，我为什么还能充满信心地冒险从事如此大胆的事业？在抛弃所有已经确立的意见时，我敢肯定自己是在追求真理吗？即使我靠着运气的引领最终追随真理的脚踪，我又用什么标准来辨认真理呢？”**真正有抱负的哲学家态度必须谦逊，在乐意质疑他人时也同样乐意质疑自己。**休谟说：“一个真正的怀疑论者，不仅对自己的哲学信念保持审慎，对自己的哲学怀疑也要保持审慎。”[2]

休谟写了一篇寓言来探讨谦逊的来源，该寓言有些牵强，但是意义重大。[3]主宰罗马诸神的主神朱庇特最初把美德、智慧和自信分为一组；同时，他把第一组的对立面恶德、愚蠢和胆怯分为另一组。两组同时启程。智慧在选择要走的路时，总是深思熟虑；自信却大踏步前行。因此，自信很快把美德和智慧远远抛在身后，不再同行。同样，胆怯“满
83 怀疑虑和顾忌”，恶德和愚蠢因鲁莽轻率最终离开胆怯。自信闯入财富的家，发现恶德和愚蠢早已在那里。胆怯在贫穷的家里找到了安身之处，发现美德和智慧也在此容身。于是，自信与恶德和愚蠢为伍，堕落成狂放；胆怯受美德和智慧熏陶，升华为谦逊。这篇寓言是一个警示：人应当对自信保持怀疑、警惕。休谟的信息在当今有些反文化，因为我们的文化告诉我们“自信孕育自信”，鼓励所有人自信；可是休谟认为，太多的自信正是问题所在。**自信总是应该接受挑战，如果它享受赞美**

1 *A Treatise of Human Nature*, 1.4.7.7.

2 Ibid., 1.4.7.14.

3 “Of Impudence and Modesty.”

时当之无愧，它就经得起挑战；如果受之有愧，它就理应崩溃。

我们挑战哲学的自信时，发现它多半没有正当理由。然而，完全意识到哲学的局限又要追求它，唯一的方法是要么假装这个事业比它本身更富有活力，要么彻底放弃对它的追求。这个选择“在虚伪的理性和毫无理性之间”。休谟说，第一条路不诚实，第二条不可行。我们不能立下一条总原则，认为“任何精微或细致的推理都不应当被接受”；因为那会使我们“完全断绝了一切科学和哲学”，只靠本能、想象或迷信一路前行。我们也不能全然放弃所有哲学思考，因为对我们基本需求以外的事物进行思考、质疑，不遗余力地去认知，此乃人性使然。我们必须这样寻寻觅觅，因此，“我们只应当慎重思考如何选择我们的向导，应当选择最稳妥、最宜人的向导”[1]。休谟说，这个向导就是哲学，因为哲学就是各种以论据为基础的推理；尽管它有不完美之处，它比我们可能选择的任何其他方法都更胜一筹。我们对温斯顿·丘吉尔（Winston Churchill）的名言[*]略做修改：**理性是认知最坏的方式，但是人们间或尝试过的所有其他方式都更坏。** 84

印象和观念

我在造访拉弗莱什之前，对这个地方只有模糊的观念——法国的村庄、酒庄、修道院，一些常见的景象。我一到了那里，鲜活的小镇立刻出现在我眼前。尽管我现在回到了布里斯托尔，但我对拉弗莱什的记忆比我最初的想法更生动，当然没有我当时实际的体验那么强烈。像这样对自己脑海里的事物进行实际观察，这是休谟《人性论》中一项主

1　*A Treatise of Human Nature*, 1.4.7.13.

*　即丘吉尔所说的“民主是最坏的制度，但人们间或尝试过的所有其他制度更坏”。——译者注

要论证的基础。

休谟认为，我们意识到的一切事物只是“心灵的一个知觉”（a perception of the mind）。这样的知觉有两个变体，即印象（impressions）和观念（ideas）。要区分这两个变体，最自然的方法是：印象是心灵直接的知觉；观念是心灵间接的知觉。因此，我在到达拉弗莱什之前，对它只有想象力激发的模糊的观念。我一旦到了那里，对它就有了由这个地方本身所产生的印象。我旅行回来之后，我以记忆的形式保留着源自对拉弗莱什的印象而形成的观念。

休谟相信这种差异很明显，几乎是“感觉与思维之间”实际的差别。但是，休谟并没有用这种方式从根本上区分印象和观念。他反而用心灵的知觉是否生动或鲜活来区分二者。印象是“强劲地、猛烈地”进入人心灵的知觉；相比之下，观念则比较微弱。“最活跃的思想依然比最迟钝的感觉较为逊色。”[1]休谟这么说，仿佛是因为他按照观念和印象的本质来定义它们，并非按照正常情况下产生观念和印象的事物来
85 定义；也有部分原因是，在反常的情况下，印象也可以由观念引起。比如同情是“观念向印象的转化”。情感通过传播来转移：“别人的情绪必须在某种程度上变成我们的情绪，而后才能影响我们。”[2]我们察觉一个人出于某种情感状态，并对此形成了一种观念，从这种观念中就有类似的感情在我们自身产生。我们甚至一想到某种感觉，就会产生某种印象。休谟说：我们“对于一种情绪或激情的某种观念”可以“变得极其活跃，最终变成那种情绪或激情本身”。比如：一个诗人或小说家可以如此强烈地表达悲恸这种情感，我们阅读时不禁潸然泪下，我们自己真正地在感受悲恸。这是可能的，因为情感总是从人内在的心灵发出，因此情感“更为自然地由想象发生，由我们对这些情感形成的每个生动

1 *An Enquiry concerning Human Understanding*, 2.1.

2 *A Treatise of Human Nature*, 3.3.2.3.

的观念发生”[1]。

人的心灵充满了源自印象的观念。心灵若不想变成一团互不联系的观念，它就必须以某种方式组织这些观念，它用三个“联络原则”（principles of association）把各种观念联系起来：时间和空间中的接近关系、相似关系、因果关系。他论证说，我们心灵中的所有观念都是依据这三个原则的某种形式联系起来的。虽然休谟非常完善地解释了这个理论的可行性，可是贝尔提出质疑：休谟为何如此肯定有且只有三个联络原则？“休谟自己的理论可能有教条主义的因素，”拜尔论证道，“休谟对外宣称的怀疑论和他对自己的心灵哲学的自信，这两者之间有些张力。”[2]

休谟在《人性论》第一卷以及在后来的《人类理解研究》中看似无休止地讨论观念和印象，这让许多读者望而生畏。我承认，我也觉得有些枯燥。那么，休谟为什么用这么多篇幅讨论观念和印象？最明显的答案是，他认为这是他的哲学新体系的基础。从本质上看，休谟想把哲学建立在人性研究的基础上。这意味着他必须解释我们从哪里获得观 86
念。他认为有必要告诉我们，我们所有的知识都源自经验。

讨论观念和印象为何对休谟如此重要？要明白这一点，我们必须了解休谟是在怎样的传统里做研究的——“我们是否可以不依赖于经验就获得知识”，这个话题引起了极热烈的论证。柏拉图和笛卡儿等哲学家认为我们有“内在观念”（innate ideas），也就是说，这些观念从某种意义上说已经存在于我们的心灵里，只是等待发现，不需要经验去证实。笛卡儿认为，这个话题在神学上具有重要意义。这意味着我们只需审查我们对神的观念，明白神的至善需要神的存在，于是，我们能够知道神是存在的。这个例子说明，当时人们把“内在观念”这个概念视

1　*A Treatise of Human Nature*, 2.1.11.7.

2　Baier, *The Pursuits of Philosophy*, 32.

为理性主义认知观的基本部分，我们由此单凭思考和推论就可以认识自然的一些方面。

休谟是经验主义的倡导者，他不想和内在观念扯上关系。他是约翰·洛克（John Locke）的追随者。洛克属于最早一批的经验主义者，他把人出生时的心灵比作一块白板（*tabula rasa*）：一块无字的石板或一张白纸。“那么，让我们假定心灵就如我们所说的一样，是一张白纸，没有任何记号，没有任何观念，”他写道，“心灵是怎样得到那些观念的呢？人的匆忙且无边的幻想以几乎无限的多样性在上面描绘如此多的内容，心灵究竟从何处获取这些内容呢？它又从何处获得理性和知识的所有材料呢？我用一个词回答这个问题：来自经验。”[1]

从那时开始，这样的辩论便一直无休止地继续下去。从最近的表现形式看，它已经变成先天和后天之争：人是由基因还是生活经历塑造
87 的？然而，许多有名的科学家现在都认为这样的论战具有欺骗性。人是先天和后天一起塑造的。唯一真正的争论是，先天和后天具体贡献了什么，又贡献了多少。

人的心灵在多大程度上是一块白板？哪怕这个比较狭窄的问题也一样不是非此即彼的争论。事实上，至少从1912年伯特兰·罗素发表《哲学问题》（*The Problems of Philosophy*）以来，一直如此。“哲学史上有一个重要的争论，就是所谓‘经验主义者’和‘理性主义者’两派之间的争论。”经验主义者认为“我们的一切知识都是经验得来的”；而理性主义者认为，“除了我们凭经验所知道的以外，还有我们不是凭经验知道的某些‘内在观念’和‘内在原则’”[2]。

罗素称“现在已经有可能而且有些自信地判断这两个敌对学派谁

1 John Locke, *An Essay Concerning Human Understanding* (Herrnstein & Murray, 1994), 311.

2 Bertrand Russell, *The Problems of Philosophy* (Williams and Norgate, 1912), chap. 7.

真谁假”。理性主义者有一点认识是正确的，即他们认为，逻辑原则让我们知道自己的推理是恒定的还是矛盾的；可是，逻辑原则本身“不能凭经验得到证明，因为一切证明都预先要假定这些逻辑原则”。然而，经验主义者认为，即使这样的认识如果不是“由经验诱发、引起的”，我们也得不到。从这一点看，经验主义者也是对的。没有经验，逻辑原则永远不会向我们显明。因此，罗素称逻辑是“先验的”，即源自最初的原则而不是“内在原则”，因为“内在的”(innate)这个词的严格意义是“我们天生就有的”。

然而，经验主义还有一点肯定是正确的。经验主义者认为：“除了依靠经验的帮助，我们无法知道有什么东西是存在的。”对休谟的研究来说，这一点极为重要；有了这一点，才可以保持事实真相和观念的关系这两者之间的差异。只要这种差异存在，休谟就无须坚持认为所有知识都源自经验。倘若如此，他也就无须说明所有观念都源自印象。88
然而，休谟似乎过度沉溺于与内在观念有关的争论，反而看不清楚自己无须做的事情。休谟认为，他的经验主义需要摒弃所有内在观念，于是他毫无意义地耗费大量时间去说明，他的观念和印象理论如何可以解释我们所知道的一切。

不过，休谟肯定意识到，自己的理论存在的风险没有他旷日持久的推理所暗示的那么严重。这一点，至少有三种迹象可以表明。第一，休谟在一个有名的段落中想象了一个人，他不幸地从未见过一种特殊的蓝色色调。现在，请设想，“把这种颜色所有不同的色调都摆在他面前，单缺那个特殊的色调”。他可以通过想象补足那个空白吗？这个问题，人们称之为“缺失的蓝色色调”问题，常常拿来挑战休谟的“所有观念源自印象”这一观点，因为大多数人都认为这样一个人使用想象力就会补足这个空白。休谟就是这大多数人中的一个，这也许令人吃惊。“我相信，很少有人认为他不能做到这一点；这可以用来证明简单的观念并非总是源自相应的印象。”那么，休谟看似遇到了一个违反自己理论的决定性的反例。然而，休谟并没有认为这件事无可挽回，他接着说：“这个例子极为特殊和独特，几乎不值得我们去观察，也不值得单单为它改变我们的总原则。”[1]

休谟为什么若无其事地挥手赶走了显然具有毁灭性的挑战呢？一个不厚道的解释是：他在别人身上洞察到的一种恶，他也表演了一番。那就是他对自己的哲学如此着迷，因而对它的缺陷视而不见。但是，休
89 谟原本有意让读者关注这一问题，这个解释并不符合他的意图。那么，更合理的解释也许是：休谟在这里承认，每一个观念是否都实实在在地源自经验，这并不重要；所有主要的、重要的观念都源自经验，这很重要。我们能够想象一种与自己看过的颜色相近似的颜色，这一事实无论如何都不能说明，我们可以完全脱离经验，仅靠理性就能认识事物。

我们认为休谟不太关心所有知识是否源自经验，还有第二个原因，那就是他整个的因果理论。从一方面看，正是因为我们看似缺乏因果关系这样的印象，他才耗费那么多时间讨论观念的来源。许多学者认为休谟对找到源头印象（source impression）不抱希望，于是，他们鲁莽地得出结论：休谟从来没有找到源头印象。事实上，休谟找到了，他在《人类理解研究》中做了清晰的解释。我们获得的印象是我们的心灵从我们觉知的那个原因转移到我们觉知的那个结果；我们从这个印象形成了“必然联系”的观念，因果关系是建立在这种“必然联系”之上的。我在前面引用过休谟的一句话，它至关重要，值得重复：“因此，我们心灵感受到的这种联系，即我们的想象从一个对象习惯性地转移到与这个对象恒常伴随的对象上，就是一种感觉或印象，我们由这种印象形成‘因果力量’的观念或‘必然联系’的观念。”[2]

一方面，这解决了休谟的难题，即“因果关系的观念所依据的印

1 *A Treatise of Human Nature*, 1.1.1.10.

2 *An Enquiry concerning Human Understanding*, 7.28.

象”这一难题。另一方面，休谟的因果理论把印象置于心灵中，而不是在世界里，这就承认了不是所有观念都源自对世界的经验，而纯粹的经验主义认为，所有观念都源自对世界的经验。休谟的整个因果理论势必产生这样一个结果：我们对世界的理解方式至少有一个关键的特征源自我们的心灵，而不是经验。心灵绝对不是一块白板，它至少带着一 90
种可以觉知因果关系的本能。休谟在《人类理解研究》中清楚地承认了这一点。他说，我们由因及果的推断“都是一种自然的本能，它不是思想和理解的任何推论或过程能产生或阻止的”[1]。

我们认为休谟完全接受并非所有知识都源自经验，还有第三个可以解决问题的证据，那就是他在《人性论》中说的话：“理性只是我们灵魂中一种神奇而不可理解的本能。”[2]他在《人类理解研究》中重申了这个观点：“我们和动物所共有的那种实验推理，虽然是我们全部生活的依据，可是它只不过是一种本能或一种机械的力量。”[3]

对于非学术读者来说，休谟的观念和印象理论可能看起来过于专业和枯燥。休谟耗费大量时间用两部重要著作来阐释观念和印象，这个事实说明，休谟虽博览群书，他的读者却不多。但是，只要不停滞在理论细节的泥淖里，我们应该有可能理解理论的精神。休谟告诉我们：**经验的世界以及我们对它的呈现是我们能够认知的唯一世界，因此，这个世界就是我们千方百计去理解的世界。**

休谟相信他的《人性论》是一场哲学的革命，肯定会引起轰动。我们现在可以明白其中的原因了。他一开始对这本书很满意；他在离开法国时，相信他“优雅地、简明地”表达了自己的观点，“让世界开始关注我”[4]。他选用塔西佗的隽语——“一个人可以想他喜欢的，表达他所

1 *An Enquiry concerning Human Understanding*, 5.8.

2 *A Treatise of Human Nature*, 1.3.16.9.

3 *An Enquiry concerning Human Understanding*, 9.6.

4 *Letters of David Hume, Volume 1*, Letter 3.

91 想的，乃是这个时代罕见的运气。”——附在《人性论》第一卷和第二卷的卷首，传递他的乐观精神。休谟敢于说他所想的，而且他相信，人们接受他激进的新哲学的时机也恰好到了。毕竟，旧的哲学已经自证破产了。哲学家们爱上了抽象思考，与现实脱钩了。他在谴责前人以及同时代的人时说道：“**哲学家常常贪婪地接受一切貌似悖论的见解，以及和人类最初的公正观念相反的见解；他们以为这就表明他们的学术有优越性，以为他们能发现远离世俗观念的见解。**”[1]

许多年来，学者中有一个共识：休谟的确在安如写完了他最优秀的著作。利顿·斯特雷奇（Lytton Strachey）表达了当时的普遍看法，他说：“如果休谟在26岁时死去，他在这个世界上真正的工作业已完成，他的声誉早已永久奠定。”[2]这个看法直到最近才受到广泛的挑战。那时，
92 休谟对迅速成功满怀希望；尽管这希望很快化为泡影。

1 *A Treatise of Human Nature*, 1.2.1.1.

2 Harris, *Hume: An Intellectual Biography*, 1.

第三章

成功的意义

我们哲学家为什么无法像世界鄙视我们那样尽情地鄙视世界?

一出版即成死胎的作品

1737年9月,休谟返回英国,先在伦敦住下。休谟的传记作者莫斯纳认为,休谟在伦敦逗留将近18个月,也许因为“伦敦对于乡下人和苏格兰人的藐视让他感到疏离和隔阂”,他“不禁怀念巴黎和法国甚至爱丁堡包容的气度”[1]。

然而,他的《人性论》面临的遭遇令他更加沮丧。“没有比我的《人性论》更不幸的文学尝试了。”他后来在回忆录里写道。这有些夸张。有一位作家在爱丁堡的一期杂志上撰文说:“《人性论》首版后不久,我来到爱丁堡,清楚地记得,人们在各种文艺对话中都会提到而且经常提到这部作品。”[2]但是,这本书并没有产生轰动效应,影响力不温不火,让休谟极度失望。当他得知这本书的销售情况时,他致信作家、法官亨 93

1 Mossner, *The Life of David Hume*, 106.

2 Ibid., 133.

利·霍姆:“我现在对自己很失望。”但是他希望“自己不能像其他功败垂成的作家那样,只是对这个世界失望”。他责备自己“愚蠢”的反应,因为“对如此抽象的推理,我不能怀有更高期待,我更不能给自己更高承诺”[1]。

然而,休谟相信,问题并不在于这本书的实质内容,而在于他表达思想的方式。他在《我的一生》里回忆道:“我一直认为,《人性论》出版后没有成功,这多半是因为表述不当而非内容失当;此书仓促付梓,我为自己的鲁莽颇感懊恼。”因此,休谟在接下来的几年里,重写《人类理解研究》和《道德原则研究》的论证部分。休谟放弃了《人性论》,建议读者只阅读他后来的这两部著作,事实上,休谟在世时,他的任何一版作品集都未曾收录《人性论》。[2]然而,子孙后代推翻了他的判断。在我的学生时代,我阅读的是1987年版的《人性论》,护封上印着“《人性论》是大卫·休谟最主要的哲学著作”,这是对《人性论》最正统的评价。

《人性论》真正的不幸不是遭到忽视,而是它遭到广泛的误解和歪曲。托马斯·里德(Thomas Reid)就是一个典型人物。他否定《人性论》,认为它怀疑一切,是一次消极的尝试。他写道:“《人性论》的作者富于创见,他建立的一套怀疑主义体系让人们怀疑一切,没有为人们相信任何事物留有余地。”他说,《人性论》的意图就是“要表明,世界上既不存在人性,也不存在科学”[3]。

94 这种对《人性论》的解读持续了几十年。在1815年至1817年的《大英百科全书》中,杜格尔·斯图尔特(Dugald Stuart)在自己编写的条目中写道,休谟的“目的就是创建一套普遍存在的怀疑主义,让读者

1 *New Letters of David Hume*, ed. Raymond Klibansky & Ernest C. Mossner (Oxford University Press, 1954), Letter 3.

2 Rasmussen, *The Infidel and the Professor*, 25.

3 Mossner, *The Life of David Hume*, 299–300.

彻头彻尾地怀疑自己的能力”[1]。

面对如此广泛的误解，1740年，休谟感到有义务撰写并发表一篇《〈人性论〉之摘要》，这篇摘要最初的标题是《哲学著作〈人性论〉之摘要。该著作新近出版，其主要论证及布局遭遇如此严重的反对和骇人的阐释，故以此摘要再行阐明和解释。》(*An Abstract of a late Philosophical Performance, entitled A Treatise of Human Nature, &c. Wherein the Chief Argument and Design of that Book, which has met with such Opposition, and been represented in so terrifying a Light, is further illustrated and explain'd.*)，这标题难以掩饰他的愤怒。这说明，休谟可能并不像他后来所说的（“我天性乐观、无忧无虑，很快从遭受的打击中恢复过来。”[2]）那样接受这部作品的命运。但是，他的心境的确平静了下来，在重印《〈人性论〉之摘要》时，他把“其主要论证及布局遭遇如此严重的反对和骇人的阐释”这个句子从最初的标题中删除了。[3]

爱丁堡大学的校长、神学教授威廉·威沙特（William Wishart）撰写了《新近出版的〈人性论〉中与宗教和道德有关的原理实例》（*Specimen of the Principles concerning Religion and Morality, said to be maintain'd in a Book lately published, intituled, A Treatise of Human Nature*），这是一本小册子，却是对《人性论》最具破坏性的攻击。休谟深感有必要对此公开回应，于是发表一篇题为《一位绅士致其爱丁堡友人的一封信：包含对一个原理实例的若干观察》(*A Letter from a Gentleman to his Friend In Edinburgh: Containing Some Observations on a Specimen*)的文章。休谟在这篇文章里写下清晰的解释：他并没有摒弃理性，而是把人的理性拉回到现实中。《人性论》表达对事物的怀疑，

1　Harris, *Hume: An Intellectual Biography*, 4.

2　*My Own Life*, 6.

3　Mossner, *The Life of David Hume*, 125.

怀抱纯粹的宗旨:"为了减弱单纯的理性者的傲慢之心,它让人们知道,即使是看似最显而易见的原则、最强大的先天本能都无法推诿的那些原则,都不能获得完全的一致性和绝对的确定性。因此,就我们作为人
95 的正常能力来说,谦逊和谦卑必然是怀疑主义的结果。怀疑主义不是普遍怀疑,任何人都不可能普遍怀疑;生命中第一个,哪怕是最微不足道的偶然会立刻挫败、摧毁普遍怀疑。"[1]

休谟曾说过,《人性论》"一出版即成死胎";然而,它引起了思想的激烈冲撞,这说明休谟对自己作品影响力的判断错得离谱。正如莫斯纳所说,《人性论》事实上臭名昭著,让爱丁堡大学认为休谟"不宜教导青年人"。[2]休谟曾嗟怨道,《人性论》"甚至未能引起宗教狂热分子的窃窃私语";但是,拉斯穆森(Rasmussen)挑战了他的说法,指出是休谟自己决定删除了与宗教相关的最具争议的章节,才使得它无法引发讨论。[3]但是,仅凭这些已足以给休谟冠以"危险的思想家"这一恶名。威沙特向休谟发出不公正、不正确的攻击,使休谟失去了他1745年向爱丁堡大学申请的伦理学与精神哲学教授席位。可是,凭他的才华,他胜任这个学术职位绰绰有余。1751年,有人提名休谟承担格拉斯哥大学的逻辑学教授席位,他同样受挫,未能获得这个席位。然而,他未获这两个教职,未尝不是一种幸运。就休谟自己的亲身经历看,他对大学学习一向缺乏热情;他是否会享受教学工作以及大学生活的其他身外之物,这无从知晓。

偶然性,选择和自由

休谟的人生之路常常随心所欲,令我感到震撼。他在人生道路的

1 *Letter from a Gentleman*, 21.

2 Mossner, *The Life of David Hume*, 162.

3 Rasmussen, *The Infidel and the Professor*, 24.

转折点上，原本可以轻易选择另一条路，却选择了这条路。这样的事情常常发生。休谟两次成为教授席位的候选人，却抱憾遭拒，这并非不可避免。倘若他得到这其中一个席位，他的人生又会如何大相径庭？倘若他与布里斯托尔的雇主更志趣相投，他的人生又有一番什么风景？如果《人性论》受人追捧，他的人生又会有什么转向？有时，一部作品 96
声名鹊起，仅需一个有影响力的人物来举荐。休谟的人生之路还有更多这样的岔路口，我们且往下看。

我反复思考的问题有两个方面，其中之一是偶然性在人生中的作用。任何人回首往事，就能看见，事物朝着一个方向发生的许多关键的变化纯属巧合。你正在阅读的这本书，它的存在，偶然的成分大于我的精心策划。休谟未曾在任何一部作品里仔细谈过偶然性，但他常常在书信里说他运气好，因为他秉性乐观。他在哲学里谈到偶然性的概念时只是为了摒弃它。在休谟的《自然宗教对话录》(*Dialogues concerning Natural Religion*)里，斐罗也许是他的代言人，他说："无论是依据怀疑主义的抑或是依据宗教的假设，偶然性总是没有地位的。每一个事物都实在地受着稳定而不变的法则的管制。"[1]这么说丝毫没有争议，于是，另外一个人物第美亚说道："偶然性是一个没有意义的词。"[2]对休谟来说，"一般人的所谓机会只是一个秘密而隐蔽的原因"[3]。任何事都不会无缘无故地发生，只是当我们不知道其中的原因时，我们仿佛认为，所发生的事也可以轻易不发生，因此，它的发生只是出于偶然。但是，倘若我们接受事出有因、因必有果，那么，一切事物的发生都出自必然性，宇宙中没有哪种"偶然性"是这个规律的例外。(即使在量子力学里，随机性只是出现在亚原子层面上，且只出现在一些诠释中。)因此，

1 *Dialogues concerning Natural Religion*, 6.12.

2 Ibid., 9.3.

3 *A Treatise of Human Nature*, 1.3.12.1.

休谟断言，“所谓偶然性或随遇性（indifference）只是由于我们知识的缺陷而存在于我们的判断中，并不存在于事物自身；事物自身虽然看起来并非具有同等的恒常性或确定性，但在任何情况下都具有同等的必
97 然性”[1]。

然而，这并非偶然性的唯一含义。当我们从“幸运”或“运气”的意义上讨论偶然性时，我们未必考虑任何事物是否最终源自必然的因果律。确切地说，我们常常考虑的只是发生在我们身上的事情如何源自我们不可控的因素，而这些因素和我们人生最终的形式毫无关系。以我们遭遇海啸为例。海浪是不可避免的地质事件产生的不可避免的后果，而且我们总是会去海啸发生的地方；尽管这一切符合理性，但我们遭遇海啸依然是不幸的。我们说它是厄运，因为我们并没有做任何使我们理应比他人更加不幸的事情。

休谟当然相信这种偶然性，他在作品中虽浅尝辄止，但提过几次。最令人瞩目的是，他似乎认为，物质财富常常源于偶然性而不是品德：**发财主要靠运气**。休谟特别提到，社会需要“稳定的财产权”，即财产所有者享有由社会规则支配的、安全的财产拥有权。财产拥有权应赋予已经拥有财产的人，并使之借着“占有、法定时效、增益和继承”来管辖自己拥有的财产。休谟指出，“这一切主要取决于偶然性”，往往“与人的需要和欲望相冲突”。[2]我们辛勤劳动的成果甚至在某种程度上也取决于偶然性。创新固然有回报，但是“好运常常促成这一切的发生，因为好运让人发现事物不同的混合和组合产生的效果”[3]。

休谟显然认为，人们并没有普遍理解这种偶然性的重要性。比如，论起民族特性，人们愿意相信一切优良品质都归于德行而非运气。休

1 *A Treatise of Human Nature*, 2.3.1.12.

2 Ibid., 3.2.4.1.

3 Ibid., 2.1.3.5.

谟谈起牧师时，认为“若其中有人偶然比常人更容易献身宗教，他几乎不必用伪善来维持其职业要求的品格；他自然会高估这个优势，认为它 98
能补偿任何一次背德行为，这使他并非比伪善之人更有德行”[1]。这其中的要旨是，**我们常常高估自己的德行，结果忽视了我们的恶行**。

同时，休谟相信，哲学家和知识分子若不承认他们对某些事情发生的原因一无所知，这也是一种恶行。从未知的原因这个意义上说，他们也不愿意将其归因于偶然性。承认某个事件出于偶然，便会“使这位作者陷入和其他人一样的无知状态”。但是，如果他宣称要描述确切的原因，“那么，他就要在探索这些原因的过程中表现自己的智慧；况且，一个精明的人不会在追因溯源时束手无策，于是他就有机会在观察普通人和无知者看不到的问题时长篇累牍地著书立说，展示渊博的学识”[2]。有许多学究信誓旦旦地认为自己的分析让人理解了世上的事件；事实上，没有哪个人完全了解这个世界。当我阅读学究们撰写的专栏文章时，我就想起上述休谟的这番话。当我自己撰写这样的专栏文章时，我也努力回想休谟的这番话，因为我写专栏文章，首先希望呈现自己，而后才做分析；这项分析与其说证实了我的研究对象真正拥有的秩序，不如说它证实了我给研究对象强加一种秩序的能力。

休谟坚信，严格意义的偶然性并不存在，但是宽松意义的偶然性的确存在。这两者中间有紧密的联系。正是因为世界遵循因果律以不可阻挡之势向前运动，我们无法完全掌握自己的命运，无法完全把握自己的成功或失败。**相信主宰宇宙的是规律而非偶然性，就是更坚决地相信日常生活中运气的真实性**。这让我们看到了休谟最核心的美德：中 99
庸。我们会反复回顾休谟的这一美德。

然而，在这个阶段，休谟的生活还有另一面；他的生活原本可以有

1　“Of National Characters,” 6n2.2, Mil 200.

2　“Of the Rise and Progress of the Arts and Sciences,” 1.

一个新的转向，这个转向会和我产生特别的共鸣。休谟和教授职位失之交臂，但是，从长远看，这对他不仅无害，反而有莫大的益处。他总是珍惜独立性，大学教职正规的义务以及循规蹈矩、逃避争议等日常生活中的责任都有可能削弱他的独立性。因此，他请人向爱丁堡大学和格拉斯哥大学推荐他时，他有些不情愿——尤其是向格拉斯哥的举荐"违背我的想法和意见"。然而，他还是很受诱惑，因为大学教职会让他拥有稳定的收入，享用优质图书馆，获得学界认可。我们有充分的理由相信，休谟渴望学界的认可。当然，休谟的哲学头脑让他清楚地知道这种认可一文不值。休谟成为律师公会图书馆（Advocates' Library）的管理员，获得这份收入不太高的工作之后，他在致信约翰·克利芬（John Clephene）时说："我的内心已经准备好洋溢着虚荣和自负。"[1]倘若他成了大学教授，他该多么自豪啊！

成为大学教授，显然有利有弊，我们很难判断益处的平衡点在哪里。但是，休谟无须做决定。事件不由他掌控，也不是由他的美德严格决定的，这种"偶然性"让他沿着独立的学术研究之路继续前行。

然而，如果休谟讨论自豪感，我们不应指望他完全反对自豪感，完
100 全戒骄戒躁。休谟认为，只要不堕落成虚荣，适度的自豪是自然宜人的，无论基督教可能说什么。"如果有一种有节制的自豪感秘而不宣地激励我们的行为，而不爆发为粗鄙、傲慢的言行，以致触犯他人的虚荣心，世人自然会尊重这种有节制的自豪感。"[2]

任何带有骄傲色彩的行为，人们通常都贬低其德行，仿佛自豪污染了行为，使行为的其他动机化为乌有。休谟认为，这样的贬损是"不公正的"。他说："虚荣心和美德紧密相随。热爱做好事带来的名声和热爱做好事本身，这两种热情关系极近，比任何其他种类的热情更能够融

1 *Letters of David Hume, Volume 1*, Letter 77.

2 *A Treatise of Human Nature*, 3.3.2.13.

为一体；热爱做好事却一点儿也不热爱做好事带来的名声，这几乎不可能。”[1]这其中的原因是：“我们热切而不懈地追求一种品格、名望或声誉，就会经常省察自己的行为举止，考虑那些接近并审视我们的人如何看待我们的行为举止。这犹如一种在反省中审查自我的恒常习惯，使我们判断是非的所有情感永葆活力，使那些品性高贵之人对自己和他人产生一定的敬畏之情。这种敬畏之情是一切德行最可靠的卫士。”[2]**适度的自豪感是你做了自认为正确或有价值的事情而获得的满足感，而不是相信这件事使你高人一筹或与众不同而生出的虚荣心。**

如果偶然性在生活中扮演极为重要的角色，而且我们的行为极少源于自己的选择，那么，我们究竟有什么权利感到自豪（或羞耻）？这让我们又回到“自由意志”这个反复讨论、充满争议的话题。休谟对这个话题的态度是极端的，且充满怀疑。他明确了一个立场，从广义上看，这个立场在当今专业的西方哲学家中仍然最受欢迎。 101

休谟认为，一个人和其他事物一样是自然世界的一部分，因此，我们的行为和任何其他事物一样必须受同样的因果律的制约。然而，人们常常认为，我们有自由意志，这使我们能够做出先在原因（prior cause）无法确定的选择。倘若如此，人的选择是原因，而不是结果。如果真的是这样，那么人就不同于其他事物，人在宇宙中独一无二。针对这一点，休谟说：“有人又会妄说，有些原因是必然的，有些原因不是必然的。”[3]

休谟说，这使自由选择类似于神迹，是自然规律的一个例外。我们在前面说过，休谟不相信神迹，更不相信我们日常生活中每时每刻都会行什么奇迹。休谟相信，人的行为和其他任何事情一样，都受先在原因

1　“Of the Dignity or Meanness of Human Nature,” 11.

2　*An Enquiry concerning the Principles of Morals*, 9.10.

3　*An Enquiry concerning Human Understanding*, 8.25.

决定。他说："人的动机和自发的行为之间的汇合，和自然中任何一个部分发生的因果之间的汇合一样具有规律性和一致性。"他坚持认为这种汇合是没有争议的，他说："这种有规律的汇合一向是为人类所普遍承认的，无论是在哲学中还是在日常生活中，它都不曾成为有争议的话题。"[1]

休谟为了举证而解释我们日常的行动是如何既依赖自然的规律性，也同样依赖人类行为的规律性的。我们驾车时，需要假定车夫和车辆会和通常一样行动。休谟曾举出的一个囚犯的例子，更鲜活生动："囚犯从四周的狱墙和铁栅，同样也从狱吏无情的顽固性中判断，他不可能逃跑；若要孤注一掷获得自由，他宁可尝试破坏石墙和铁栅，也不
102 愿尝试改变狱吏顽固的本性。"囚犯从狱吏的顽固本性中看见的必然性和不可避免性，如同他从牢房的森严中预见的是一样的。因此，"同一个囚犯，在押赴断头台时，他由铁斧的挥动和绞轮的转动预见了自己的死亡，当然他从监守的顽固和忠诚中也同样看见了自己的死亡"[2]。

虽然我们的确依赖人的行为的某种规律性，人们并不总是认为这一切像自然规律那样机械。这主要是因为我们的行为看起来并不像动植物那样具有可预测的规律性。但是，休谟论证说，这仅仅是因为人类行为的决定因素更复杂，因此比自然中的许多其他方面更难预测。这并非意味着人的行为不是由先在原因决定的。出人意料的行为不是无前因的，其原因只是不太明显。如果我们更好地理解全部情况，我们就容易看到事情发生的原因。"我们只要知道某些人性格和环境中每一个特殊的细节，那我们往往就能解释他们那些最没有规律、最出人意料的决定。"比如："一个乐善好施之人以乖戾的口吻回应你，那可能是因为

1 *An Enquiry concerning Human Understanding*, 8.16.

2 *A Treatise of Human Nature*, 2.3.1.17.

他牙痛或没有吃饭。”[1]我自己就可以做证，牙痛或饥饿肯定让我性情乖戾，这和水溶化糖的概率相同。

当休谟说这是常识时，他是乐观的，或者是言不由衷的。许多人，甚至是大多数人，都相信自己有自由意志，即他们的选择和行动不是由任何先在原因决定的，而是出于他们的自愿选择。休谟认为这种“自由论”既“荒谬”又“不可理解”，可为什么那么多人相信“自由论”呢？其中一个原因是，我们难以相信我们“受必然性支配，完全不可能以其他方式采取行动”。这种必然性的观念似乎“意味着某种力量、暴力或 103
约束”。因为我们感受不到这种力量，我们就假定自己的行动决非必然的，即我们是自由的。我们意识不到自己行动的背后有隐匿的原因，就以为引起我们行动的唯一因素就是我们的意志。事实上，我们感觉自己是行动的最初原因，这种感觉是“意志”这个概念的源头。休谟说：“我所说的意志，指的只是当我们自觉地发动自己身体的任何一种新运动或自己心灵的任何一个新知觉时所感受和意识到的那个内在印象。”[2]

休谟认为，我们对自由意志的思考杂乱无章，其中一个原因就是没有分清“自发性自由”(the liberty of spontaneity)和“随遇性自由”(the liberty of indifference)这两个概念。[3]自发性自由即一个能动者采取行动的能力，他不遭胁迫，没有外在的能动者迫使他以某种方式行动。随遇性自由即不受因果必然性的影响而采取行动的能力。随遇性自由是不可能的。自发性自由是我们拥有的唯一真正的自由。因此，唯一可能的真正的自由是“有能力按照意志来决定行动或不行动；也就是说，如果我们选择静待，我们可以静待；如果我们选择行动，我们也可以行

1　*An Enquiry concerning Human Understanding*, 8.15.

2　*A Treatise of Human Nature*, 2.3.1.

3　Ibid., 2.3.2.1.

动。现在人们普遍认为这种假设的自由属于未遭囚禁、未陷于缧绁之中的任何一个人”[1]。

如此描述人的自由会招致反对意见，因为人们普遍认为这是对道德的威胁。倘若我们不是自己行动的最终原因，我们如何为自己的行动负责呢？但是，休谟认为，这种威胁只会影响宗教道德。宗教为了使升上天堂的奖赏和堕入地狱的惩罚公平公正，它需要绝对责任，因此，谬误的自由论一直大行其道。休谟说：“在哲学辩论中，以某个假设危
104 及宗教和道德为借口而驳斥这个假设，这是最常见、最应受责备的推理方法。”他接着说：“**如果一个意见使我们陷于荒谬之境，这个意见肯定是虚妄的；但是，如果一个意见产生危险的后果，它未必是虚妄的。**”[2]

但是，即使不信宗教的人也常常提出异议，认为“如果我们完全不可能以其他方式采取行动”，如果这是真的，我们如何为自己的行动负责呢？休谟让人们从反面思考这种反对意见。他论证说，正因为“我们的动机对头脑产生有规律的、一致性的影响”，我们才能了解道德责任。[3]“如果某些特殊的品格没有可以产生特殊情感的确定的力量，如果这些情感对行动没有产生恒常的作用，那么，道德的基础在哪里呢？”[4]

要论证这一点，最佳方式是从反面着手。我们可以考虑这样的情况：一个人的行动不是他个人品格中既定的稳定原因产生的结果。当人们的行动是随意的、变幻莫测的，我们并不相信他们有自由意志；我们认为他们是疯子或为人敷衍。他们的行动“与那些有智慧之人的行动相比，具有较小的规律性和恒常性，最终远离必然性”[5]。

休谟在《人类理解研究》中用一小段话清晰且令人信服地进行

1 *An Enquiry concerning Human Understanding*, 8.23.

2 *A Treatise of Human Nature*, 2.3.2.3.

3 *An Enquiry concerning Human Understanding*, 8.28.

4 Ibid., 8.18.

5 *A Treatise of Human Nature*, 2.3.1.13.

举证：

> 行动，就其本质来说，是短暂的、易逝的；如果这些行动不是行动者的品格和性情中的某个原因引发的，那么，善的行动就不能增加他的荣耀，而恶的行动也不能使他更加蒙羞。行动本身也许应受谴责；它们也许违背了道德和宗教的所有清规戒律。但是，行动者对自己的行动不负责任；因为行动不是从他身上持久的、恒常的品格发出来的，事后也不会留下任何与本性有关的东西，行动者 105
> 就不可能因为这些行动而成为惩罚或报复的对象。[1]

他接着说："鉴于行动是内在品格、激情和情感的外在标志，它们就是我们道德情操的对象；如果行动不是由内在原则而来，而是彻头彻尾地由外部的强力而来，那么，它们就不可能引起赞誉或谴责。"[2]

休谟对自由意志的怀疑可以用两种方法解读。首先，他彻底破坏了"自由意志"这个观念，这一点显而易见。休谟在《人性论》里谴责了这个"狂妄的自由体系"（fantastical system of liberty），正式宣布从反方开始论证。[3]然而，他后来在《人类理解研究》中重新论证《人性论》的观点时，把自己的"自由意志"哲学描述为一个"妥协方案"（reconciling project）。[4]此处，他使用"妥协方案"这个观念向我们说明，我们不要错误地相信"随遇性自由"，可以从"自由意志"这个观念里获得任何一个我们想要和需要的东西。这种笼统的研究方法称为"相容论"（compatibilism），这一直是今天英语世界哲学家们研究自由意志时秉持的最流行的观点。

---

1 *An Enquiry concerning Human Understanding*, 8.29.

2 Ibid., 8.31.

3 *Treatise of Human Nature*, 2.3.1.15.

4 *An Enquiry concerning Human Understanding*, 8.23.

居中之位

1739年2月，休谟离开伦敦，回到奈恩韦尔斯。在他人生的此时此刻，他不富有，也不贫穷；算不上名声大噪，也非默默无闻。三年后，他发表了一篇随笔，说明这种不贫不富、不算无名又非闻名的生活让他感到极大的满足。他把这种生活称为“生活的居中之位”（the middle station of life），定为这篇随笔的标题。休谟在文中引用亚古珥（Agur）向上帝的祈祷：

> 我求你两件事，在我未死之先，不要不赐给我：求你使虚假和
> 106 谎言远离我；使我不贫穷也不富足，赐给我需用的饮食，恐怕我饱足不认你说：“耶和华是谁呢？”又恐怕我贫穷就偷窃，以致亵渎我上帝的名。

休谟认为这段祈祷词完美表达了这样的观念：既不贫穷也不富有容易让人过上有美德的幸福生活。“身居高位者过分沉溺快乐，贫困者为生计过于忧心操劳，都无心聆听平和的理性之声。”人如果身处居中之位且能意识到这一点，他们就能“将自己的地位与居于其上和其下者比较”，从中获得快乐。休谟提出要上下对比，这与老生常谈的建议——“要想幸福，切莫攀比”——出人意料地产生了冲突。但是，休谟所鼓励的这种比较，恰好培养了与妒忌相反的情感。我们虽不如某些人富有，却真诚地相信我们生活得更好。那么，我们拿自己和富人比较，就变成一种肯定，不会萌生妒忌和贪婪。[1]有一句颇似谜语的箴言：**在处境最坏的人当中，会出现**

1 “Of the Middle Station of Life,” 3.

最坏的人；拥有最好的处境是比较好的，但是，处境比较好，这才是最好的。

休谟相信居中之位有益处，不过，他也许夸大了自己相信的程度。他在《人性论》中有一段话颇引人注目，他说，“没有什么比一个人的权力和财富更容易让我们对他尊敬；也没有什么比他的贫穷和微贱更容易引起我们对他的鄙视”[1]。也许这才是一个面对世俗的物质依然感到眼花缭乱的年轻人发出的肺腑之言。很明显，此时的他依旧雄心勃勃。《人性论》有些许失败，这让他着手尝试一种不同的文学形式：论说文。论说文需要更加简洁清晰，休谟显然津津有味地实践这一写作准则。这些论说文让他首次体会一个写作者真正的成功：他于1741年和1752年分两卷出版了《道德、政治和文学论文集》(*Essays, Moral, Political,* 107
and Literary)。

在接下来的12年里，休谟大多在奈恩韦尔斯生活。他只是在1745年的春天到1749年的春天离开过家乡，体验了一系列有些古怪的分散注意力的活动。[2]他给年轻的安嫩代尔侯爵(Marquess of Annandale)当过短时间的家庭教师，但是很快发现这个年轻人精神错乱，而且他的整个家庭都是失常的。休谟为了逃离，接受了表兄詹姆斯·圣克莱尔(James St. Clair)中将的邀请，欲以秘书身份随同表兄参与一次奔赴魁北克的军事行动。这无疑会涉及死亡和屠杀，如此讲究饮食和生活的休谟居然把此次机会视为“这样一次浪漫的冒险”[3]，好生奇怪！

然而，当时的海风并不适合舰队启航，探险未能成行。休谟写下了《突袭布列塔尼海岸》(“Descent on the coast of Brittany”)这篇短文，记

1 *A Treatise of Human Nature*, 2.2.5.1.

2 Harris, *Hume: An Intellectual Biography*, 143, 248.

3 *Letters of David Hume, Volume 1*, Letter 50.

述了接下来发生的事。[1]海军上将斟酌此次航行一事，为了不让这些舰队浪费集结的资源和人力，于是向国务大臣提出建议："为什么不把这个海军中队派往法国海岸的某些地方，至少可以像法国人吓唬我们那样反过来吓唬他们，向他们敲敲警钟？"国务大臣回答："那就抓紧时间啊！"最初，上将"在船上没有随身携带一张法国区域地图；他能从法国人民身上搜刮的情报可靠性很小，因为误导他才符合他们的利益……不了解法国、缺少向导，这是令人绝望的弊端，上将对此束手无策"。

尽管困难重重，他们依然骁勇，"存心惹怒法国人"。他们一开始大
108 获全胜，部队登陆，看到了布列塔尼。工兵告诉海军上将，他们能够"在24小时内使小镇化为灰烬"。然而，工兵无能，大炮位置放得太远，而且角度错误；本想发射摧毁性的"炽热的炮弹"，却忘记点燃炉膛。他们别无选择，只好撤退。

休谟的叙述以及他后来的记载说明，他只是对洛里昂袭击的失利表示哀叹，从不怀疑此次突袭的正当性。当然，在现代人看来，这次袭击毫无意义，而且在原则上缺乏正当性。休谟认为，就这次袭击来说，圣克莱尔"没有提议，没有谋划，没有赞同，打胜仗不是他的责任"，他"没有领航员，没有向导，无人向他提供情报"，这位将军无可指摘。休谟的叙述用一句赤裸无情的话作为结语："整个行动遭受了损失，死伤近20人。"他如此叙述，仿佛这是一个微不足道的数字，甚至不必区分死者和伤者。

休谟参与军事行动的这段空白期让我们意识到，他无论多么才华横溢，依然无法逃脱时代的限制。在哲学领域，休谟的怀疑论极具洞察力，但是他常常无法运用怀疑的眼光质疑所处时代的社会传统和惯例。

---

1 David Hume, *Essays Moral, Political, and Literary: Volume 2*, ed. T. H. Green & T. H. Grose (Longmans, Green, & Company, 1898), 443–460. David Hume, *A Petty Statesman: Writings on War and International Affairs*, ed. Spartaco Pupo (Mimesis International, 2019).

英国人攻打法国人，一位英国绅士会投身这样的军事行动，并且毫不质疑其正当性。**最敏锐的眼睛也有盲点：任何人视野内的事物都不完全清晰。**我们不易汲取这个教训。我们也许相信自己不会过分单纯地崇拜英雄，不会把任何人放在超出常人的位置上当作神来盲目崇拜。但是，即使我们不会委身于绝对的偶像崇拜，要我们承认自己仰慕的人有重大缺点，我们也绝对不会感到自在。相反，他们有缺点时，我们往往视而不见，或者为他们开脱，证明他们的缺点没有那么严重。109

休谟的仰慕者也是如此。我们欣赏休谟的诚实和明智，会认为他的生活和品格同样具有他在学问上的严谨。但是，我们这么看待休谟时，就会看到现代有许多狂热崇拜休谟的人面对他的缺陷深感不适，比如他的种族主义。一般来说，政治观点比较开明的学者更喜欢休谟。有证据表明，休谟在他那个时代思想相当开明，但是依然具有保守的倾向。

比如，休谟的传记作者詹姆斯·哈里斯详细地描述了1768年发生的一件事。议员约翰·威尔克斯（John Wilkes）因“不法行为”遭到监禁。威尔克斯是一个机会主义者，见风使舵，煽动他人。他把自由和言论自由变成自己的事业，赢得伦敦许多商人的支持。当然，这些商人也有自己的苦衷，这情有可原。威尔克斯煽动民愤，在后来爆发的一次骚乱中，士兵朝人群开火，射杀20人，伤及众人。[1]但是，休谟并不同情这些群众。事实上，他似乎鄙视这群“流氓一样的乌合之众”。他说，即使他们“比世上任何人享受的自由都要多，即使他们不配拥有这么多自由，甚至他们所享受的已经超过人应当享受的自由”，他们依然“咆哮着索要自由”。[2]

这很符合休谟的风格。更大的自由可能会让普通的男人和女人拥

1　Harris, *Hume: An Intellectual Biography*, 426–428.

2　*Letters of David Hume, Volume 2*, Letter 41.

有更多权力，但是，休谟常常表达自己对民主智慧产生的怀疑。他曾经致信亚当·斯密："对谬误最有力的推定，莫过于民众的认可。"[1]虽然他曾经说过"人民的认可"肯定是政府"最好、最神圣的根基"，但是，认
110 可和**民治**截然不同。[2]人民应当有发言权，但不应当为所欲为。休谟写道："没有参议院，人民就欠缺智慧；没有人民，参议院就欠缺诚实。"[3]他的论文《论新闻自由》("Of the Liberty of the Press")曾经有一段话，认为人们在享受新闻自由时"几乎没有障碍，此乃人类共享的权利"。但是，在威尔克斯事件发生后，他甚至修改了这篇论文，删除了这段话。他对"乌合之众"的恐惧似乎使他无意改革；对于那些扩大选举阶层的提议，他未做任何表达支持的评论。甚至在埃德蒙·伯克(Edmund Burke)温和地提出限制内阁权力的建议时，休谟也没有表示支持。[4]

休谟也反对共和制。他认为小国家才适合共和制，而在英国这样的国家，共和制"只会产生无政府状态，无政府状态是专制统治近在咫尺的前兆"[5]。他在一篇论英国政体的论文里明确表达了对君主制的支持。他写道："在此，我愿坦率宣称：自由几乎在任何情况下都比奴役更可取，但是，我宁愿在这个岛上看到君主专制政体而不是共和政体。"任何一种共和制都不是设想的那种完美的共和政体，因为共和政体的领袖为了粉碎现有体制，建立新政体，就必然会拥有足够大的权力，他实际上就是一个专制君主了。这比英国现有的君主制更糟糕，因为英国君主受议会制约。"因此，如果因为迫在眉睫的危险来自君主制，我们有理由提防君主制；我们也有充分的理由更加提防民主政体，因为那种危险更可怕。我们也许可以从中汲取一个教训：在所有政治争论中保持

1 *Letters of David Hume, Volume 1*, Letter 165.

2 "Of the Original Contract," 20.

3 "Idea of a Perfect Commonwealth," 50.

4 Harris, *Hume: An Intellectual Biography*, 429–430.

5 *Letters of David Hume, Volume 2*, Letter 512.

中和。”[1]

休谟还相信，无论我们的身份“是由我们的出身、财产、职业、才能还是声誉确定的”，我们都必须“知道我们在这个世界上的等级和地
位”[2]。这冒犯了今天的大多数人，因为我们相信，即使“等级”依然以某 111
种形式存在，它当然也不应当由出身确定。

当人们怀着热切的心情在休谟的生活和工作中寻找进步的政见时，他们只能关注他对美利坚独立事业的支持。当然，正如哈里斯所说的，他的支持并非毫无保留。1771年，他明确说明，美国“无法长期”以殖民地身份存在。但是，到了1774年，他又说，美利坚人“尚处于未成年时期”，独立的时机还不成熟。又过了18个月，他最后相信这个殖民地应当“完全独立自主”。然而，他的理由并非依据任何自决权，而是讲求实效。让美利坚违背其人民的意志，尤其要考虑的是它和祖国之间隔着浩瀚的汪洋大海，阻挠它的独立，这在军事和财力上着实不可行。

休谟的保守主义并非源于盲目的偏见，而是立足于理性的哲学根基上。首先，他和伯克一样悲观，认为要建设一个更好的社会，就要制定抽象的总体原则，然后努力应用这些原则。改革家们往往信心十足，他们能看到什么是最圆满的，知道如何付诸实践。然而，休谟不禁怀疑，他认为“世界还太年轻，难以确立许多放之四海而皆准、传至子孙万代依然正确的政治真理……人性在善恶方面究竟能接受何种程度的教化，我们尚未完全知晓；任何一次革命之后，人类的教养、风俗或原则会有哪些变化，我们也不完全了解”。休谟以马基雅维利为例，指出有的人以为自己揭示了总原则，结果证明这些原则“极为错误”，因为马基

1　“Whether the British Government inclines more to Absolute Monarchy, or to a Republic,” 8.

2　*A Treatise of Human Nature*, 3.3.2.11.

雅维利“将自己的研究局限于古代凶暴的专制政府抑或意大利一些混
112 乱的小公国”[1]。

休谟在《关于理想共和国的设想》(“Idea of a Perfect Commonwealth”)这篇论文里非常清晰地表达了伯克式的保守主义，提醒人们警惕理想共和国这种设想。他写道:“已经建立起来的政府缘于它业已建立这一重要事实而具有莫大的优势。”他接着说:“因此，一个有智慧的官员绝不会仅仅根据假定的论据和哲学的可信性来干预政治事务或进行试验。”一个贤明的改革者“会尊重那些带有时代标志的事物；他可能为了公众利益而尝试做一些改善，但他依然会尽可能调整自己的革新，使之与古老的结构相协调，完整地保存原有体制的主要支撑”[2]。

休谟所持的观点，让他抗拒历史进步观，即科学和理性的进步使我们必然有更好的未来。休谟的朋友杜尔哥(Turgot)“希望人类社会能够永远朝着完美前进，希望知识的增加有益于良好的环境，希望印刷术的发明使我们再也无须害怕野蛮和无知如往常一样再度回归”。休谟揶揄他的朋友，说杜尔哥的希望“如果不是过于乐观，就的确值得赞美”[3]。

与此紧密相连的是休谟对法治强烈的忠诚，他认为法治是和平稳定必不可少的来源。休谟和亚里士多德一样，认为太多的民主会威胁和平稳定，因为民主会授权给一个新成立的多数人的政府，这个政府就会撕碎现有法律，强制执行所谓“人民的意志”。休谟出错是由于他倾向于站在“为了稳定而反对改革”这个立场上。他高度认可“人民的安全是最高的法律”(*Salus populi suprema Lex*)这项原则。他说:“常识告诉我们：人民服从政府仅仅因为它可以为公益服务，因此，在异常情

1 “Of Civil Liberty,” 1.

2 “Idea of a Perfect Commonwealth,” 1.

3 *Letters of David Hume, Volume 2*, Letter 417.

况下，若服从之后接踵而至的明显是公共灾难时，则必须放弃服从的义务，从而服务于最根本、最初的责任。”但是，他站在那些强调效忠国家、恪守法律的人一边，认为只有当“公众受到暴力和暴政的威胁而身处最大危险时”，才可放弃效忠，此时的不服从“乃绝境中最后的权宜之计”。[1]他在《人性论》中写道：“通常的规则要求人们服从；只有在残酷的专制和压迫的情形下，才能有例外发生。”[2] 113

休谟准确地看见，自由不是绝对的善，自由需要和法治保持平衡；然而他认为，法治依靠权威。因此，“在所有政府内部，始终存在权威和自由之间或明或暗的斗争。两者都不能在斗争中绝对占据上风。在每一个政府里，自由必须做出重大牺牲，然而，那限制自由的权威绝对不能，也许永远不应该在任何体制中成为专制而不受控制……自由乃是文明社会的尽善尽美，但是，必须承认，权威对自由的存在至关重要”[3]。

我们应当谨记，休谟在政治分析中的弱点和他的哲学优势有着深刻的联系。他在思考问题时极为审慎，在其他方法他同样提倡审慎的态度。“**哲学家在接受任何新的假设时秉持踌躇犹疑的态度，这是值得称赞的性情，对考查真理颇有必要，因而也是值得秉持的性情**。他们秉持的态度，要求我们呈现可以使他们满意的每一个论证，消除有可能成为他们推理障碍的每一种反驳。”[4]

这样的哲学倾向避免了走极端。这样的哲学家能看到“正反两面”，往往最终获得温和的见解。但是，休谟的人生向我们传递的箴言是：**温和亦当节制**。如果一个人习惯于温和，就很难看见例外的情况，即温和有时非但不是美德，反而沦为邪恶。温和常常使我们极易接受现状，怀疑彻底的改革，以至于忽略一个事实：**有理由怀疑，不等于有理** 114

1　“Of Passive Obedience,” 3.

2　*A Treatise of Human Nature*, 3.2.10.1.

3　“Of the Origin of Government,” 7.

4　*A Treatise of Human Nature*, 1.3.9.1.

由给他人定罪。休谟在论君主制和共和制时说，“凡事……必须听任其自然发展和运转”，这不是绝对规则，充其量只是一个普遍的事实；可以说，这个事实并不适用于特定的情况。同样，他在《论政府的首要原则》（“Of the First Principles of Government”）这篇论文里得出这样的结论：“让我们尽可能珍惜、改善我们古老的政府吧，不要鼓励人们热爱如此危险的新生事物。”[1]但是，当我们做到“尽可能”依然不足够时，我们必须考虑新生事物，不要因为变革总是伴随奉献而草率地抛弃新生事物。保守者往往会忘记这则箴言：**现状造成的确定的伤害，有时比改革中不确定的危险更真实。**

捆束理论

休谟参军的经历似乎没有削弱他对圣克莱尔将军的热爱。1747年，休谟再次陪伴他奔赴维也纳和都灵完成一次比较和平的外交任务。在这次旅程中，意大利的贫穷和糟糕的治理使他感到震惊。“天哪！可怜的意大利！”他写道，“贫穷的居民饿死在大自然丰沛的赐予中，渴死在丰收的葡萄园里。这里税收之高逾越了极限。”[2]

115 此时，休谟的身躯已经长成他成年生活中一直保持的样子。“我大腹便便，”他写道，“我的天哪！头发花白还可以戴一顶绒球帽子，身材的短处却是无法掩饰的。”[3]他的收入也增多了，虽然和身躯的增幅不可同日而语，但足以让他获得梦寐以求的安全感和独立性。他在自传《我的一生》里如此说：“我有了这个官职，且凡事节省，所以，这笔财富就让

1 “Of the First Principles of Government,” 8.

2 *Letters of David Hume, Volume 1*, Letter 64.

3 Letter to Harry Erskine, January 20, 1756, in J. C. Hilson & John Valdimir Price, “Hume and Friends, 1756 and 1766: Two New Letters,” *Yearbook of English Studies* 7 (1977): 121–127.

我过上了我认为可以独立的生活。每当我这么说时，我的大多数朋友都会嘲笑我。总而言之，我在此时差不多拥有了1 000英镑。”[1]

休谟全新的、肥壮的自我是最明显的变化标志。诚然，任何一个人在一生中都在变化。我们认为，一个人尽管经历了那些变化，他一直是同一个人。这怎么可能？人格同一性（personal identity）是休谟直接要解决的问题。

首先，我们应考虑人们对自我的常识性的概念。我为撰写此书，踏着休谟的足迹追寻他走过的路。这显然意味着我得追踪大卫·休谟这个个体的生活和思想。从爱丁堡到布里斯托尔，到拉弗莱什，再回到英国，又奔赴巴黎，最后回到爱丁堡，他自始至终是大卫·休谟这同一个人。从启程去追寻休谟的足迹到我现在将旅程撰写成文，我始终也是同一个人。在某种意义上，这没有争议。一个人终生是同一个人，休谟认为这样想没有问题。只有当他拥有完整的一生，他那篇短小精悍的自传《我的一生》才有意义。休谟不否认自己做过选择。但是，他所理解的自我和选择，与彼时乃至当下人们接受的观点迥然不同。

我们先看看自我的实质。现在我在电脑边写作。但是，“我在这儿”，这个说法究竟意味着什么？笛卡儿的答案是：“我”是思考物，不是物质物。我最根本的本质是，我是非物质的思考物，没有重量，也没有空间维度。这个“我”是单纯的，不可分割。笛卡儿不仅对此深信不 116
疑，他还提出论证，证明自己对此有十分的把握。唯一不能怀疑的就是“自我”的存在。

休谟在《人性论》中论及人格同一性时，他当时头脑里肯定想着笛卡儿。休谟说：“有些哲学家认为我们每时每刻都深切地意识到我们所谓自我，认为我们感觉到自我的存在及其持续存在；他们确信自我有完美的同一性和单纯性，其确信程度超出了论证的证据。”

1　*My Own Life*, 7.

然而，休谟并非如此确信。"就我而论，当我最深切地体会到我所谓我自己时，我总是碰到这种或那种特殊的知觉，如热或冷、明或暗、爱或恨、痛苦或愉悦。我任何时候都无法抓住一个没有知觉的我自己；除了知觉，我观察不到别的事物。任何时候的我，一旦失去知觉，比如陷入沉睡，此时我既然意识不到我自己，就可以实实在在地说我不存在。"[1]

休谟所言极是。以我为例：在拉弗莱什，我在休谟曾住过的房间里踱步。如果我全神贯注于我自己，我发现了什么呢？我的知觉。我看见大理石的壁炉，闻到这个尘封已久的房间散发的霉味，听到我自己以及同行者的脚步声，感到我的小腿肚有些疼痛。我脑海里千头万绪：我竭力想象休谟在这儿工作的情景，心想房东能让我们在这里停留多久，刹那间又考虑午餐吃什么，一支袅袅的乐曲在脑海里萦绕，不绝如缕，煞是恼人。这又掀起情感的波澜：我感到两个人跨越数个世纪找到了一种联系，这诡谲的感觉令我自惭形秽；一个人仅通过思想的馈赠便
117 可永驻人间，这令我心生敬畏。

所有这一切使我无法意识到我站在哪里。只有这些思想和情感，没有自我：自我只是这些思想和情感。也就是说，我们说自我拥有经验，但是自我实际上只是经验的一个有序的集合体。在我们真正意识到这一点时，自我就变得很轻，几乎消失。我们认为永恒、统一、经久不衰的东西最终成为不断变动的转瞬即逝的经验。

这听起来可能非同寻常，但是休谟清楚地知道，在这一方面，人格的同一性和其他事物的同一性没有差异。每一个物象都是由随时间而变化的、不同的部分构成的，我们从来感知不到这个物象永恒不变的本质。因此，休谟拒绝接受"实体"(substance)这个观念。自亚里士多德开始，大多数哲学家都把"实体"和它的属性、特性或"样态"(mode)区分开来。比如，拉弗莱什学院有形体、颜色、坚固性等一些属性。我们

1 *A Treatise of Human Nature*, 1.4.6.1.

感知到所有这些属性，但是，从某种意义上说，属性的“背后”是构成大学的“东西”，即大学的实体。

然而，休谟认为，讨论这样的实体毫无意义。“我们的‘实体’观念只来自一些有着具体特性的集合体观念；当我们讨论实体或对实体进行推理时，我们也没有指任何其他的意义。”[1]“实体”是一个空洞的词，其意义只不过是“一个不依赖自身属性的事物”。但是，一个事物恰好是它的所有属性。因为我们也许不了解一个事物的所有属性，这个事物显然不只是已经观察到的所有属性的总和。但是，没有观察到的属性仍然是属性，不是所谓“实体”。

休谟关于自我的理论事实上是“自我”观念的延伸。自我只是自我的所有属性，这些属性从根本上看是心理的属性：知觉、记忆、欲求 118
等。在这之外，没有“自我实体”。

没有“自我”这个持久的实体。倘若如此，我们所说的同一性就不是严格意义的“相等”的逻辑属性，而是对互相接续的部分产生的知觉，这些“互相接续的部分由类似关系、接近关系或因果关系而结合起来”。[2]因为这些关系足够牢固，让人产生同一性的感觉，我们才说这个事物是“同一的”。但是，接续在多大程度上可以保证同一性？没有规则可以告诉我们答案。

然而，有若干因素可供我们考虑。比如：变化的比例至关重要。屋顶掉下一片瓦，房屋就与往日有些许不同，但是我们并不说这不再是同一栋房屋。休谟说：“假设在那个物质团上加上或减去很小或微不足道的部分，那么严格地说，这绝对消灭了整体的同一性；可是，由于我们的思想很少如此精确，我们就无所顾忌地断言，我们所见的那个变化很

1　*A Treatise of Human Nature*, 1.1.6.1.

2　Ibid., 1.4.6.7

小的物质团依然是同一的。”[1]

与变化的比例一样，变化的速度也是关键因素。休谟写道：“一个物体中，举足轻重的部分发生变化，这也消灭了它的同一性；但是，值得注意的是，若那种变化的发生循序渐进、不易察觉，我们就不容易认为这种变化产生与实际相同的效果。”[2]即使这些变化并非不易察觉，休谟的看法依然有道理。以一个摇滚乐队为例。1969年成立的深紫乐队（Deep Purple）最初的五个成员如今只有一位还在这个乐队里。曾几何时，其他乐队［比如彩虹乐队（Rainbow）和白蛇乐队（Whitesnake）］拥有多位深紫乐队以前的成员，其数目甚至超过一直待在深紫乐队的成员。时光荏苒，深紫乐队发生了变化，然而，它一直拥有作为一个独立乐队的同一性，而且它的同一性有别于自己曾经的成员新加入的其他
119 乐队。

就“同一性”这个概念来说，休谟认为还有一个重要的因素：各部分“为了某个共同目的或意图”而构成一个联合体。休谟虽然没有明说，但确实借用了托马斯·霍布斯（Thomas Hobbes）的“忒修斯之船”[3]这个例子。一艘船可能回到码头维修，更换一些部件。数次如此。在这艘船终身的使命中，它的部件一直属于同一形状、同一总目标的一艘大船的组成部分。因为这艘船的功能一直是同一的，我们便认为它一直是同一个物体。

在所有这些情况下，当我们确定一个物体是否具有同一性时，环境颇为重要。“若物体的本性就是容易变化、不恒定的，我们就接受比较突然的转变，而这种转变在其他情况下和同一性不相符合。”[4]一条河流的水变化多端，但是，河水变化是河流的本性，因此，我们并不认为河水的

1 *A Treatise of Human Nature*, 1.4.6.8.

2 Ibid., 1.4.6.11.

3 Thomas Hobbes, *De Corpore* (1655), part 2, chapter 11.

4 *A Treatise of Human Nature*, 1.4.6.14.

变化使这条河变成一条不同的河流。足球俱乐部不可避免地要更换球员和管理人员，这主要是因为一个专业运动员维持最高水平的时间大约只有十年。尽管足球队以前的成员全部退役了，我们依然认为这个足球队和以前是“同一”个足球队，这么想丝毫没有问题。我们用什么标准判断同一性，还依赖于我们特殊的兴趣。如果我信仰上帝，一座教堂即使经过彻底修缮，我还把它看作同一座教堂。如果我是建筑史学家，这座教堂拆除的部分可能至关重要。

休谟说，在所有这些情况下，我们从严格意义上讨论的不是同一性而是个体化（individuation）：我们每一次，或者随着时间的流逝一直把一个物体辨认为一个单一的实体，我们讨论的都是个体化。如果我们准确地了解这通常是如何发生的，人格同一性这个问题就失去了神秘感。人格的同一性不在于任何恒常的本质，万事万物都没有这样的 120
本质。同一性和变化是一致的，因为随着我们的成长，变化是自然发生的，是人之所以为人的意义的一部分。随着时间的流逝，人只要有足够的“类似关系、接近关系或因果关系”，这个人一直是同一个人。这些关系如何算是“足够的”，没有严格的规则给予详细的说明。

在确保这些关系的所有因素中，休谟特别提出记忆这个因素，认为记忆“是人格同一性的主要来源”。休谟很清楚，他说的就是“主要”，而不是“全部”。（我记忆力不佳，我从这里找到了慰藉，因为我记得休谟说过：“有良好的记忆力，绝不算是美德，因而人们往往假装抱怨自己记忆力不好；他们力求世人相信，他们所说的话完全是自己的创意，情愿牺牲记忆力来使人称赞他们的天才和判断力。”）[1]没有记忆，我们就无法意识到“这一系列知觉的接续性和接续性的范围”。但是，记忆在这里扮演一个奇怪的双重角色。从某种意义上说，“记忆不仅显现了同一性，也在各种知觉中产生类似关系从而有助于同一性的产生”。记忆

1　*A Treatise of Human Nature*, 3.3.4.13.

将“众多知觉”统一起来，在时间的流逝中协助创造同一感。然而，事实上，我们并不能记得一切，我们所定义的过去不只是包括我们记忆的一切。在这个意义上，“与其说记忆产生了人格同一性，不如说记忆显现了人格同一性，因为记忆向我们显示我们的各种不同的知觉之间的因果关系”[1]。

休谟推崇适度的推理，他对人格同一性的论述是一个极佳的例子。首先，适度的推理接纳这样一个事实：没有完整可靠的标准来判断同一性。休谟说：“我们没有正确的标准来解决与时间相关的争论，即我们何时获得或失去同一性这个名称。互相联系的部分具有的同一性引起
121 争论，然而与这种同一性有关的一切争论都只是空话。”[2]休谟认为，哲学上的许多论证都是如此。“我们发现，很少有争论不是因表述上的某种含糊其词而引起的，”他在一篇论文里说道，“因此，如果我参与某个争论，我总要暗自考虑争辩的主题是不是一个比较的问题。如果是，还要考虑争论者进行比较的对象是完全相同的，还是一些大相径庭的东西。”[3]有一则箴言我们需铭记在心：**有些争论看似是根本的哲学分歧，其问题通常是不同的人以不同（且合理）的方式使用同样的术语。**

其次，这种推理的核心不是依照逻辑逐步论证，而在于密切关注个体经验的实质。我们在有意识时处理正在发生的事，才观察到我们没有统一的自我，抑或没有观察到自我的存在，这是我们掌握的自我缺失的唯一证据。休谟的论证依据观察，所以，他欢喜地承认：“如果有人在认真且无偏见地反省之后，认为他有一个与我不相同的他自己的概念，那么我必须承认，我不能再和他一起推理了。我所能向他让步的是：他或许和我一样正确，我们在这一方面有本质的差异。”当然，休谟并不相

1 *A Treatise of Human Nature*, 1.4.6.20.

2 Ibid., 1.4.6.21.

3 “Of the Dignity or Meanness of Human Nature,” 4.

信人和人之间会有如此巨大的差异，他认为读者也不相信。他只是公开地承认一个事实：这个案例最终的裁判是经验，不是理性。对那些与他意见不一的人，他揶揄道："撇开这些形而上学家们不谈，我可以大胆地对其余的人说，他们只是一束不同的知觉或不同知觉的一个集合体，这些知觉以无法想象的速度互相接续，并处于永远的流动和运动之中。"[1] 122

休谟用"捆束"（bundle）一词描述"自我"的观念。他只用了一次，但这个词流传至今。现在很多人用"捆束理论"（bundle theories）来描述与休谟的一套观点相似的一组观点。"捆束"这个词流传至今，因为一"捆"东西听起来杂乱无序，它传递的信息是人们意识到这个观念的不真确性（implausibility），批评者就利用这一点。当休谟说人的心灵"只不过是一堆不同的知觉或者不同知觉的集合体"[2]时，人们就感受到这个观念的不真确性，但是，"捆束"一词言简意赅。"我们所谓心灵，只是思想、激情和情感束成了一捆，没有任何主题。"[3]与休谟同时代的托马斯·里德经过慎思明辨之后，认为这是休谟的看法。这里的关键词是"只是"。在很多人看来，如果说我们只是一捆知觉，这简直不可思议。然而，心灵并非"只是"这种情况。宇宙不会因为它"只是"浩瀚的原子集合体而降低其不可思议的程度。事实上，也许它因而显得更不可思议。我们也不会因为自己是由思想、感情、记忆、欲望和知觉构成的而使自己显得没有那么非凡。

休谟的自我和这个物质世界上任何其他事物一样非凡和神秘。每当我停下来，尤其是在旅途中停下来，去思考我们所处的世界本质上是由什么构成时，我常常心生敬畏，因为旅途中我们最容易留意周围

1　*A Treatise of Human Nature*, 1.4.6.3–4.

2　Ibid., 1.4.2.39.

3　Thomas Reid, *Essays on the Intellectual Power of Man* (1785), Essay 2, "Of the Powers we have by means of our External Senses," § 12.

的环境。我站在休谟工作过的地方，俯瞰拉弗莱什和卢瓦尔河河谷，我看到大自然上千年的变化和人类几百年的干预共同塑造的风景。大自然的力量和人的作为互相交融；我作为一个人，居然和石头、花草一样由同样基本的元素构成，我却能意识到这一切，这怎么可能？我对此颇感震撼。更非凡的是，我死之后，我所栖居的经验的世界也完全消失了！

亚里士多德曾说：“不论是现在，还是最初，人都是因好奇而开始
123 哲学思考的。”即使好奇（或惊奇）是哲学的开端，好奇极少是哲学的终结。哲学家为了使看似不可思议的现象变得完全可以理解，往往竭尽全力摆脱自己的好奇心。他们把任何奇怪的事物都置于理论之下来驾驭它。休谟说：“一个原理也许能解释很多自然现象，但是，哲学家一旦抓住他中意的某个原理，就会把它无限扩大，去解释万事万物；哪怕他们使用最牵强、最荒谬的推理，也把每一种现象都归因于这个原理。”[1]休谟没有完全对这种恶行免疫，不过他因此所受的苦比大多数哲学家少得多。他的观点似乎是这样的：**接受令人惊愕之谜胜过相信不可思议之解**。糟糕的解释比没有解释更糟糕。因果关系是真实的，但是缺乏理性或证据的保证；接受这一点胜过否认因果关系的存在。自我是令人惊愕的一捆知觉；接受这一点胜过假定一个统一的灵魂，而这个假定不仅让人无法体验，而且提出的问题比解决的问题还要多。

休谟在《人性论》的附录里表达得更清楚：“我以更严格的标准审查与人格同一性有关的那个部分，我发现自己陷入了一个迷宫，因此，我必须承认，我不知道如何纠正我前面的观点，也不知道如何让这些观点保持连贯。”他更具体地说：“当我试图解释把我们思想或意识中接续的知觉凝为一体的这些原则时，我所有的希望化为泡影。针对这个题

1　“The Sceptic,” 1.

目，我找不到任何一个理论能使我满意。”休谟相信，他的理论将留下太多谜团，无法完全让人满意；但是，他内心明白，他的理论本质上是正确的：没有永恒的、实质性的“自我”。因此，他凭借做学问的诚实，认为只能接受不完美，希望“其他人或者我自己在比较成熟的考虑之后，也 124
许会发现某种假设，可以调和这些矛盾”[1]。

在当时的欧洲，“自我”的观念和柏拉图和基督教的非物质的、不朽的灵魂紧密相连，所以，休谟的“自我”观是极端的。然而，在亚洲，这样的自我观几千年来一直是主流。休谟的自我观事实上和佛陀的自我观很接近。佛陀说，没有自我［*ātman*，即巴利语中的*attā*（我）］；这里“自我”即所有正统的印度哲学派别提出的非物质的自我的本质。佛陀说，没有自我；相反，只有“五蕴”（aggregates）：色、受、想、行、识。永恒长久的自我只是一个幻想。这条教义称为*anattā*，即“无我”。

休谟的自我观和佛陀的自我观如此相似，着实令人震惊，因为据我们所知，休谟不了解佛教思想。然而，最近有人推测，休谟在拉弗莱什逗留期间有可能接触过佛教思想。心理学和哲学教授艾莉森·戈普尼克（Alison Gopnik）做过的一些研究工作表明，当时印度的思想有可能是经由法国传播到苏格兰的。

有一个渠道可能是耶稣会的传教士伊波利托·德西德里（Ippolito Desideri）。德西德里在1728年完成了戈普尼克所说的“到20世纪为止欧洲人对佛教哲学最全面、最准确的描述”。他的著作依据的是他长途跋涉到达尼泊尔所做的研究。他1714年从德里启程，经过18个月艰苦卓绝的旅途生活，穿过喜马拉雅山到达拉萨。他在拉萨向拉藏汗声明：他有意说服拉藏汗和他的臣民皈依天主教。拉藏汗并未感到冒犯，只是提议说，德西德里如果要说服他人皈依天主教，应当先研究佛教，解 125
释基督教为何比佛教优越；如果德西德里能做到这一点，他和自己的臣

1　*A Treatise of Human Nature*, Appendix 21.

民很愿意皈依。

在接下来的五年里，德西德里隐居在尼泊尔的深山里，在佛教的寺院里潜心研究。他甚至用藏文诗歌的形式撰写天主教的宣传册，写在卷轴上呈给拉藏汗。接着，战事发生，迫使他向大山的更深处隐居。他在深山老林里把佛教哲学家宗喀巴（Tsongkhapa）的作品翻译成意大利文。他完成翻译的这部作品蕴含佛教思想，其中包括对永恒自我的否定。虽然罗马教廷不允许出版这种关于异教思想的书籍，但手抄本仍然在一些修道士中间传阅。更重要的是，德西德里在书中写道："（8月）31日午时，我到了拉弗莱什的皇家学院。在这里，我受到修道院院长、副院长、多卢神父和其他几位可敬的神父特别的招待。9月4日我离开拉弗莱什。"文献记录显示，当休谟到达拉弗莱什时，德西德里造访时遇到的12位耶稣会神父依然在那里。其中P.夏尔・弗朗索瓦・多卢（P. Charles François Dolu）神父曾到过法国驻暹罗国的大使馆，收集过佛教国家的第一手资料。

这些证据只能说明休谟可能阅读或听说过佛教的"无我"哲学，但是无法证明别的什么。如果休谟没有提到这样的经历，我们几乎没有理由认为他实际上接触过佛教。休谟的自我观和佛陀的自我观如此近似，看起来太异乎寻常，难以看成巧合，但是，我们认为这种相似性是偶然的，有两个原因。第一，休谟的自我观念在逻辑上是对约翰・洛克的观念的发展，向前进一步，这并不需要外部刺激。第二，如果休谟和佛
126 陀的自我观念是正确的，那么，任何密切关注自身经历的人都会注意到永恒自我的缺失。无论在法国还是在印度，永恒自我的缺失，这个事实一直隐藏在众目睽睽之下。

回到爱丁堡

正如莫斯纳所说的，休谟撰写的论文获得成功，可他"在文学界

依然寂寂无闻”。[1]不过，住所的改变带来了运气的转变：休谟的哥哥结婚，让休谟和他的姐姐搬家到爱丁堡。休谟后来回忆道：“我和哥哥在奈恩韦尔斯一起生活，度过几年幸福的时光；如果不是哥哥结婚使家庭状况发生些许变化，我相信我会一直在奈恩韦尔斯生活，直至老死。”[2]

休谟说的是不是真心话，我不敢肯定。究竟哪里是最佳居住地？他在书信里表达的看法常常互相矛盾。他告诉我们，如果他一直在奈恩韦尔斯生活，该是多么舒心惬意；尽管如此，他也会说爱丁堡是“文人真正的舞台”[3]。休谟喜欢独处，也爱热闹；他究竟最喜欢哪种生活，他显得很矛盾。亚里士多德认为，人是“社会动物”；休谟赞同这个观点，他写道：“**我们每产生一个愿望，都会考虑社会。完全与世隔绝，也许是对我们最大的惩罚。**”[4]但是，没有丝毫独处的机会，也许同样恶劣，尤其是当同伴的素质无法保证时，更是如此。“如果一个人的书本知识以及对人的认识皆融会贯通，他除了与为数不多的杰出同伴交往之外，很少会感到快乐。他敏锐地感到，世上其他人皆达不到能取悦他的标准。”[5]休谟可以在独处和热闹这两个世界里保持平衡，获得 127
益处。

休谟和姐姐搬家到爱丁堡，他们的房子就在劳恩市场南面的里德尔公寓（Riddle’s Land）。这栋楼今天的名称是里德尔邸宅（Riddle’s Court），经过大规模修缮，依然矗立。这栋楼建于16世纪90年代，原本是一位商人的房舍，在休谟时代已经是一座历史文物。1598年，国王詹姆斯六世和他的妻子（丹麦公主安妮）为了欢迎安妮的弟弟（丹

1 Mossner, *The Life of David Hume*, 223.

2 *Letters of David Hume, Volume 1*, Letter 156.

3 *My Own Life*, 10.

4 *A Treatise of Human Nature*, 2.2.5.15.

5 “Of the Delicacy of Taste and Passion,” 7.

麦霍尔斯坦的乌尔里希公爵）造访苏格兰，在这里举办了两次皇家宴会。

今天的里德尔邸宅有一个狭小幽闭的庭院，四周是五层小楼。最初这里没有庭院，有一条通道从劳恩市场通往此处；在19世纪90年代，通道两旁的建筑物都拆除了，于是，就开辟了这个幽闭的庭院。这就需要在建筑物的外面设立新的台阶，让人们可以从一楼登上二楼。这栋楼当时供爱丁堡大学使用；第二次世界大战后，爱丁堡市政会接管了这栋楼，于1964年在此设立一个成人教育中心，将其重新开放。

我来这里参观时，此处尚在施工中，施工理由也很充分。在爱丁堡世界遗产组织的支持下，苏格兰历史建筑信托基金会正在全面维护、修缮这栋大楼。房间以不同的装修风格来反映这栋建筑物的历史，如今出租给人们用来举办婚礼、会议、聚会。帕特里克·格迪斯教育文化中心（Patrick Geddes Centre）的总部设在这里，这是这栋大楼最主要的用途。在19世纪80年代，格迪斯把这栋大楼变成供大学生使用的场所，为那些非特权阶层的学生开设暑期课程。格迪斯不甚有名，但他博学多识。今天的格迪斯教育文化中心这样描述他："格迪斯是生物学家、地理学家、社会学家、环保主义者、哲学家、城镇规划专家、文学先锋、无
128 政府主义者、自由教会的信徒、教育家。"

里德尔邸宅保留着鲜活的格迪斯精神，而休谟的精神就显得有些淡薄。格迪斯教育文化中心的网站上提到休谟曾在此居住，因为教育中心开始的众多课程中有一门是苏格兰的启蒙运动。当然，与休谟相比，格迪斯和这栋建筑的联系更紧密，时间上也更近。格迪斯与人民更近，他总是关心普通人。休谟的哲学高度引起质疑，但是哲学境界本应使他本人更加出名，事实并非如此，其中一个原因也许是他并没有遵循大多数文明中标准的英雄模式。"伟大的男人"（遗憾的是，人们很少将"伟大"一词赋予女人）要么是力挽狂澜的领袖，要么是自我牺牲的

圣徒。卓尔不群，就是要比大多数人更像神，无论是神话里扭转乾坤的神还是基督教里为世人而死在十字架上的耶稣。然而，休谟所定义的卓尔不群刚好相反：和大多数人相比，他是更圆满的一个人，不多也不少。他代表的不是勇气或无所畏惧这种极端的美德，而是温和、谦逊、精神的慷慨、殷勤好客这些稳重而克制的美德。为了不让这些美德显得无足轻重，请设想：如果在生活中一以贯之地践行这些美德，那该有多难啊！

要在生活中践行这些美德非常难，因为毫无疑问，它需要特权。许多人苦苦煎熬就是为了活着，许多人在战火中苟且偷生，难怪我们喜欢赞扬那些以牺牲自我为代价帮助他人的人。休谟眼中的美好生活和亚里士多德的一样，指的是所有利他主义应当带来的结果。我们渴望消除贫困、疾病和战争，这样，人民就像休谟那样，可以安居乐业，过上繁荣、富有成效的生活。在一个更美好的世界里，我们不需要格迪斯这样的英雄。在我们实际生活的世界里，有的人与当下种种的不公正做斗争，而有的人向我们描绘更好的生活图景，我们更多地赞扬前者，这可 129
以理解。[1]

那时，爱丁堡这个城市蓬勃发展。休谟迁居至爱丁堡时，这座城市有5万多人，到了1775年就增长至8万人。这里如此生机勃勃，有些许乌烟瘴气（比如，有许多妓院）也不足为奇。一位途经爱丁堡的英国士兵说，妓院的常客经常会问自己“是否有一条修士门街（Canon-gate）的裤子，即是否染上了肆虐修士门街的花柳病”。[2]

但是，休谟说，爱丁堡是文人真正的舞台，此言极是。当代有一则报道说：“我现在站在人们所说的‘爱丁堡的大十字’旁，我几分钟内就能随手找出50个天才和博学之人……在伦敦、巴黎以及欧洲其他的大

1　Baggini, J., “Hume the Humane,” *Aeon*, August 15, 2018.

2　Mossner, *The Life of David Hume*, 240–243.

城市里，也有许多文人，但是，我们很难接触他们；即使找到他们，谈起话来也会害羞、拘谨好久。在爱丁堡，邂逅多才多艺之人很容易，他们立刻能以最慷慨大方的态度和聪明的陌生人交谈，把自己的知识传递给陌生人。”[1]

“爱丁堡的大十字”就是“市场十字”（Mercat’s Cross），它位于皇家英里街，距离里德尔邸宅几百码远，在圣吉尔斯大教堂旁边的国会广场上。人们在这里摆设做生意的摊位，市民的许多活动也在这里举办。休谟住在附近时，广场上的十字架与现在的十字架有几码的距离，是在1756年拆除的。今天广场上遗留着鹅卵石组合而成的八边形框架，说明当时的十字架所在的地方。我不敢肯定你今天在那里能“随手找出50个天才和博学之人”，但是爱丁堡依然是学术活力非同寻常的城市。

130 爱丁堡每年举办国际图书节，它有充分的理由自称是“世界上最大型的、庆祝书写的公共活动”，是爱丁堡学术活力的体现。图书节主办方说，大约有1 000位作家、思想家来这里和观众“摩肩接踵”。这并非单纯的公关说辞，我多次在图书节上演讲，可以做证。爱丁堡的图书节是我所知道的精神上最平等的节日。所有演讲者，不论享誉天下还是名不见经传，都汇聚在“名家”帐篷下，享受同等待遇。观众也同样慷慨。我第一次在读书节上演讲就是在爱丁堡，那时，几乎无人知道我，更不知道我写的书。我深深知道，爱丁堡国际图书节的各项活动之间互相竞争，市里同时还有艺术节，也有几十项活动和各种助兴演出。我暗自思忖，谁会来听我演讲呢？然而，我看到了相当多的听众，感到莫大的安慰。我在彼时彼地幡然醒悟，在爱丁堡，人们会到现场倾听主题有趣的演讲，不在乎演讲者的名气。今天，胸襟坦荡的爱丁堡人民对知识满怀好奇心；在18世纪，这座城市也因文人荟萃而弥漫着知识的

1 William Smellie, *Literary and Characteristical Lives of John Gregory, M.D., Henry Home, Lord Kames, David Hume, Esq., and Adam Smith, L. L. D* (Edinburgh, 1800), 161–162.

馨香。我认为，要找到这两者之间的联系和延续性并非奢望。负责制定教育政策的人应当谨记：**杰出人物在肥沃的知识文化土壤里茁壮成长**。哲学在任何文化的创造性生态系统中至关重要。“一个时代如果造就了伟大的哲学家和政治家、著名的将军和诗人，通常也会涌现无数手艺精湛的织布工人和造船工人。在一个不懂天文、无视伦理的国度里，我们无法合理地指望人们能编织完美的羊毛布料。”[1]也就是说，**生机勃勃的经济离不开拥有丰厚知识资本和经济资本的社会**。

休谟充满热情地投入爱丁堡文化生活的洪流里。这里的文化生活
围绕着苏格兰启蒙运动期间迅猛发展的知识分子俱乐部。1751年，休 131
谟经推选成为哲学学会的联合秘书，这个职务他一连承担了20年。哲学学会是最严肃的知识分子的学会，成立于1731年，1783年更名为爱丁堡皇家学会。哲学学会早期四处流动，几个世纪以来，它更换了多个地址。1909年，它迁移到乔治街一栋相当宏伟的建筑里，在此安营扎寨直至今日。这里曾经是爱丁堡人寿保险公司的总部，位于休谟时代建成的爱丁堡新城。爱丁堡皇家学会所在的这栋大楼有宏伟的阶梯，黑色的木质支柱，皮质沙发椅，墙壁上悬挂着以前显要成员的画像，学会处处流露着它对这个城市知识传统的自豪感。但是，这让我们对休谟时代哲学学会的样貌产生错误的印象。在休谟时代，哲学学会无法沐浴在往昔的荣耀里，没有固定的捐赠，也没有可栖身的大楼。但是，哲学学会是先驱者，它用新方法思考问题、展望未来。

1752年，休谟成为律师公会图书馆的馆长，“收入虽然微薄，职务却很体面”[2]。最关键的优势是，休谟可以利用丰富的馆藏图书；我们很快就会看到，这对他这个时期撰写的主要著作极为重要。从休谟时代矗立至今的建筑寥寥无几，但是图书馆依然存在。于是，我渴望前去拜

1 “Of Refinement in the Arts,” 4.

2 *Letters of David Hume, Volume 1*, Letter 77.

图12　站在草地尽头看律师公会图书馆的外观

谒。图书馆不向公众开放，因为它在议会大楼内，这个建筑群里还有苏格兰的最高法院。外面的人甚至看不到这座图书馆。你站在乔治四世桥上，在苏格兰法兰西学院（Institut français d'Écosse）和苏格兰国家图书馆之间的绿地上放眼凝望，看见远处带窗户的那面墙，远处的左边是王玺图书馆（Signet Library），只能获得如此一瞥。不过，和休谟担任同样职务的图书馆管理员、王室法律顾问芒戈·博维（Mungo Bovey）实在宽厚友好，允许我进去，由一位年长的图书管理员萨拉·贝里（Sara
132 Berry）带领我参观。

要参观律师公会图书馆，要穿过1639年竣工的富丽堂皇的议会大厅，大厅是悬臂托梁式橡木屋顶，美轮美奂。1707年，《联合法案》（*Act of Union*）的通过将英格兰和苏格兰融合而成大不列颠联合王国，此时，这栋大楼发挥其议会大楼的功能，现在，这里是大律师开会的场所。他们依然保留为防止窃听说话时来回踱步的传统。

现代化的图书馆为律师们提供静谧的工作空间。要参观休谟工作的地方，需要向下走到一个长长的有许多石头拱门的大厅里。石头拱门排列在大厅的中间，是曾经的隔间的入口，但是隔间在很久以前已经打通，整个大厅现在属于一个空间。大厅中有一处立着一个标语：“魔
鬼可能坐在这里。”这肯定让休谟这个对宗教持怀疑态度的人忍俊不 133
禁。学徒要经历实习才能成为大律师，“魔鬼”事实上只是学徒的俚语。

我看到一个巨大的石头壁炉，已然废弃不用。我们可以想象，这个房间原本是如何依靠这唯一的热源温暖起来的，可能供暖不足。从楼

图13　休谟像，艾伦·拉姆齐（Allan Ramsay, 1754）

层的照明到现代的书架，图书馆的空间已经多方位地现代化，但是18世纪的样貌依稀可见。这里原本是一个绝佳的学习空间：静谧、宽敞，资源极其丰富。难怪休谟寻求管理员之职。

然而，他被推选为律师公会图书馆的管理员时，掀起不少争论。“有人借着自然神论、无神论和怀疑主义控诉我，发出强烈的呼声反对我，”他写道，“他们抗议说，推选我等于让这个国家最伟大、最有学问的群体认可我不敬虔的、亵渎神灵的原则。”[1]此次任命的结果并非皆大欢喜，这也许是不可避免的。1754年，休谟预订了74本图书，图书馆馆长吩咐，其中三本书“有伤风化，不配在学者的图书馆里占一席之地，需要从图书馆的目录里删除，从书架上移除”。这三本都是法语书。休谟致信罗伯特·邓达斯（Robert Dundas）说：“把这几本书从图书馆中驱逐，我无法理解，只能视其为对我的侮辱。除非把这几本书物归原处，否则，这种侮辱无法弥补……如果所有无法与布西·拉布坦（Bussi Rabutin）和克雷比永（Crebillon）的著作相媲美的书籍都要从图书馆清除，我敢保证需要雇好几个搬运工才能做好这个工作。”[2]

然而，辞去工作会伤害自己的钱包，更重要的是，会给使用图书带来不便。他在致信亚当·斯密时说，他发现这件事“不可能成功地”得以解决。他走出这个两难处境的方法是：保留这个职位，但是把薪水赠予盲人诗人布莱克洛克（Blacklock）。这样勉强过了两年，休谟认为馆
134 长对他的地位伤害太大，不得不辞去职务。[3]我们可以从这个故事获得一个教训：**永不妥协，这是过度僵化的标志；总是妥协，无疑是毫无底线的标志。**

然而，有证据显示，休谟选书时没有遭到彻底阻挠。律师公会大部

1 *Letters of David Hume, Volume 1*.

2 Ibid., Letter 103.

3 Mossner, *The Life of David Hume*, 252–253.

分史料如今都保存在苏格兰国家图书馆。在律师公会图书馆的藏书目录里，有一本布西·拉布坦伯爵所著的《高卢人的爱情故事》(*Histoire amoureuse des Gaules*, 1722)，是休谟订购的图书。馆藏的图书中还有克雷比永的《作品全集》(1779)，是最早的版本；还有1751年出版的《前国会官员德·拉·封丹上尉的冒险经历》(*The adventures of Capt.* 135
De la Fontaine, late an officer in the service of the States-General)的英文译本。所以，休谟要么没有完全遭到阻挠，要么很快获得认可。

1754年，苏格兰文人结成“群贤会”(Select Society)这个社团，休谟是其创始人之一。莫斯纳说，“群贤会”的成员“大多是法律界、大学和教会的重要人物，其中也有一些优秀成员来自社交界”[1]。从11月中旬到次年8月中旬，每星期三晚上六点他们就在律师公会图书馆聚会，这显然是休谟的职位带来的便利。在1755年3月，《苏格兰人杂志》(*The Scots Magazine*)发表了《爱丁堡群贤会概述》这篇文章，告知公众：“这些绅士的目的就是通过实践提高推理和雄辩的能力，通过自由辩论去发现最有效的方法让这个国家人才辈出。”[2]

休谟还是“拨火棍俱乐部”(Poker Club)颇为活跃的成员。俱乐部举办非正式的聚会，成员们的讨论直率、坦诚。他们花一先令，就可以享受饶有兴致的谈话，喝着雪莉酒或干红葡萄酒，吃一顿美餐。历史学家罗杰·L. 爱默生(Roger L. Emerson)说，休谟喜欢“拨火棍俱乐部”“粗糙的坦率”胜过其他学会的温文尔雅。[3]亚当·弗格森(Adam Ferguson)是俱乐部这个稀奇古怪的名字的提议者，意在使俱乐部起

---

1 Mossner, *The Life of David Hume*, 281.

2 Rosalind Carr, *Gender and Enlightenment Culture in Eighteenth-Century Scotland* (Edinburgh University Press, 2014), 43.

3 文献出自埃米·库尔斯(Amy Cools)在《苏格兰的启蒙运动：爱丁堡的群贤会》(“Enlightenment Scotland: Edinburgh’s Select Society”)一文中的引述。ordinaryphilosophy.com, 2018年2月10日。

到挑拨、煽动的作用，针对当时“是否应当有常备民兵”这个迫在眉睫的政治问题发起热烈的讨论。俱乐部的成员在托马斯·尼克尔森（Thomas Nicholson）的小酒馆聚会［根据某文献所示，其位置在西弓街（West Bow）］。[1]

哲学家、讽刺作家、散文家托马斯·卡莱尔（Thomas Carlyle）告诉我们，休谟除了参加这些正式或非正式的俱乐部之外，他“时不时准备一些精致的便餐，以飨少数几位挚友……而其中最好的待客方式，是他那最悦耳的、充满教益的谈话，因为休谟总能将教俗两界中最博学、最
136 讨人喜欢的人聚拢在一起。……他擅长制造善意的欢笑和愉快的戏谑，无人能与他媲美”[2]。

1753年，休谟和姐姐迁入新居，住在杰克公寓（Jack's Land）里，这栋楼今天已不复存在。[3]要找到这个具体位置，着实艰难。詹姆斯·格兰特（James Grant）在19世纪80年代出版的《新旧爱丁堡》（*Old and New Edinburgh*）一书曾描述过这栋建筑。他说，这是“一栋石砌的公寓”，“在通往圣约翰街的拱道上有一座拱门，它就在拱门对面”[4]。如果信息准确，最初的大楼今天已荡然无存。今天，在通往西博尔德小道（Sebald Walk）的拱道边有一栋大楼，用当地浅黄色的石头建成的，颇具独特的艺术品味，但是，这显然是一栋新建筑。没有什么证据可以表明休谟和这个位置有联系。

此时，休谟已经过上衣食无忧的优渥生活。“我发现，我只要俭朴就能实现干净、温暖、明亮、富裕、满足的生活，”他写道，“你还想要什么呢？独立？我已经拥有最高级别的独立。荣誉？根本不缺！优雅？时间到了，自然就有了。妻子？这不是生活必不可少的前提。书籍？这

---

1 Mossner, *The Life of David Hume*, 285.

2 Ibid., 245.

3 Ibid., 244.

4 www.royal-mile.com/history/history-canongate.html.

倒是必不可少的，而且我所拥有的书籍足够我使用。总之，我发现任何一项重要的福气我都不缺乏，足够我享用。如果不是在哲学上付出艰辛的努力，我也许过着安逸、满足的生活。”[1]

哲学家的终结?

休谟接下来要做的事让他的哲学仰慕者沮丧了几个世纪。他写了六卷《英国史》，在1754年到1762年间陆续出版。休谟的历史叙事从1603年詹姆斯一世的统治开始，第二卷结束于1688年詹姆斯二世的统
治。休谟发现，人们接受这两卷书，于是他再往前追溯，撰写了都铎王 137
朝（1485—1603）统治下的英国历史，尔后又写了两卷，从尤里乌斯·凯撒（Julius Caesar）在公元前54年的入侵一直写到1485年亨利七世即位。

第一卷在发行之初销量惨淡，可是，第二卷销量很好，整套著作最终获得巨大成功，远胜过他的哲学著作。吉本的《罗马帝国衰亡史》于18世纪80年代问世，在此之前，休谟的《英国史》一直是英国出版史上最畅销的历史著作。吉本称休谟为“苏格兰的塔西佗”。法国人认为休谟是“英国的塔西佗”，可是，休谟这个骄傲的苏格兰人是不会喜欢“英国的”这个与民族有关的形容词的。[2]休谟仰慕罗马历史学家塔西佗，他本应当喜欢这个称号。休谟在《论品味的标准》（“Of the Standard of Taste”）这篇随笔里谈到，我们的偏好随着年龄而变化，“人在20岁时可能最喜欢奥维德；在40岁时最喜欢贺拉斯；到了50岁，最喜欢塔西佗”[3]。

---

1 *Letters of David Hume, Volume 1*, Letter 79.

2 Rasmussen, *The Infidel and the Professor*, 71.

3 “Of the Standard of Taste,” 29.

伏尔泰在1764年写道："这部《英国史》无论受到什么称赞都不过分，在所有用语言写就的历史著作中，它是最优秀的。休谟在他的《英国史》中，既不是议会派，也不是保皇派，既非英国国教的信徒，也不是长老会的信徒——他就是一位公允的法官。"[1]

这正是休谟追求的赞扬。休谟在自传《我的一生》里写道："我承认，我当时期待此书成功，颇为乐观。我想，能把现世的权力、利益、权威以民众充满偏见的呼声全然弃之不顾的历史学家，只有我一人；历史这个题材既然适合任何能力范围的人，我也期望获得与我能力相称的赞赏。"伏尔泰对休谟的公平公正颇为欣赏，但是并非每个人都欣赏休谟。休谟从不对任何人欢呼喝彩，结果就是任何人都会批评他。"人们
138 向我发出斥责、反对甚至厌恶的呼声；英格兰人、苏格兰人、爱尔兰人、辉格党人和保守党人、神职人员和各宗派人士、自由思想家和虔诚的宗教徒、爱国者以及宫廷朝臣，他们联合起来愤怒地指责我，就因为我对查理一世的命运擅自洒了一滴仁慈的泪。"[2]

正如他为了平息宗教批评家的盛怒而愿意"阉割"《人性论》一样，他也愿意务实地对《英国史》做一些删节。最令人瞩目的是，休谟在《英国史》的第一卷第一版描述斯图亚特王朝时，他谴责早期的新教，说它是狂热的，又说罗马天主教是迷信。因此，有些人认为这部作品持无神论的观点，因而弃之不理。休谟为了避免人们因为宗教而不阅读这部书，他在后来的版本里删除了这些篇章。[3]

诸如此类的争议并没有阻碍《英国史》成为畅销书。休谟的论文集也很畅销，即使在他去世之后依然热销。休谟书信集的编辑尤金·米勒（Eugene Miller）说，《关于几个问题的随笔和论文》（*Essays*

1 Mossner, *The Life of David Hume*, 318.

2 *My Own Life*, 11.

3 Mossner, *The Life of David Hume*, 305–306.

and Treatises on Several Subjects）在1777年至1894年间共发行16版，在他一生中，许多随笔和论文都被翻译成了法语、德语、意大利语，在美国也有销售。他的朋友约翰·霍姆（John Home）在休谟去世后曾说："他的论文集富含哲学思想，颇受欢迎，是深奥的科学和细腻的文笔之间罕见而幸福的联姻。"[1]

莫斯纳说，到了1757年，休谟"不但在英国北部而且在英国南部都是公认的最卓越的文人"。在法国，他也颇受赞誉；1762年，鲍斯威尔称他是"英国最伟大的作家"。[2]休谟凭借《英国史》获得同时代人的高度评价，但是，后代人却苛刻很多。曾有一段时间，人们公认休谟已经把注意力转向历史写作，认为他事实上已经放弃和他的才华最契合的哲学追求。休谟的学术传记作者詹姆斯·哈里斯说道，人们普遍认为"休谟早在1751年的年中……几乎已完成自己的哲学工作"[3]。这一年， 139
休谟重新修改《人性论》第三卷，以《道德原则研究》为标题发表了最新版。

这个观点最典型的代表是T. H. 格罗斯（T. H. Grose）。在休谟1889年出版的一部随笔集的前言里，格罗斯这样写道："我们回顾休谟的文学和哲学创作的历史，猛然发现，他对哲学的追求戛然而止。"格罗斯认为，休谟在1736年完成《人性论》时，他对形而上学的追求就结束了。那时，休谟刚刚25岁。到了39岁时，他对宗教哲学的贡献业已完成。从哲学上看，"此后他未曾添加任何东西"。格罗斯对这一点的解释表明，人们普遍认为休谟怀疑论的哲学观总体上是消极的。他拆毁了一切，要么将其重建，要么从废墟边一走了之。格罗斯认为，想要重

1　David Hume, *Essays, Moral, Political, and Literary*, ed. Eugene F. Miller (Liberty Fund,1987), xv–xvii.

2　Mossner, *The Life of David Hume*, 223.

3　Harris, *Hume: An Intellectual Biography*, 250.

建,“休谟当然没有这个意向,可能也无此能力”[1]。

“放弃哲学追求”,这一说法有几个可疑之处。首先,把休谟时代的科目划分视为我们今天使用的科目划分,纯属时代错误。我们已经看到,休谟一直想成为“文人”;文人所研究的、我们今天所说的历史、哲学、政治,在那时并非不同的科目,而是同一科目不同的方面。哈里斯说:“最好的做法是:不要把他(休谟)视为为了写随笔和历史而可能放弃或没有放弃哲学的哲学家,而是把他看成一个文人、一个哲学文人,他在作品中探讨人性、政治和宗教,撰写公元前55年至1688年期间的英国史。”[2]

这并非意味着要使用一种不同的学科分类系统。在休谟看来,研
140 究历史是研究哲学的一部分。**哲学要和其他学科一起延续,否则就会贫瘠、没有生机、无依无靠。**休谟着手撰写《英国史》时,他对勒布朗神父(Abbé le Blanc)说:“我在我所有的作品里都沉溺于哲学精神,这种哲学精神在历史中找到众多可以利用的资源。”[3]拉斯穆森解释说,休谟终生的事业是在《人性论》里开启的,那就是用实验的方法研究人性,旨在更科学地理解人性。[4]虽然你不能把人放在极端不同的环境里来做实验,你可以研究历史,观察他们在不同环境中的行为。因此,我们可以凭借历史这个手段去观察人性中的恒常因素,观察哪些因素因文化和政治环境的改变而改变。休谟写道:“学习历史似乎有三种益处,即愉悦想象、增长知识、加强美德。”[5]

---

1 “History of the Editions,” in *The Philosophical Works of David Hume*, ed. T. H. Green and T. H. Grose (Longmans, Green, and Co., 1889), cited in Hume, *Essays, Moral, Political, and Literary*, ed. Miller, xviii.

2 Harris, *Hume: An Intellectual Biography*, 2, 15.

3 *Letters of David Hume, Volume 1*, Letter 94.

4 Rasmussen, *The Infidel and the Professor*, 72.

5 “Of the Study of History,” 3.

有人认为，休谟的随笔标志着他远离了哲学。这个想法更令人生疑。许多严肃的作家探索日常生活中的事务，并竭力清晰简明地表达自己的观点，休谟似乎付出了和这些作家一样的代价。**不要把轻松的写作风格和浅薄的思想混为一谈。**事实上，在休谟的随笔里，小小的智慧宝石俯拾即是。许多随笔过时了，那只是因为探讨的具体话题我们今天不感兴趣而已。

休谟在自己的随笔里合乎情理地实现了“容易且明晰”的哲学和“精确且玄奥”的哲学这两者的完美结合。这两个概念是休谟在第一部著作《人类理解研究》中提到的。看来，休谟喜欢这样的区分，而且有几种不同的变化形式。他在另一篇随笔里说：“**大多数人类可分为两类：无法企及真理的肤浅的思考者；超越真理的玄奥的思想家。**”[1]休谟在一篇随笔里区分了“学问家”和“健谈者”，后者关注社交，具有“轻 141
松自如地运用理解力的倾向”。休谟说后者“甚为罕见”，“是最有用、最宝贵的人”，但是他对这两类人都提出了批评。玄奥的哲学往往关注抽象的概念，“无法应用于经济或付诸行动”，因此“当哲学家从阴暗处走到光天化日之下”，他的哲学就消失了。玄奥的哲学忽视了构成我们身份的情感和感情，也就无法正确描述生命和行动。但是，“容易且明晰”的哲学只不过是“用更美丽、更吸引人的颜色呈现人类的常识”；“如果一位作者只向我们呈现茶余饭后闲谈中可以获取的内容，这样的作者并无可取之处”[2]。容易且明晰的哲学让人们“完全摒弃所有深邃的推理”，因为两者相比，他们就认为深邃的哲学太难理解了。[3]

休谟的理想是把精确且玄奥的哲学中知识的严谨性与容易且明晰的哲学中清晰的风格和具有人情味的关注点结合起来。他非常渴望运

1　“Of Commerce,” 1.

2　Ibid.

3　“Of Essay-Writing,” 1.

用吸引人的写作风格。他在一封书信中批评一篇布道文稿，认为写演讲稿的人“既没有关注听的效果，也没有把握流畅、和谐的风格；先要表达清晰，才去考虑主要的装饰风格”[1]。风格永远服务于内容。**“我们若能把深奥的研究和清晰的推理、确凿的真理和新颖的方法调和起来，消弭哲学各派别之间的界限，此乃幸事！”**[2]可以说，休谟在撰写随笔时这方面做得最好。在《论随笔写作》（“Of Essay-Writing”）这篇文章里，休谟清晰地说，这是他的志向。他把学问家的世界和社交家的世界比喻成两个国度：“我不禁会把自己比作学术王国派到社交王国的一个侨
142 民或使者，把促进两国之间良好交流视为永久的职责，因为这两国如此地相互依存。”[3]

人们认为休谟的《人类理解研究》是他主要的哲学著作，但它基本上是对《人性论》第一卷材料的修订。这一事实说明，将休谟的随笔和人们以为的他的更严肃的著作区分开来，这是多么荒唐！休谟也叮嘱读者，就他的哲学观点来说，最完整可靠的陈述是《人类理解研究》而不是他更年轻时的作品。学者们对休谟的提醒漠然置之。然而，《人类理解研究》第一版的书名是《有关人类理解的哲学随笔》（*Philosophical Essays concerning Human Understanding*），书中十二章的每一章最初均自成一篇独立完整的随笔。有人会问：如果这部著作没有重新命名，随笔这种短小精悍的写作形式产生的偏见会不会阻碍读者认真看待这部作品呢？休谟向我们表示：**最好的写作将严谨的思想和清晰的表达、深奥的内容和轻松的风格融为一体。**

要驳斥“休谟事实上放弃了哲学”这个看法，还有最后一个理由：他一直修订、校订自己的作品，直至辞世。威廉·斯特拉恩（William

1 *New Letters of David Hume*, ed. Klibansky & Mossner, Letter 6.

2 *An Enquiry concerning Human Understanding*, 1.17.

3 “Of Essay-Writing,” 5.

Strahan）在给出版商的一封信中说："一个人用半生写一本书，半生太短；一个人用另外半生修改这本书，这半生也太短。"[1]哈里斯说："修改和创作一样，都是休谟文学生涯的重要组成部分。"[2]诚然，在哲学领域，第二个、第三个、第四个思想，至少和第一个思想同样重要；愿意修改和纠正是哲学家勤奋的标志，一个放弃思考的人不会这么做。休谟年轻时就意识到了这一点。他在《人性论》第一卷附录里说："一个没有犯任何错误的人，除了他的理解正确以外，不能自求任何其他的赞美；而一个纠正错误的人既表示他的理解正确，又表示他的胸襟光明磊落。"[3] 143
也就是说，**观点正确，说明你智力出众；观点错误，但承认错误并从中汲取教训，说明你品格高尚**。

休谟因为《英国史》的成功而多写了几卷，卷数超出了他最初的计划。1759年，他似乎不愿意再撰写后来成书的两卷史书。他对斯密说，他签了合同，"主要是防止无所事事……就钱来说，我已经足够富有；就名声来说，我所撰写的，如果写得好，会使我足够有名；如果写得不好，我现在不太可能比以前写得更好了"[4]。事实上，斯特拉恩想让休谟撰写更多卷史书，比他最终写成的还要多。大约在1768年，休谟坦诚地解释他为何不再写史书了："我太老，太肥，太懒，太有钱。"[5]

1762年，休谟在伦敦住了几年之后回到爱丁堡，购置了劳恩市场北面詹姆斯邸宅（James Court）的三楼。休谟这次迁居给我印象最深的是，杰克公寓、里德尔邸宅和这里近在咫尺。休谟在苏格兰的首府曾经居住的这三个地方相距不超过一英里。爱丁堡委实是一个紧凑的城市，知识分子互相都认识。

1　*Letters of David Hume, Volume 2*, Letter 511.

2　Harris, *Hume: An Intellectual Biography*, 23.

3　*A Treatise of Human Nature*, Appendix, 1.

4　*Letters of David Hume, Volume 1*, Letter 169.

5　Mossner, *The Life of David Hume*, 556.

詹姆斯邸宅这个地址赫赫有名，从这里放眼望去，爱丁堡这座城市一览无余；在这里也可眺望利斯港、福斯湾和法夫山。休谟说："我从窗户一眼望见柯科迪。"[1]詹姆斯邸宅拥有宽敞的四方形庭院，享受私有的污物收集者，因此这里的居民无须依赖市政运走粪便等污物。这样的服务足以显示休谟在社会地位上的腾飞，实在出人意料！

144 然而，这个区域在18世纪末开始衰败，因为爱丁堡的富人都迁去了新城。从一块纪念匾可以看到，休谟居住的那栋楼，后来鲍斯威尔也住过，但是最初的那栋楼在1857年因遭遇火灾而损毁。然而，詹姆斯邸宅原先宏伟的气势犹在，今天依然是典型的遗址。詹姆斯邸宅和位于劳恩市场另一面，距此地不足50英尺的里德尔邸宅一样，都是从主路边狭窄的通道进来的。走出通道，你周围就是灰色石头建成的七层（包括地下室）公寓楼，楼房周围绿树成荫。这里是市中心的一片绿洲，办公室文员和劳动者穿着荧光色的制服坐在这里吃三明治、喝咖啡。广
145 场恢复了宜人的环境，再次归功于帕特里克·格迪斯。格迪斯似乎有一种习惯，他总是拯救休谟故居，使其免于荒废。1886年，格迪斯和家人迁入詹姆斯邸宅，开始修复这栋房子。格迪斯心存愿景，想把城镇居民、大学师生、高等学府和劳工阶层融为一体，修复詹姆斯邸宅乃是这个愿景的一部分。[2]

那些年，休谟结交了同时代一些最重要的思想家。和他成为好朋友的，有保守派思想家、政治家埃德蒙·伯克，也有本杰明·富兰克林。他有可能在威廉·斯特拉恩位于伦敦的家里幸得邂逅富兰克林。根据拉斯穆森所述，1759年，富兰克林在爱丁堡休谟的家里逗留了将近一个月。[3]

1 *Letters of David Hume, Volume 2*, Letter 432.

2 ewh.org.uk/iconic-buildings-and-monuments/james-court/.

3 Rasmussen, *The Infidel and the Professor*, 152.

图14　位于爱丁堡的詹姆斯邸宅，休谟于1762年迁居到这里

三年后，富兰克林在休谟的恳请下为爱丁堡哲学学会写了一篇文章。因富兰克林不在场，论文是由他人宣读的。[1]这篇论文的主要内容是如何使用避雷针有效保护房屋不受雷击。[2]论文读起来有点儿像从"自己动手干活"的手册上撕下来的一页纸。"在铁棒粗的一端留一个结实的眼儿或半英寸直径的环儿；把这个铁棒垂直固定在烟囱上或房屋最高的位置；用U型钉稳稳地固定。铁棒长度为三四英尺，尖头朝上"，如此云云。[3]休谟回信，将哲学学会两位成员（其中一位八天后仙

1　Mossner, *The Life of David Hume*, 394.

2　*New Letters of David Hume*, ed. Klibansky and Mossner, Letter 33.

3　*Essays and Observations, Physical and Literary, read before the Philosophical Society of Edinburgh*, vol. 3, ed. G. Hamilton & J. Balfour (1771).

逝了)提出的改进意见告知富兰克林。玛丽·米奇利(Mary Midgley)认为,研究哲学如同做管道工作,我并不认为她内心是这样想的。但是,她的话提醒我们,哲学在18世纪还不是从科学和人文学科分离出来的独立科目。哲学家和设计师一样,都可以讨论避雷针的设计。

人们逐渐称休谟为“爱丁堡的苏格拉底”。但是,他有朋友也有敌
146 人;反对他的人都是因为神学原因而非个人原因。1761年,罗马天主

图15 休谟私人图书馆的藏书者标签,威廉·扎克(William Zachs)的收藏品

教禁书索引添加了一条：大卫·休谟，所有著作。[1]

休谟看似很充实、满足、安定。在1761年的某一天，他写道："事实上，我现在有资格享受在火炉边手捧一本书了。"[2]就在同一天，他在另一封书信里说，他是"一个隐士、一个苦行者，不再执着于理想，不再渴望快乐，日复一日地失去追求理想的资格，只能闲逛、读书、偷懒"[3]。但是，休谟并没有过安定舒适的生活，他很快放弃居家的幸福日子，第二次长期旅居法国。 148

1 Mossner, *The Life of David Hume*, 228, 403.

2 *Letters of David Hume, Volume 1*, Letter 187.

3 *New Letters of David Hume*, ed. Klibansky & Mossner, Letter 32.

第四章
保持我们的人性

总的来说，宗教中的错误是危险的；哲学中的错误只是可笑而已。[1]

巴黎的呼唤

休谟过上了安定的日子，但是，他依旧热爱法国，巴黎对他有特别的吸引力。在18世纪50年代末，他这样描述法国的首都："对我来说，不去那儿反而更安全，因为我有可能一辈子都住在那儿。"[2]自从他为了去拉弗莱什而首次抵达兰斯开始，他就对法国及其人民充满高度的敬重。那时，一个苏格兰人喜欢法国，这可能司空见惯。这两个民族显然有某种亲密关系。几十年后，英国记者、剧作家爱德华·托普翰（Edward Topham）上尉写道："那种欢乐活泼的气氛，那种敏捷锐利的眼神，那种愉快的精神，这一切让法国人与众不同，可这一切在苏格兰同样可以看见。"在大街上遇到朋友互相亲吻，这不是英格兰的风俗，但在

1 *A Treatise of Human Nature*, 1.4.7.13.

2 *Letters of David Hume, Volume 1*, Letter 156.

法国和苏格兰，人们对此习以为常。[1]

1763年，休谟受邀陪同赫特福德勋爵出使法国，担任这位大使的秘书。此时，在法国短期居住的机会就来了。"七年战争"于1756年爆发，英法两国停战不久，赫特福德勋爵是和平年月第一个访问法国的英国大使。此时，休谟的许多著作都已经译成法语，他在法国人心目中已经是著名的思想家。[2]比如，我有幸阅读过的一本年代已久的法语老书就是两卷本的《休谟政治论文集》(*Discours Politiques de Monsieur Hume*)。他的政治论文的译本是1754年在阿姆斯特丹出版的；休谟重返巴黎是在这10年以后。到了1764年，他的大部分著作都是再版的。1764年，他的《道德和政治论文集》(*Essais Moraux et Politiques*)的版本已是第二版，他的《哲学论著》(*Œuvres Philosophiques*)也是一个新版本。休谟的作品广泛地出版、再版。 149

酒商约翰·斯图亚特(John Stewart)在1759年对休谟说，在法国，"这里的名流雅士、身份高贵的人因为我是您的朋友而格外厚爱我，对我的敬重远超任何外来的人"。安德鲁·斯图亚特·托兰斯(Andrew Stuart Torrance)曾说，休谟"在这里受到如此的尊崇，如果他还不马上动身来巴黎，他肯定是冷血动物"。埃利班克勋爵(Lord Elibank)写道："没有哪一位作家一生中曾获得您当下在巴黎享有的如此崇高的声誉。"[3]

休谟将造访法国，这显然让许多法国人内心澎湃。有一个人特别鼓励休谟前来法国，那就是社交圈的重要人物——沙龙女主人巴芙勒(de Boufflers)夫人。沙龙是巴黎启蒙运动的一个独特的机构。知识分子和艺术家常常在女主人的家里聚会；这些女主人充当协调人，协助学

1 Mossner, *The Life of David Hume*, 560.

2 Ibid., 423, 441.

3 Ibid., 242.

术讨论顺利进行。睿智的女人要参加严肃的学术活动，成为沙龙女主
150 人是不可多得的机会；许多聪慧的女人很乐意抓住这样的机会。

从许多方面看，巴芙勒夫人都是巴黎最高级沙龙的女主人。[1]她博览群书，崇拜休谟。1761年，她曾首次致信休谟，在信中极尽溢美之词："先生，我用毋庸置疑的诚意向您保证，依据我的判断，我尚未发现有哪一本书能像您的著作那样尽善尽美。"她如此写道："它表明真正的幸福和美德息息相关，使人深受启蒙；在此基础上，它启示了什么才是每一个理性存在物的目的，唯一的目的。"

有趣的是，她添加了一句评论："到目前为止，所有这些崇高的智慧远非一个女人所能理解，因此，我还是少说为妙。"[2]巴芙勒夫人不可能真的相信女人不能透彻理解男人的哲学作品。我们只能假定，这样的评论旨在反映当时人们普遍的看法，即女人的头脑不合适玄学和哲学思考。在人类历史的大部分时间里，大多数文化都认为女人在智识上不如男人，在18世纪的法国也不例外。

我在巴黎最古老的咖啡馆普罗可布（Le Procope）吃午餐时想到了这一点。许多哲学家都会来这里喝咖啡、谈话。没有任何记录说明休谟来过这里，不过，倘若他在巴黎逗留时一次也没有走进这家咖啡馆的门，肯定令人吃惊。今天这间咖啡馆以历史为营销手段，引诱那些渴望和伏尔泰、维克多·雨果以及《百科全书》撰稿者*（*encyclopédistes*）的灵魂一起用餐的游客进店用餐。食物味美，但是餐馆的经营者轻轻松松就添加了"怀旧税"，抬高了饮食的价格。要想沉湎于历史，付钱是值得的。上楼去厕所，你会看到墙上以油漆喷写的伏尔泰的一则格

1 Mossner, *The Life of David Hume*, 456.

2 Ibid., 425.

* 《百科全书》撰稿者指18世纪法国一些启蒙思想家在编纂《百科全书》的过程中形成的以狄德罗为核心的学术团体。其中主编为狄德罗，副主编是让·勒朗·达朗贝尔。——译者注

言:“女人就像金属的风向标:她们待在原地生锈。”(*Les femmes sont comme les girouettes: elles se fixent quand elles se rouillent.*)当时盛行厌 151
女症,即使是最开明的思想家、聪慧女人的朋友,他们中间也有厌女症。

但是,为什么巴芙勒夫人认为有必要承认这种公认的看法?如果这封信是他们第一次接触,她不太可能说俏皮话,不太可能确信休谟会领悟其中的讽刺意味。她是否感到承认身份低微,便不会让休谟觉得她写信讨论他的哲学算不上一种冒昧?她毕竟是一个女人,且比他年轻14岁。她坦白自己能力不足,也许在考验休谟,那么,他表面上信了她的话,还是平等地把她看作知识分子?

对此,我们不得而知。休谟在给巴芙勒夫人回信时并没有直接提及她女性的身份。他说自己受到她的表扬,深感荣幸,因为像她这样“写作能力如此好的人”“肯定对他人的作品有良好的评判眼光”[1]。我们从休谟的其他作品中可见,他尊重有学问、有智识的女人。他在《论爱情和婚姻》这篇随笔里说,男女双方如果“像同一身体上两个平等的肢体,完全平等地处理一切事情”,这是最好的。[2]然而,“平等”的定义并非都是一样的,休谟相信,女人的优点和男人不同,这有时让她们更具优势。他说:“有理智、有教养的女子对一切高雅作品的判断远胜过同等理解力的男人所做的判断。”“高雅”作品指的是文风而不是内容,这说明,女作家的优势在于她们的审美情感,不在于她们学术的严谨。这
样的褒扬是一种隐含讽刺的恭维。但是,休谟紧接着说:“我们的邻国 152
以良好的品味以及对女性的尊重而著称。”他指的当然是法国。“从某种意义上说,这里的女士既是学术界的君主又是社交界的君主。没有某些著名女评论家的认可,高雅作家不敢贸然面对公众。”事实上,他继续写道:“唯有在一个问题上,我往往不相信女性的判断,那便是她们对

1　*Letters of David Hume, Volume 1*, Letter 184.

2　“Of Love and Marriage,” 6.

描写风流韵事和委身信仰的书籍做出的判断。”[1]

休谟极为宽厚，他暗示自己相信男女不同但是平等。他在《人性论》里说，女人天性更具怜悯心，“她们看见闪亮的刀刃就会晕倒”，“极端怜悯眼前那些悲伤和痛苦的人”。但是，休谟把这种怜悯心描述为“妇女和儿童”共有的“弱点”，而且清楚地说明，在这个意义上，男人更坚强，更具优势。[2]休谟在一篇随笔里直截了当地说：“大自然赋予男人的智力和体魄超过女人，因而也赋予男人高于女人的地位。”[3]他在《论灵魂不朽》这篇随笔里说：“女人能力较差，这很容易解释。女人的家庭生活不需要她们具备更高的智力和体力。”[4]休谟也有其他著述表示，“女性具有温柔多情的气质”，“妨碍了她们的判断力”[5]。

休谟对女性最居高临下的言辞也许莫过于这番话：“我最真诚地建议我的女性读者学习历史；学习历史是最适合女性性别和教养的一种消遣，比她们通常阅读的消遣读物更有教益，比她们书橱里通常所藏的严肃书籍更有趣。”[6]休谟可能自己也怀疑这段话里的智慧，因为他的作
153 品后来的版本删除了这句话。

有人说，法国哲学家对女人的看法更开明。但是，《百科全书》中论“女人”的若干条目则呈现了与之相反的看法。有一条说：“男人，源于其性别特权和禀赋的力量，自然能够从事各种职业，参与各种活动。然而，女人，因其性别的软弱和天性的娇柔，与许多活动无缘，也没有能力参与某些活动。”另有一条说：“即使她口吐真理，也是模棱两可的”，而且“女人有报复心”。事实上，狄德罗曾撰文，讨论男人如何不公正

1 “Of Essay-Writing,” 7.
2 *A Treatise of Human Nature*, 2.2.7.4.
3 “Of the Rise and Progress of the Arts and Sciences,” 40.
4 “Of the Immortality of the Soul,” 17.
5 “Of Essay-Writing,” 8.
6 “Of the Study of History,” 1.

地对待女人，谴责教育带来的许多社会不平等现象。但是，即使在这个时候，狄德罗依然写道："她们很少具有系统性，总是受控于当下。"一个女人"缺乏坚定性，而坚定性，无论是天生的还是后天的，都让我们对未来做好准备"[1]。

休谟在他的一些著作里呈现了更加开明的思想。在他的随笔《论多妻制和离婚》中，他坚持认为："以为婚姻千篇一律，只许可一种模式或形式，这纯属迷信。"休谟认为，"由于环境多种多样，法律也提供不同的有利条件，我们发现，在不同的时代和地方，法律对婚姻这一重要契约规定的条件也不尽相同"[2]。休谟质疑"男性的主宰权"，认为它是"不折不扣的篡权"，"摧毁了两性间的亲密关系，更不用说也破坏了大自然在两性间建立的平等关系"。他得出结论说："若女人没有自由来安排自己的生活，像最低贱的野兽一样遭到买卖，那么，求爱，这种生活中最令人愉快的场景，亦不复存在。"[3]今天的读者看到这番话，谁不拍手称赞呢？休谟甚至为离婚辩护："有一种结合，最初因相爱缔结而成，而现在，事实上，因互相仇恨而消解。强行维持这样的婚姻是最残忍的 154
事情。"[4]

然而，你继续往下阅读休谟的作品，就会知道他只是在为他那个时代的道德观念应当发生的变化做最佳辩护。虽然他认为自己提出的都是绝妙的理由，但在得出结论时，却有三种考虑决定性地占据了上风：第一，为了孩子，必须维持婚姻；第二，我们需要限制自身的自由，把变化无常的激情培养成持久婚姻所需要的那种淡泊冷静的友谊；第三，如果夫妇双方不把命运完全紧密地结合在一起，就会出现利益冲突和分

1 "On Women" (cf. "Sur les femmes"), cited in Philipp Blom, *A Wicked Company* (Basic Books, 2010), 227.

2 "Of Polygamy and Divorces," 182.

3 Ibid., 184.

4 Ibid., 16.

歧。婚姻的和谐需要稳固的有约束力的承诺。因此,休谟下了这样的结论:“排斥多妻制和离婚,这足以说明当今我们欧洲人在婚姻上的做法值得称赞。”[1]我们再次看到,休谟比较保守的天性终获成功。

休谟大体上支持他那个时代的父权思想,相信这些思想是自然的,不是社会构建的。他在《人性论》里提出这样的论题:“人的想象自然而然地转向一切重要、重大的事物;当一小一大两个对象呈现在想象面前时,想象通常舍弃前者,而完全专注于后者。”比如,我们更关注歌唱家而忽视伴奏的乐手,注视最高的山峰而忽视其周围较低的群山,等等。这么说有些道理,但是休谟可能言过其实了。为了举出例证,休谟说我们往往注意丈夫,忽视他的妻子,或者说,我们“想到孩子往往就想到父亲,并非想到母亲”[2]。休谟这么举证,肯定大错特错。如果他说的是
155 真实的,这只能反映社会中根深蒂固的厌女症,而不是男性有什么实际的优势。休谟没有注意到这一点,这加重了他的不足:也许他本应意识到自己的厌女症倾向,但他并没有。休谟在《人类理解研究》的第一章写道:“做一个哲学家吧!但是,在你全部的哲学思维中,你仍要做一个男人(a man)。”[3]幸运的是,这则箴言很容易升级为:**做一个哲学家吧!但是,在你全部的哲学思维中,你仍要做一个人(a human being)**。原文中的性别特征暗示了一个恶作剧式的转折:**他可能是一个哲学家,但是,在他全部的哲学思维中,他依然实实在在地是一个男人。**

无论巴芙勒夫人如何理解休谟对女人的态度,她都非常渴望去见休谟。1763年4月,她前往伦敦,首要目的是见休谟。然而,休谟此时正好在奈恩韦尔斯。巴芙勒夫人原本打算在伦敦逗留两个月,延长在这里居住的时间,希望见到休谟,但是,休谟并未让她如愿。[4]这看起来

---

1 “Of Polygamy and Divorces,” 22.

2 *A Treatise of Human Nature*, 2.1.9.13.

3 *An Enquiry concerning Human Understanding*, 1.6.

4 Mossner, *The Life of David Hume*, 431–432.

像是侮慢，但是巴芙勒夫人似乎承受得起。（请谨记，要从爱丁堡乘马车到伦敦至少需要休谟花两天甚至更长时间。）休谟最后到达巴黎时，巴芙勒夫人热烈地欢迎他，绝对看不出休谟曾经对她有过任何的冒犯。

休谟决定接受赫特福德勋爵的邀请，这似乎因为休谟经过判断认为，在此次新任务中，他不会损失什么，反而有可能收获颇丰。在动身去法国前，休谟致信亚当·斯密："我在这个岁数还走进一个新圈子去尝试好运，这太滑稽了。但是，我暗自思忖，我在一定程度上已经放弃了一个文人所有的工作，决意把我未来的生活全部交托给娱乐，此次跟随赫特福德勋爵这样品格高尚的人一起出行，没有比这更完美的消遣了。"[1]

然而，有迹象显示，休谟在为启程做准备时依然对自己的决定喜忧
参半。出发的日子临近，他一开始很兴奋。"我要奔赴世界上我一直最 156
仰慕的地方。"他写道。[2]在出发前的一个月，他到了伦敦，此时，他向斯密吐露心事："我失去了轻松、闲适、遁世隐退的独立生活，感到遗憾；我回顾过去，深感惋惜；我展望未来，感到不情愿。"[3]此后不到一星期，休谟致信巴芙勒夫人，又充满信心地认为自己做了正确的决定："我有许多理由感谢赫特福德勋爵，尤其是他把我从慵懒怠惰的状态中唤醒过来，而我原本错误地以哲学的名义美化这种状态……我现在发现，一个人接触社会才是最好的。"[4]也许他准备好了一切，只是除了他最亲密的朋友，其他人都还不知道。更可能的是，他实实在在左右为难。我们已经看到，休谟一生中既渴望相对安静的独处的生活，又享受与有智识之人欢乐的交往。正是巴黎的吸引力让他到达前紧张不安：有那么多值得交往的有智识之人，要逃开巴黎委实太难了。

---

1 *Letters of David Hume, Volume 1*, Letter 211.

2 Ibid., Letter 214.

3 Ibid., Letter 213.

4 Ibid., Letter 216.

好人大卫

赫特福德勋爵及其随行官员于1763年10月13日离开伦敦，次日在多佛启航去法国。东南风过于强劲，他们无法在加莱靠岸，只好在布洛涅登陆。[1]休谟晕船，在穿越海峡的航行中，再次承受了煎熬。

休谟在巴黎颇受赞誉。他在巴黎逗留三日，又在巴黎南部，距离市中心35英里处的枫丹白露（Fontainebleau）皇家宫殿住下，刚住两天，他
157 就致信斯密说："我在这里，处处享受到世上最虚荣的人希望或渴望得到的最非同寻常的荣耀。"[2]两周以后，休谟依然和宫廷的人在一起生活，他又写信给亚当·弗格森："自皇室以下，法国人通过每一种充满敬意的表达，仿佛衷心地让我相信，他们认为我是世上最伟大的一位天才。"[3]字里行间洋溢着有些难为情的自豪感。休谟表面上感到满足，可是，正如莫斯纳所述，"恣意的恭维"排山倒海向休谟袭来，奉承和无休止的大型社交聚会让休谟苦不堪言。他充满倦怠地在信中说："我想，这正如其他狂风骤雨般的情感，终将过去，随之而起的慌乱和放荡让我体会的痛苦远大于愉悦。"[4]1764年3月，他回首往事，无不懊悔地说："我一开始允许自己匆忙走进如此眼花缭乱的人群，结果发现很难再隐退到一个学会里，可是没有学会就没有真正的享受。"[5]

休谟的法语一开始不甚流利，交流有些吃力。他担心因语言能力不足而无法胜任工作，故此考虑辞去职务。但是他发现，他的法语很快就流利了，语言中的错误还有苏格兰口音只会让宠爱他的法国人更爱

1 Mossner, *The Life of David Hume*, 440.

2 *Letters of David Hume, Volume 1*, Letter 222.

3 Ibid., Letter 223.

4 Ibid., Letter 227.

5 Ibid., Letter 233.

慕他。[1]休谟热爱法国，可是他从未完全熟练运用法语。莫斯纳说："即使到了后来，休谟用法语交流时也不流利。他浓重的苏格兰口音，终生未改，让听者有时烦恼，有时愉悦。"[2]

很快，痛苦和愉悦的平衡决定性地转向积极的方向。他成功地缩小了社交圈，只接触让自己感到舒适的人，不再面对那种"心不在焉的愚蠢的仰慕"。极大的幸福如期而至。"我吃的是珍馐佳肴，饮的是琼浆玉露，我嗅着芳香，双脚踏着花朵向前走。"[3]11月23日，他写信给自己的朋友韦德伯恩牧师说："我每天让自己更顺从这个地方，期待不久的将来成为一个巴黎人。"[4]1764年6月，他写道："我继续在这里快活地生活，无暇对任何场合感到厌倦。在公务之外，我周围都是有学问的人，伟大的人物，尤其是女士，我感到自己所有的时间都填满了。"[5]看来他一如既往地充满了热情。 158

休谟赞赏法国人，这和他对英国首都居民灰暗的看法形成鲜明的对比。他称英国首都的居民是"伦敦结党营私的野人"[6]。这种苛刻的判断似乎是陈旧的看法，而不是一种愤怒的表达。他在另一封赞美巴黎的书信里重复了自己的看法："这儿的人，文学品味不腐朽、不堕落，和居住在泰晤士河畔的野蛮人迥然不同。"[7]1765年，他对斯密说："伦敦是我祖国的首都，但是它从不讨我喜欢。那儿的人不尊重文学，他们讨厌苏格兰人，他们的迷信和无知与日俱增。"[8]他总体上不看好英国人的文化修养，说他们缺乏"卓越而敏感的品味"或者缺乏"对艺术魅力产生

1 Mossner, *The Life of David Hume*, 443, 447.

2 Ibid., 98.

3 *Letters of David Hume, Volume 1*, Letter 225.

4 Ibid., Letter 224.

5 Ibid., Letter 242.

6 Ibid., Letter 225.

7 Ibid., Letter 237.

8 *New Letters of David Hume*, ed. Klibansky and Mossner, Letter 65.

的情感”[1]。休谟致信伦敦的出版商斯特拉恩说:“在英国日复一日,你会发疯:这一代窝囊废会在愚昧中自我毁灭。”[2]休谟年纪愈大,判断愈犀利。1773年,他在一封信中表示,英国在17世纪以前是一个未开化的国家。休谟讲究饮食,对食物的烹饪有些讲究,他说:“即使在品味高雅的伊丽莎白女王执政期间,英国都几乎没有一块上乘的烤牛肉,更不消说自由了。”休谟提起亨利八世的第一任妻子、可怜的阿拉贡女王凯瑟
159 琳,说“她想吃沙拉,可是在整个英国居然找不到一盘沙拉”[3]。

休谟写道,巴黎是“高雅艺术品味的中心,这里男士对女士殷勤,可以结交良师益友”[4]。巴黎沙龙中知识分子的生活给他带来巨大的愉悦。莫斯纳描绘了沙龙这一独特机构浪漫、迷人的情景:“在沙龙里,所有人都会优雅、谦逊地互相学习;在艺术、智识、社会地位上,人人平等。世袭的贵族面向才华赋予的自然贵族时,鞠躬请教;资助有才华之人是出身高贵、家产万贯之人的特权。”[5]很难想象还有比沙龙更契合休谟癖性的氛围了。

我们已经知道,这些沙龙都是由女人主办的。休谟出没于巴芙勒夫人、乔芙兰夫人(Mme. Geoffrin)、德芳夫人(Mme. Du Deffand)、朱莉·德·莱斯皮纳斯小姐(Mlle. Julie de Lespinasse)主办的沙龙里。这些主办者都是中年女人;休谟说她们是“年过30岁”、“有理性和知识的女性”。她们无法容忍那种清一色男性的聚会中喧闹猥亵、粗俗不堪、堕落的氛围。休谟说,在沙龙里“几乎听不到带猥亵含意的双关语,也听不到放肆的玩笑”。然而,这并非意味着她们是传统女性贞洁美德

1 “Of Eloquence,” variant reading in *Essays, Moral, Political, and Literary*, ed. Eugene F. Miller (Liberty Fund, 1987), 622.

2 *New Letters of David Hume*, ed. Klibansky and Mossner, Letter 101.

3 Ibid., Letter 110.

4 Ibid., Letter 43.

5 Mossner, *The Life of David Hume*, 448.

的典范。“在这张面纱下面，并不像寻常想象的那样纯粹”，休谟有些隐晦地说。[1]

这些女士不愿意扮演社会分配给她们的端庄娴静的角色。她们不像休谟那样小心谨慎，不屑于掩盖自己的动机。莱斯皮纳斯是休谟最崇拜的启蒙哲学家达朗贝尔（d’Alembert）的情妇。[2]他们智识的结合形成的重量，再加上莱斯皮纳斯鲜明的个性，这使她的沙龙远超巴芙勒夫人的沙龙，是巴黎最受欢迎的沙龙。[3]

巴芙勒夫人摒弃传统的道德观念，这根本不是秘密。她为自己的沙龙拟定严格的“行为规范”，包括“恪守规矩、庄重得体”。但是，她并 160 不像自己制定的原则所暗示的那样纯洁无瑕。她的竞争者、另一位沙龙女主人德芳夫人曾刻薄地说：“这种高尚的道德原则和她的行为产生了反差，有些滑稽，也有些令人生厌；更滑稽的是，这种反差并没有令她惊骇。”卢梭在《忏悔录》里暗示说，巴芙勒夫人勾引他，而且在私人通信中的勾引更加露骨。[4]

这些话讲述的只是传闻和名誉，但是巴芙勒夫人和丈夫分居，是年长她7岁的孔蒂亲王（Prince de Conti）的情人，这是公开的信息。那是一个浪荡子辈出的年代，孔蒂亲王就是一个浪荡子，他对“温顺”的定义就是一段时间只有一个情妇。

休谟成为巴芙勒夫人的崇拜者。维尔德兰夫人（Mme. de Verdelin）告诉卢梭，休谟“疯狂地爱上了”巴芙勒夫人，许多人都这么认为。[5]休谟书信的编辑格雷格（Greig）并不这么肯定，他只是相信“有迹象表明，巴芙勒夫人曾经竭尽全力让休谟爱上她”。格雷格说，休谟“感到心烦

1 *Letters of David Hume, Volume 1*, Letter 233.

2 Mossner, *The Life of David Hume*, 476.

3 Ibid., 454.

4 Ibid., 456–457.

5 Ibid., 460.

意乱，受宠若惊，后来感到恐惧”，因为“这威胁到他认为比生命还珍贵的东西——他的独立性”[1]。

我们不知道休谟的心中是否激情荡漾，但是他致信巴芙勒夫人时，表达的爱慕之情有时也汹涌而起变成了激情。其中有一个最惹人瞩目的例子。巴芙勒夫人从休谟上一封信里感受到了对方的冷漠，于是修书一封，表达了自己受伤后激烈的愤怒之情。于是，休谟写回信时诚挚地表达了肺腑之言：“你可以将我碎尸万段，剁成肉泥，但是，我就像我的国家那些执拗的动物一样，至死都依恋着你，你也休想逃脱我的依恋。”[2]接下来的一封信，其中的激情有过之而无不及：“我希望，我永远不离开你居住的地方。”“没有哪个人能对你满怀如此温柔、如此诚挚的友
161 情，也没有哪个人如此真诚地渴望得到你同等程度的情感。”[3]然而，时间消磨了通信的热情。休谟此后一直和巴芙勒夫人保持着友情，但是，激情从他的书信中消失殆尽。他离开巴黎后，再也没有见过她。[4]

沙龙女主人之间常常没有丝毫的姐妹情感。德芳夫人憎恶乔芙兰夫人和莱斯皮纳斯小姐，一度要求休谟在她的沙龙和莱斯皮纳斯小姐之间做出抉择。休谟一向不讲宗派，他自然拒绝做出选择。他反驳道：“我无数次对你说过，我乐于爱朋友所爱，但是，要去恨朋友所恨，这多让人厌恶啊！”（这里包含一则箴言：**你乐意分享朋友的爱，正如你不愿赞同朋友的恨。**）德芳夫人不愿让步，休谟只好选择去莱斯皮纳斯小姐的沙龙，这使他进入了德芳夫人的敌人名单。[5]

尽管巴黎的沙龙有如此重要的历史意义，但它们的位置信息几乎是一片空白，这让我颇感惊异。只有位于圣奥诺雷街374号的乔芙兰夫

1 *Letters of David Hume, Volume 1*, xxv.
2 Ibid., Letter 247.
3 Ibid., Letter 257.
4 Mossner, *The Life of David Hume*, 473–474.
5 Ibid., 453.

人的沙龙有一个生锈的铜匾，说明她的沙龙原名是“圣奥诺雷街王国”（The Kingdom of la rue Saint-Honoré）。这个沙龙曾经招待过冯特奈尔（Fontenelle）、孟德斯鸠、伏尔泰、格里姆（Grimm）、达朗贝尔、爱尔维修（Helvetius）、马蒙泰尔（Marmontel）、霍尔巴赫（d’Holbach）、狄德罗等人，现如今这里是重新装修的办公街区。

沿着圣奥诺雷街走到239号，就会发现这里是露易丝·德·埃皮奈（Louise d’Épinay）在1748年至1762年间主持的第一个沙龙，之后不久休谟才来到巴黎。但是，这里并没有向游客提供什么信息。她的沙龙后来迁至绍塞当坦路（Chaussée d’Antin）5号，现在那里是通往巴黎大剧院的送货入口，也没有向游客提供与沙龙相关的信息。我们寻找德芳夫人的沙龙遗址时碰壁，没有结果。德芳夫人是在她位于圣约瑟 162
修道院的公寓里举办沙龙的，即今天的圣多明尼克街14号。这栋大楼今天为法国国防部所用，有极高的防御系统。从门的缝隙往里看，能看到一栋大楼，样貌好像以前的修道院。莱斯皮纳斯小姐的沙龙是在贝尔榭斯街（Bellechasse）的一个街角处，同样没有标志。[1]

心理学家

还有一处启蒙运动的地点今天已不复存在，那就是孔蒂亲王在巴黎的宅邸，即“圣殿”，是中世纪圣殿骑士团所建的堡垒。莫斯纳在其著作里说，孔蒂让巴芙勒夫人居住在拿撒勒圣母院路（le rue Notre-Dame-de Nazareth）朝北的一栋房子里，房子南面有一个古朴的花园；巴芙勒夫人就是在这里主持沙龙的。[2]可是这似乎是不可能的，因为“圣殿”早已拆毁，其位置和拿撒勒圣母院路并不毗邻。这可能不是莫斯纳的错

1　Mossner, *The Life of David Hume*, 452–453.

2　Ibid., 459.

误，因为时光荏苒，巴黎的街道名字也发生了变化，尤其是1853年启动的奥斯曼城市改造工程对巴黎进行了大规模的整修，使巴黎脱胎换骨。1870年，塞纳省省长奥斯曼被撤职，可是工程依旧进行。奥斯曼把“圣殿”的位置整改成巴黎的一个全新的广场。当然，巴黎有许多广场。今天的圣殿广场绿树如茵，是一个安静祥和的去处。但是，它在法国思想历史中曾经发挥的作用没有得到承认。

我徜徉于“圣殿”所在的区域，发现这里有许多心理治疗师。休谟在很大的意义上也是一个伟大的心理学家。他的遗产至少在这个方面依然留存。休谟做过的若干观察，几乎不算他的主业，但是实验心理学自此得到辩护。

例如，休谟说：“一个新近做过的实验，在脑海中记忆犹新，它比一
163 个记忆有些淡漠的实验对我们影响更大，无论对我们的激情还是判断都产生更大影响。”[1]人们后来称之为*近因效应*（recency effect），它是错误判断的一个源头。比如，虽然开车比乘坐飞机危险系数更大，但是，当美国人对2001年“9・11”恐怖袭击仍然记忆犹新时，许多人出行时尽量自己驾车而不乘飞机。对近期灾难的记忆让人们对飞行的恐惧远超过人通过理性判断感受的恐惧剧烈得多。休谟自己的“实验”依靠的就是对日常生活敏锐的观察，但是收获往往和后来学术中精心控制的实验一样有效。

另外一个认知偏向是*双曲贴现*（hyperbolic discounting）：即使未来回报更大，人们依然倾向于选择眼前的回报而放弃未来的回报。休谟精确地描述了这个现象，他说：“**我们有一种特质，使我们舍远求近，让我们在追求目标时，更多地依靠目标的环境而不是其内在的价值。人性中的这种特质最容易让我们在行事为人时犯下致命的错误。**”[2]尽管我

1 *A Treatise of Human Nature*, 1.3.13.2.

2 Ibid., 3.2.7.8.

们充分相信遥远的目标比近期目标更有价值，“我们却不能根据这种判断来调整自己的行动，而是顺从自身激情的诱导，因为激情总是呼吁我们去偏爱近期的、相邻的事物”[1]。因此，我们需要用法律约束契约。我们从上述两种认知偏见得知一个共同的原理：**主宰人大脑的是想象而不是理性，需要付出巨大的努力才能推翻这种主宰。**

休谟还有第三个与心理有关的伟大发现。“我们屡次提到人性的一个原则：人以巨大的力量执着于*通则*（general rules），我们总是奉行自己的行为准则而无视当初设立这些原则时遵循的理性。”休谟在这里描述了现代心理学家所说的*启发法*（heuristics）。人是认知的吝啬鬼。我们的大脑资源有限且宝贵，因此我们尽可能不费脑力。在具体 164
情况下，我们不会竭尽全力计算出最佳行动方式，我们更愿意依靠“经验法则”（rules of thumb）。如果我们不这么做，我们就无法行动，永远陷入寻找最佳方法的僵局里。但是，我们使用“启发法”也会付出巨大代价，因为我们有时会把总规律应用在例外的个案里。休谟认为付出这个代价是值得的。事实上，这个原则在政治领域和在人的心理领域一样有用。休谟论及政府时认为，我们遵循通则，不要破例，这很重要。无论案例的细节如何，法律以同样的方式适用于每一个人，法律只有这样才有效。即使那些倡导公民不顺从的人士也接受这个观点：他们违背法律，准备接受法律的惩罚，目的就是引人关注法律的不公正。

休谟是一个敏锐的观察者。他发现，我们往往高估自己的能力，倾向于把发生在我们身上的事情归因于我们的品格而不是偶然性或外部事件。这样的认知偏差是*基本归因谬误*（fundamental attribution error）。休谟论证说，准确了解我们的能力是有益处的，但是，高估或低估自己的能力，“若允许在哪一边出错，高估自己的价值则比低估对我们更有利。好运通常光顾那些勇敢、富于开拓精神的人，最能以勇气鼓舞自己

1 *A Treatise of Human Nature*, 3.2.7.2.

的莫过于对自己有良好的评价”。休谟辨别出这种认知偏向，并解释它的普遍性。与那些“对自我价值过于自负的人”（休谟谴责自负的心态）以及那些过于谦逊的人相比，稍微高估自己能力的人往往成就更大一些，事实的确如此。休谟说道，过分的谦逊“使谦逊的人内心常惴惴
165 不安”[1]。

然而，休谟还有一个与心理有关的伟大发现：我们愿意相信我们是根据合理论证下结论的理性之人，但是，我们许多时候只是使用智识将我们已经相信的东西理性化。人们常常把这视为现代心理学的一个伟大启示，但是，休谟的发现是在将近300年前。休谟说：“渴慕哲学的情感，虽然其目的在于纠正我们的礼仪，根除我们的恶习，但是，这种情感因管理不慎而会培养一种得势的倾向，由着自然性情的偏爱和倾向更坚决地把人心推向已经太偏的那一边。”我们“天性的懒惰……假借理性让自己获得彻底的、肆无忌惮的放纵”[2]。**不要被无处不在的理性思想愚弄：我们使用理性，而不是受理性支配。**

休谟是今天的进化心理学（evolutionary psychology）的先驱。那时，进化论尚未诞生，达尔文那深邃的思想尚未出现，但是休谟意识到，人类历史如此悠久，有些需求完全源自我们的生理和社会环境，人类的某些思想原则在满足这些需求的过程中逐渐发展。休谟曾在一篇著名的文章中暗示说，我们对美的理想与我们今天用进化论的术语所说的“适合生存”（fitness for survival）息息相关。“人类以及其他动物的美大多在于其各个肢体的协调配合、力量充沛、敏捷灵巧，使这个动物有能力行动或运动；我们凭经验发现，确实如此。肩膀宽、腹部瘦、关节结实、小腿纤细：所有这些在我们人类中都是美的，因为这些是力量和活力的标志，是我们自然认同的优势；这些特征在拥有者身上产生一种满

1 *A Treatise of Human Nature*, 3.3.2.8.

2 *An Enquiry concerning Human Understanding*, 5.1.

足感，并把同样的满足感传递给旁观者。”[1]休谟写这段话的时候尚年轻， 166
还比较瘦。有趣的是，他在重写《人性论》的第一卷并用《人类理解研究》这个书名出版时，他依然保留了这个腹部瘦（且平坦）的例子。在这个时候，按照他的说法，他腹部的观感已经无法给他人带来愉悦。[2]

我们的自然历史甚至解释了道德标准的出现。我们离休谟的时代已经有几百年之远，他的这个观点近些年已经流行起来。这个观点最清晰明了的例子就是休谟描述的有关妇女贞操的道德标准。就性的滥交来说，为什么社会对女性的谴责大于对男性的谴责？今天许多进化心理学家依然使用休谟提出的论证。这个论证是从观察开始的：“男人相信孩子真的是自己的，由此愿意为抚养、教育孩子而辛劳，所以，在这一方面需要给他们一些保证，这也是合理的。”休谟巧妙地解释说：“我们检查人体结构时，就会发现我们男人很难达到这种保证。”要保证这一点，演化而来的最有效的手段是让女人把社会对不贞行为的谴责内化为自我意识的一部分。“因此，要把适当的约束强加给女性，除了不贞行为单纯因违法而招致的耻辱以外，我们还必须给这种行为添加一定程度的耻辱，同时对她们的贞操予以相称的赞美。”[3]

我们把这一思想和休谟对启发法所做的探讨结合起来，很容易发现使用贞操标准约束结婚的育龄妇女，这会产生一个通则。这个通则“使我们逾越最初的原则，使我们把淑德（modesty）的理念推广至所有
女性，从她们幼年一直到她们年迈衰朽为止”[4]。 167

任何人只要认可休谟的哲学天赋，就会对他的心理学天赋感到吃惊。哲学和心理学这两个学科在19世纪末才真正分开，那时，德国人威廉·冯特（Wilhelm Wundt）于1879年在苏黎世大学建立了第一个实

1　*A Treatise of Human Nature*, 3.3.5.3.

2　*An Enquiry concerning the Principles of Morals*, 6.25.

3　*A Treatise of Human Nature*, 3.2.12.4.

4　Ibid., 3.2.12.7.

验心理学实验室。但是，学科的这种友好的分道扬镳对哲学并不友好。**要了解最好的思考方式，需要了解人事实上是如何思考的。**没有心理学的哲学就像不懂轮船的运作方式却尝试启航去世界遨游。

与无神论者交往

沙龙女主人并没有垄断巴黎知识分子的所有沙龙。圣奥诺雷街的摄政咖啡馆（Café de la Régence）就是一个学术思想为极活跃的场所。这里起初是巴黎皇家广场咖啡馆（Café de la Place du Palais Royal），是《百科全书》编纂者及其同事们特别重要的聚会地点。这些知识分子有伏尔泰、狄德罗、达朗贝尔、卢梭、马蒙泰尔和本杰明·富兰克林。在狄德罗1762年出版的对话体讽刺小说《拉摩的侄儿》（*Neveu de Rameau*）中，他把这间咖啡馆设为第一场对话的背景，从而使这间咖啡馆化为永恒。小说的叙事者说："逢到天气太冷或者雨下得太大，我就躲进摄政咖啡馆，以观看别人下棋为消遣。巴黎是全世界棋下得最高明的地方，而摄政咖啡馆则是全巴黎棋下得最高明的地方。"自从1715年开始，摄政咖啡馆举办过若干次赫赫有名的象棋联赛，这是事实，不是虚构。1844年8月26日，马克思和恩格斯在这里第二次会面。[1]

没有具体的证据显示休谟曾经造访这间咖啡馆，但是，假如他从未
168 踏入这样一个巴黎知识分子经常聚会的地方，那也是非同寻常的。可是，在今天，我们很难找到这家咖啡馆精确的位置。讲述巴黎历史的一个网站把它定位在圣奥诺雷街155号。然而，这个地址现在是德拉曼书店（Librairie Delamain），书店对这段所谓的历史一无所知。我在其他资料里看到，咖啡馆位于科莱特广场（Place Colette）和圣奥诺雷街西边的角落里，但是此处的位置也不符合这个描述。更令人迷惑不解的是，圣

1 wikipedia.org/wiki/Café_de_la_Régence.

奥诺雷街167号有一家摄政咖啡馆尚存，但是，这家咖啡馆并没有称自己是最初的摄政咖啡馆，它看上去只是利用这个名字发出的历史共鸣。事实上，最初的那家咖啡馆也是流动的，它曾经于1852年搬迁至黎塞留街（rue de Richelieu）21号道顿旅馆（Hôtel Dodun）里，之后又在1854年迁址到圣奥诺雷街161号。

我们知道，休谟的确造访过保尔-亨利·提利·霍尔巴赫男爵（Paul-Henri Thiry, Baron d'Holbach）的家。知识分子的头面人物在每个星期日、星期四都聚在霍尔巴赫的家里，一边享受美酒佳肴，一边高谈阔论。霍拉斯·沃波尔（Horace Walpole）说霍尔巴赫是“一位招待全欧洲的男主人”[1]。

曾经举办过沙龙的建筑物，目前尚存的寥寥无几，霍尔巴赫的宅邸就是其中之一。它如今依然耸立在磨坊街（rue des Moulins）8号，过去这里是圣洛克山的皇家街。我来巴黎参观时，看到霍尔巴赫的宅邸分成几个不同的商业办公室。这里的二楼是特雷博赛和范·莱利维尔德（Trebosc & van Lelyveld）美术馆，让我产生了浓厚的兴趣。美术馆展出的作品是从文艺复兴一直到20世纪初的欧洲雕塑。美术馆的主人是阿尔弗雷德·范·莱利维尔德（Alfred van Lelyveld）和奥利维尔·特雷博赛（Olivier Trebosc），他们带领我参观了霍尔巴赫曾经接待客人的几乎所有的空间。这栋建筑具有典型的18世纪的布局风格，天花板高的这一层楼那时是用来招待客人的，就是现在的美术馆，有三个面积不大但是优雅的房间。最大的房间可以直接从楼梯走进去，那里应该是以
前的餐厅。尽管范·莱利维尔德告诉我，像这样的餐厅当时是不存在 169
的，可是，这里应该是放置餐桌的地方。这个房间安装的是法兰西风格的落地窗户，有一个巨大的大理石砌的壁炉。可以想象，这样大的空间可以舒适地容纳12个人，不过，没有多余的空间，所以，在这里举办沙龙

1 Mossner, *The Life of David Hume*, 476.

会有些许亲密的感觉。这个房间的隔壁是面积略小、样貌类似的房间，法式窗户，也有一个壁炉。第三个房间是面积最小的。总的来说，对霍尔巴赫这样的有钱人来说，这样的宅邸朴实不浮夸，说明他最优先考虑的是优质的客人、学术的交流、精美的饮食。

狄德罗曾叙述说，休谟在巴黎逗留期间做过一件非常有名的事情，就在这栋房子的餐桌边。休谟第一次坐在霍尔巴赫男爵的餐桌边，他说他不相信无神论者，因为他从未见过一个无神论者。男爵回答道："请数一数我们这儿有多少人，一共有18个人，我能立刻向您指出其中有15个无神论者，我的表现不算太坏吧；其他3人尚未下定决心。"[1]

这件事后来广为流传，成了霍尔巴赫著名的餐桌边的神话：当时围绕同一张餐桌就座的有伏尔泰以及那个时代其他所有的学术巨擘。但是，这是不可能的，因为休谟从未和伏尔泰谋面；伏尔泰于1759年离开巴黎，迁居到法国的费内，毗邻瑞士的边境。但是，这个故事的大意肯定准确无误。霍尔巴赫男爵和他的朋友们是狂热的无神论者，他们相信世纪末之前欧洲会废除基督教。[2]尽管休谟秉持怀疑主义，他从不把自己视为无神论者，他认为无神论这个立场过于教条。

休谟在这些无神论者中间感到诸多不自在。英国历史学家爱德华·吉本说，他们都嘲笑休谟的怀疑主义；詹姆斯·麦克唐纳爵士（Sir James Macdonald）在巴黎致信伦敦的友人时说道："可怜的休谟，在英国人们认为他太不虔诚，可在法国，人们又认为他太虔诚。"休谟证明这
170 种讽刺的确存在，他后来写信说，马修勋爵和爱尔维修"常常笑我，说我在这些方面思想狭隘"[3]。休谟戏谑地称霍尔巴赫的小圈子是"皇家街的

1 Diderot to Sophie Volland, October 6, 1765, fr.wikisource.org/wiki/Lettres_à_Sophie_Volland/94.

2 Mossner, *The Life of David Hume*, 483.

3 *Letters of David Hume, Volume 2*, Letter 484.

领袖”[1]。

然而，几乎没有证据显示休谟和这些启蒙思想家相处时有严重的不适，更不用说有什么敌意了。休谟家族的人透露说，无神论俱乐部甚至给休谟颁发了一枚黄金奖章，但是，他的侄孙女为了给休谟的异端赎罪，把这枚奖章呈给爱丁堡的教会将其熔化，而后请巴黎的一个工匠将其铸成一个举办宗教仪式时焚香的香炉。[2]若此事当真，这是一次精心策划的报复行为，把休谟和无神论者之间的友情纪念品转化为宗教迷信的一个工具；况且，休谟在巴黎这个他最爱的城市最讨厌这种迷信的宗教。然而，有人认为，教会表现出来的义愤，休谟非但不会愠怒，还会捧腹大笑。

但是，为什么休谟和那些启蒙思想家们有意见相左之处？今天，许多无神论者依然把休谟视为哲学领域的英雄，使用他的论证反宗教。我们似乎认为他很明显没有宗教信仰，不相信任何神灵。他公开发表的与宗教相关的许多言论都是公然反宗教的。他说：“恐惧是宗教的基本原则。”[3]他常常哀叹宗教滋生的偏狭，他很不赞成“当前到处滋生的偏执的妒忌”，认为这和古希腊、古罗马允许哲学繁荣的那种“自由和宽容”有天壤之别。[4]他在一些私人信件中公开亵渎神圣。他在致信詹姆斯·埃德蒙斯通（James Edmonstone）上校时说：“我相信我不再书写历史了，但是，我会一如既往地抨击主祷文、十诫、教理问答（英国国
教要理问答），讨论自杀和通奸的可取之处。我会坚持不懈地这么做， 171
直到有一天上帝愿意把我收走。”[5]可是，他为什么抗拒无神论者这个标签呢？

1　Blom, *A Wicked Company*, 170.

2　Mossner, *The Life of David Hume*, 485–486.

3　*Dialogues concerning Natural Religion*, 12.29.

4　*An Enquiry concerning Human Understanding*, 11.2.

5　*New Letters of David Hume*, ed. Klibansky and Mossner, Letter 25.

为了回答这个问题，我们需要了解休谟对宗教的论述。但是，我们应当把这些论述置于当时的历史背景中。1727年，即休谟16岁那年，苏格兰最后一个被认定的女巫被定罪，继而被活活烧死。她的“罪行”是施巫术，试图施法把自己的女儿变成一匹小马。1777年，休谟写下这样一段话：

> 近50年来，由于学识的增长和自由的进步，观念突然朝着明智发生了变化。在这个岛国，大多数人都摆脱了对名人和权威一切近似迷信的崇敬。神职人员已然丧失了信誉：他们的虚荣和教条遭人嘲讽；宗教在世上甚至难以自圆其说。国王几乎不可能凭借这个独一无二的称号获得尊重；要把国王说成上帝在地上的代理人，或者将那些曾经让世人眼花缭乱的崇高的称谓奉献给国王，只会徒然引起众人哄笑。[1]

休谟只能赞扬这种进步。宗教最坏的方面继续恶化，休谟对此莞尔一笑，但是，我们不应该将他的发笑误认为他对宗教的衰败幸灾乐祸。休谟自始至终鞭挞的主要目标不是宗教本身而是迷信和狂热。迷信主要是罗马天主教的恶行，主要体现在领受圣体的仪式、普遍相信神迹、向圣徒祷告、相信圣人的遗物已经经过祝福的水都具有神圣性。狂热是新教的恶行，主要表现是清教的伦理道德、过度的宗教热情不许可宗教分歧，迫害异教徒和不信奉国教的人。休谟在一篇随笔里挖掘
172 出迷信的根源是“软弱、恐惧和忧郁”，而宗教狂热的根源是“希冀、骄傲、自大、炽热的想象”；迷信和狂热同样深深地扎根于“无知”。[2]休谟

1 “Whether the British Government inclines more to Absolute Monarchy, or to a Republic,” 5.

2 “Of Superstition and Enthusiasm,” 3.

无法使用积极的词汇来描述迷信和狂热。“迷信侵扰可怜人不安的心灵，这犹如豺狼侵扰胆怯的羔羊”；“宗教狂热给人类社会带来最惨烈的混乱”[1]。

尽管休谟大声疾呼反对迷信和狂热，事实上，他只是不相信宗教中的一些方面。他的理由直截了当：没有证据证明宗教的主张是真理。因此，他不相信宗教。但是，他又无法证明这些主张是谬误，于是，他不愿意称自己是无神论者。上帝在休谟思想中的位置如同在数学家皮埃尔-西蒙·拉普拉斯（Pierre-Simon Laplace）的宇宙论中的位置。当皇帝拿破仑一世问拉普拉斯，在解释土星和木星的轨道时为何没有提到上帝，据说他是这样回答的：“我不需要那个假设。”

这使休谟成为一个不可知论者而不是无神论者。但是，这个说法又因人们使用这两个术语的方式而引起误解。伯特兰·罗素在1947年的一篇随笔里描述了这样的困难：“我是一个哲学家，如果我说话的对象是纯粹的哲学领域的人，我应该这样说：我认为一个人不能用一个结论性的论证来证明没有上帝，因此，我应当把自己描述为一个不可知论者。另外，如果我要对大街上的普通人传递正确的印象，我想我应当这样说：我是一个无神论者，因为当我说我无法证明上帝不存在时，我同样应该加一句话，即我也无法证明荷马作品中的希腊众神不存在。”[2]

这个问题有一种思考方式。真正的不可知论者认为，“上帝是否存在？”这个问题尚在争论中；无神论者则不这么认为。因此，休谟不赞 173
成无神论者。但是，我们认为一个问题无人争论，可能有两种原因。其一，我们认为问题的答案毋庸置疑。这对于“上帝是否存在？”这个问题可能太过绝对。但是，许多人（包括我）把自己描述成无神论者并没

1 *Dialogues concerning Natural Religion*, 10.11; “Of Superstition and Enthusiasm,” 8.

2 Bertrand Russell, “Am I an Atheist Or an Agnostic?” (1949), originally published as “Agnosticism v. Atheism,” *Literary Guide and Rationalist Review* 64 (July 1949): 115–116.

有思考得这么深。我们不确定上帝不存在，但是我们接受自己“永远无法肯定”这个事实。我们像休谟论证的那样，认为凡是说到事实，没有什么是绝对肯定的。这并非意味着我们悬置我们对事实的信心。有些事情看起来极其可能，然而，面对已成定局的事情，我们相信新证据有可能改变我们的看法。上帝不存在，这犹如地球不是由上帝在6 000年前创造的，吸烟引起肺癌，纳粹于20世纪40年代在集中营里屠杀了几百万犹太人、同性恋者、吉普赛人和持不同政见者，这一切都属于几乎确定的事。

休谟对自己的不信未做清晰表达，这看似有些不坦诚。我们不敢肯定他为何含糊其词，但是至少有两个颇为清晰的原因。第一个原因就是单纯务实。他并没有将不信贯彻到底，也没有宣称自己是无神论者，即使如此，他“异端”的名声已使他深受其苦。我们已经看到，他的名声使他失去了爱丁堡和格拉斯哥的大学教职。在18世纪50年代，苏格兰教会差一点儿以休谟是“异端”为由迫害他。1755年，苏格兰教会大会通过一项决议，要求对“异端和失德”之人采取严厉行动，没有指名道姓，但是众所周知的打击目标就是休谟。教会大会于1756年出台了书面“提议”，指派一个委员会正式调查休谟。年轻的韦德伯恩牧师
174 （Rev. Wedderburn）为休谟辩护，敦促大会“把驳斥休谟的任务交托给理性和《圣经》”。他认为休谟对公众的虔诚不会造成很大影响，认为休谟的观点“具有抽象、玄奥的实质，不会引起普罗大众的注意力，不影响人们的生活或行为”。他质问教会大会：“您能指望从提议中获得哪种切实的好处呢？”[1]韦德伯恩最终赢得了支持。

休谟躲过了惩罚，但是没有脱离险境。1757年，休谟致信斯密说：“我估计下一届大会将会郑重其事地处罚我，宣布把我逐出教会，但我

1 Mossner, *The Life of David Hume*, 343–347.

不认为这有什么了不起。”[1]如果休谟想说，在他一生中，他不会像那些被定罪为女巫的可怜女人被活活烧死，这样想是对的。但是，他肯定知道，被教会定罪对一个人是毁灭性打击。他的《论自杀》和《论灵魂不朽》这两篇持异端歧见的文章原本收录在即将付梓的著作《论文五篇》（*Five Dissertations*）里，最终不得不放弃。[2]这两篇论文在私人之间流传，一直到1783年才纳入他的论文集里，那时，休谟已经去世几年了。

莫斯纳认为，一场迫害无论对休谟产生多么严重的后果，都比不上对教会本身产生的恶果，因此，迫害最终没有发生。苏格兰是自由、开明的社会，这个名声当之无愧。倘若休谟因自由思想遭到迫害，“苏格兰势必成为英国的笑柄，而英国也势必成为欧洲的笑柄。休谟则会成为不列颠乃至整个欧洲殉道的英雄”[3]。

这整件事和西方另一位伟大的哲学家对付宗教迫害的方式形成鲜明对比。“异端和失德”是休谟受到的指控，和公元前5世纪雅典的苏格 175
拉底如出一辙。苏格拉底当时面对两项指控：败坏雅典的年轻人；拒绝认可雅典诸神。然而，苏格拉底遭受了极其残酷的惩罚：他被判处死刑，饮鸩而死。苏格拉底拒绝为了苟且偷生而发表所谓正确的看法或者逃离雅典。他本来可以轻易地这么做，但他没有。

苏格拉底这么做有两个原因。第一，他相信灵魂不朽，这意味着他不相信身体的死亡是他的终结。休谟并没有这样自我安慰的信念。休谟思考过证明灵魂不朽的两个论证，发现两个论证都站不住脚。依据形而上学的论证，心灵和物质截然不同，因为物质没有活力，心灵有意识。休谟提出的反对意见是：如果无法解释物质有思维能力，为什么相信一种不同的物质会有意识呢？针对这一点，如果可以提一个哲学问

1　*Letters of David Hume, Volume 1*, Letter 130.

2　Mossner, *The Life of David Hume*, 232.

3　Ibid., 354

题，这个深邃的问题就是：任何物质究竟都是如何思考的？休谟说："从根本上说，物质和精神同样是未知的；我们无法确定两者各自有哪些特征。"[1]

即使灵魂不朽，这也不意味着从灵魂获得生命的这个人是不朽的。这基本上重申了约翰·洛克在《人类理解论》(*An Essay Concerning Human Understanding*)中提出的论证。比如，洛克问道：如果一个人拥有特洛伊遭围困时涅斯托尔(Nestor)或瑟赛蒂兹(Thersites)的灵魂，如果灵魂不记得他们的生平和经历，这个灵魂当下的承载者是涅斯托尔或瑟赛蒂兹吗？洛克相信，我们会说：不是。[2]若你拥有一个已逝之人的心、肝和双腿，你不会成为那个人；同样，和某一个曾经存在的人拥有
176 同一个灵魂，不会使你成为那一个人。休谟得出结论：**"灵魂……若是不朽的，它在我们出生之前已经存在。如果前一个存在状态与我们毫不相干，后一个存在状态也与我们毫无瓜葛。"**[3]苏格拉底相信，他死后仅仅因为灵魂继续存在他自己也会继续生存。但是，休谟认为，即使灵魂不朽，这也并非意味着苏格拉底的认识是正确的。

人们对来生的道德论证是：人世间的恶人有时得不到惩罚，而好人有时在悲惨中死去，所以，正义必须伸张。休谟驳斥这种道德论证，给出的答案和今天许多人的答案截然不同，他说："生活不公平——适应它。"更确切地说，他认为，基督教描绘的来生更不公平。他写道："惩罚应当和所犯的罪成比例。对于人这样的如此脆弱的生物来说，为什么要用永恒的惩罚来制裁短暂的罪行？"天堂和地狱的观念假定"人有两种，即好人和坏人"，但是，"**绝大多数人类都在恶行和美德之间漂泊**"。此外，倘若有永恒的来生，此生就是"残酷的骗局"，与"仁慈和智

1 "Of the Immortality of the Soul," 3.

2 John Locke, "Of Identity and Diversity," Chapter XXVII of *An Essay Concerning Human Understanding*, 2nd ed. (1689), section 16.

3 "Of the Immortality of the Soul," 6.

慧”的上帝格格不入。“如果来生比现世生命更重要，在等待着我们，那么，究竟是天性中的哪些残忍、不公和不义的东西使我们只关注、只认识现世生命呢？”[1]人在幼年期脆弱，死亡率高，这个世界也就预示了另一个更荒唐的世界。“半数人类在死亡时都尚未成为理性的生灵。”[2]

最后，休谟提出灵魂必死的论证。他对自然的研究告诉我们：“**尘世的一切都不是永恒的。任何生命，无论看上去多么稳固，都在不断地流动变化。**这世界本身就表现了脆弱和消解的症候。”人的头脑也不例外。“头脑表现出的最后的症候是混乱、软弱、冷漠、愚蠢，这一切都是思维灭绝的前兆。”[3] 177

虽然休谟的论证是异端歧见，可是他极其大胆，暗示说神学家们“在内心深处是真正的异端，他们没有我们所说的灵魂永生的信念”[4]。无论人们说什么，绝大多数人都力图避免死亡，在所爱的人死亡时会悲恸万分。我们也无法把来生想象成一种现实。休谟的格言是：**相信永生，这是我们用来自我安慰的一个谎言；我们内心深处知道这是一个谎言，但是我们喜欢安慰胜过真理。**这是通则之下的一个具体原则：“**我们要质疑自己的激情所偏爱的所有教条。**”

相信灵魂不朽，这只是苏格拉底不向控诉者屈服的一个原因。另外一个原因是，他相信一切价值都比不上真理，哪怕是生命。这听起来很高尚，但对休谟来说，却很荒唐。我们能确切知道的真理都是微不足道的，比如1+1=2或者“所有单身汉都没有结婚”这些被定义而成的真理。所有事实都是不确定的。为什么要付出死亡这种确定性如此高昂的代价去支持任何一种事实？当然，有的人愿意为了真理而牺牲生命，可他们为之牺牲生命的常常是其他人而不是真理。为了让遭到埋没的

1　“Of the Immortality of the Soul,” 13.

2　Ibid., 29.

3　Ibid., 34–38.

4　*A Treatise of Human Nature*, 1.3.9.13.

图16　诺尔湖遗址。据说，休谟曾落入抽干水的诺尔湖的泥塘里

真理显现出来，有的人不惜舍命。这并非因为真理比生命重要，乃是因为生命很重要，保护生命需要维护真理。**为真理而舍命，不值得；但是，舍命都要维护的一些东西要求我们无论如何都要维护真理。**

有人因休谟的观点想迫害他，他遵循另一位伟大的雅典人，即亚里士多德的做法，拒绝遭受没有必要的苦难。亚里士多德和苏格拉底一样被控告“不虔敬”，可能被处死。他和苏格拉底的做法不同，他找机
178 会逃走，获得一年宝贵的生命。“我绝不允许雅典人对哲学犯两次罪”，
亚里士多德应该是这样说的。他不相信，哲学家认为死亡无所谓。一个人“在德性上愈完善，他得到的幸福愈充足，死亡带给他的痛苦就愈大。因为他的生命最有价值，而他又明明白白地失去这最大的善，这是

极痛苦的”[1]。

在休谟的生平中，有一个有名的故事，也许是虚构的，但是可以恰到好处地说明他的态度。诺尔湖（Nor’ Loch）是爱丁堡新城建设的一部分，水已抽干，留下一个泥塘。有一天，休谟从旧城詹姆斯邸宅他的家一路步行，去新城尚未竣工的新家。他在诺尔湖边走，不慎滑入泥 179
塘，向一位老妇人求助。这位老妇人认出他是休谟，坚决拒绝施救。

“可是，好女人啊，你是基督徒，你的教会不是教你善待他人，连敌人都要善待吗？”休谟争辩说。

“确实如此，”老妇人答道，“如果你不变成基督徒，背诵主祷文和教义，你休想上岸！”

休谟毫不犹豫地遵从老妇人的话，后来他说这位老妇人是他遇到的最有洞察力的神学家——与其说表扬她不如说在讽刺神学家们。[2]这不是虚伪，而是良好的逻辑意识：既然你相信宗教教义是无稽之谈，是迷信，为了救自己的命，如鹦鹉学舌般去念诵，这又有什么害处呢？于是，我们从休谟的故事里又得到一条箴言：**如果哲学确实是美好生活的一部分，哲学不应当让我们在过生活时认为生活不美好。**

休谟不愿意接受无神论，与其说是高明的策略，不如说他有更高的原则。休谟只是非常理性，对观念持怀疑态度，他不走强硬路线；休谟对人类的愚蠢满怀宽容之心，他不会鄙视那些在宗教事宜上轻信之人。他和许多自由思想的神职人员都是好朋友，托马斯・卡莱尔在休谟去世多年后证实了这一点：“休谟从不试图颠覆任何人的原则；他喜欢和年轻的神职人员打交道，并非希望说服他们接受自己的观点。但是，他们都能很好地理解他的观点，能和他进行文学对话。”[3]休・布莱尔就是

1　Aristotle, *Nichomachean Ethics*, Book III.1117b.

2　Mossner, *The Life of David Hume*, 563.

3　Ibid., 274.

这样一位神职人员。休谟在巴黎时，他给布莱尔写“公开信”，好让“我的新教牧师们”阅读。[1]休谟和约翰·霍姆（非亲属关系）牧师是极好的朋友；霍姆牧师观点温和，退休后甚至邀请休谟到家中同住。[2]赫特福
180 德勋爵是一个虔诚出名的人，而休谟曾自愿担任秘书的工作，陪同他去法国。[3]休谟曾致信罗伯特·华莱士（Robert Wallace）：“为什么世人不能像我们这样心平气和地考虑与任何一个话题相关的各种观点呢？”[4]

尽管如此，有人似乎下定决心要把休谟描述为一个激进的反宗教者。1764年，休谟在巴黎和英国著名小说家劳伦斯·斯特恩（Laurence Sterne）牧师会面，当时斯特恩在巴黎做最后一次布道演讲。坊间传言两人起了冲突。斯特恩严正予以否认。“我和休谟先生从未发生任何争执——我是指那种严肃、赌气、充满愠怒的争执。事实上，如果我听到大卫和任何人发生不愉快的争论，我都会感到震惊。倘若我真能相信曾经发生过这样的争执，我无论如何都不相信休谟的对手是无辜的，我一生中从未见过比休谟更温文尔雅的人。”休谟和斯特恩事实上只有过“一次微不足道的愉快的争论……双方都文质彬彬，充满善意……大卫有意和我这位牧师开轻微的玩笑；我作为牧师，愿意做出回应，和大卫这位异教徒戏谑一番。我们相互嘲笑，全场人和我们两个一起哈哈大笑”[5]。

休谟愿意尊重思想开明的宗教信徒，并和他们打交道。今天，有些无神论者批评他，说他“妥协迁就”。他们认为，怀疑论者尊重宗教温和派，美化宗教，这样会使宗教极端主义大行其道；温和派又为极端原教旨主义者打掩护。他们的逻辑是“我敌人的朋友是我的敌人”或者

---

1 *Letters of David Hume, Volume 1*, Letter 272.

2 Mossner, *The Life of David Hume*, 365.

3 David Edmonds and John Eidinow, *Rousseau's Dog* (Faber & Faber, 2006), 68.

4 *New Letters of David Hume*, ed. Klibansky & Mossner, Letter 12.

5 Mossner, *The Life of David Hume*, 502–503.

“你要么支持我，要么反对我”。

休谟认识到了这种危险。他说，一种宗教无论多么开明，一直都有人把它推向极端。他写道：“然而，确定无疑的是，在每种宗教中，无论 181
它用多么崇高的词语来定义它本身的神圣性，它的许多信徒，甚至绝大多数信徒在寻求神的恩惠时，仍然依靠肤浅的遵奉或毫无节制的热情、痴迷的狂喜，或对神秘而荒谬的意见深信不疑，而不是培养完善之人认可的那种美德和良好道德。”[1]尽管如此，休谟并未得出“所有宗教都需要严厉挑战”的结论。休谟树立一个榜样：**不要以偏狭面对偏狭，不要用世俗的极端主义面对宗教的极端主义。**

休谟的《自然宗教对话录》(以下简称《对话录》)里有一段话流露出了他的世界观。这部著作在休谟有生之年并未发表。当然，他的许多朋友都阅读过这本对话录；休谟说，有些朋友“奉承我，说这是我最好的一部作品”。[2]这本对话录无法出版，休谟有时也会感到沮丧。有人强烈阻止休谟出版《对话录》，吉尔伯特·明托(Gilbert Minto)即其中之一。休谟致信明托时用开玩笑的口吻夸张地写道：“不许我出版我的《对话录》，你难道不是很苛刻，很专横吗？比斯图亚特王朝的任何行为都专横？”[3]休谟付出巨大的努力，保证这部著作在他去世后能够出版。他想让亚当·斯密做他的遗嘱执行人，承担这个任务。但是，斯密害怕遭受太大麻烦而婉言谢绝。休谟于是把这个任务交给他的出版商威廉·斯特拉恩，提出的条件是：在休谟去世两年半之后，如果《对话录》未能出版，这本书将转给休谟的侄子大卫，大卫将负责出版《对话录》。[4]

学界在有段时间达成了共识：休谟太谨慎了。毕竟，他在1757年

1 *The Natural History of Religion*, 14.1.

2 *Letters of David Hume, Volume 2*, Letter 525.

3 *New Letters of David Hume*, ed. Klibansky & Mossner, Letter 35.

4 Mossner, *The Life of David Hume*, 592–593.

把《宗教的自然史》纳入《论文四篇》这本论文集出版了，显然并没有使他“危险的异端”这个恶名更恶化。从某些方面看，《宗教的自然
182 史》更胆大妄为，因为它敢于把宗教的发展当作人的创造物来研究。从这个意义看，书中蕴含的野心有些类似于丹尼尔·丹尼特（Daniel Dennett）于2006年出版的颇具争议的《打破魔咒：宗教作为一种自然现象》（*Breaking the Spell: Religion as a Natural Phenomenon*）。

休谟的《宗教的自然史》当然包含了一些煽动性的言论，尤其是书中说，一神教的信徒总体上没有多神教的那么宽容。休谟在该书最后一章这样总结：“倘若你考查这个世界上其实已经盛行的宗教原则，你几乎无法相信它们不是病人的幻想；你也许会视其为人形猿猴玩耍的游戏，而不会视其为以理性之名获取尊严的人发出的严肃、肯定、武断、郑重的声明。”[1]

但是，也许使《自然史》得以拯救的，是人们广泛地认为它鞭挞的目标是天主教而不是所有宗教。因为天主教徒相信圣餐的面包和酒变成了基督的身体和血，休谟为了讽刺天主教的迷信而讲述一位皈依者领受圣餐的故事。在这位皈依者领受圣餐的次日，他新认识的神父问他：“有几位天主？”那人回答：“一位也没有。你一直告诉我天主只有一位；可是，我昨天吃了他。”[2]迦勒·弗莱明（Caleb Fleming）牧师在评价此书时大加赞赏，他说，休谟“精辟地揭露了罗马天主教的迷信思想：他自称提倡纯粹的有神论；如果他是有神论者，他就不可能是纯粹基督教的敌人”[3]。

弗莱明能够如此可信地得出这个结论，是因为休谟确保自己写下了明确支持宗教的几句话。“去寻找一个完全没有宗教的民族，”他警

1 *The Natural History of Religion*, 15.6.

2 Ibid., 12.4.

3 Mossner, *The Life of David Hume*, 332.

示道，“果真能找到他们，请你放心，他们刚刚脱离野蛮状态。”休谟认为，宗教仅存的问题，是有些人在很大程度上滥用了它。**“有什么能像一些神学体系包含的一些道德如此纯粹？有什么能像这些神学体系产生** 183
的一些实践如此腐败？”[1]

虽然《自然史》的确也受到批评性的评价，但它几乎没有产生任何丑闻，没有给休谟带来任何问题。人们普遍认为，《对话录》最终出版后，没有引起任何涟漪。但是，丹尼斯·拉斯穆森说道：“查阅当时的期刊就知道，事实刚好相反。”《书评》（*Critical Review*）曾发文说，休谟的思想是“有害的”；这些思想如果盛行，会“在人类盲目的惊异中终结人类的谦卑和忧郁”。《每月评论》（*Monthly Review*）说休谟的原则意味着“除了法律的约束，不受任何其他的约束”，同时，“我们在凄凉与悲惨的生活中度日”。这本书会让正直读者的“理性和美德受到冲击”。[2]据说，这本书的第一版（我有机会亲自翻阅的那一版）上面没有印刷商或出版商的名字，而这些信息那时候所有图书都会按标准印刷的。也许印刷商或出版商都不愿意牵涉进这本书里，这说明他们预测到有不良的后果。

休谟竭尽全力给自己的作品戴上虔诚的面纱。在《对话录》的开头，他让叙事者潘斐留斯（Pamphilus）说：“对于上帝的存在，最无知的时代已经承认，最优秀的天才们曾雄心勃勃地尽力提供新的证明和论证，还有什么真理能像这样明白，这样确定呢？”[3]在《对话录》结束时，潘斐留斯得出结论说，自然神学家格林德（Cleanthes）尝试以证据为基
础建立宗教，他是最接近真理的。休谟甚至让斐罗心甘情愿引用《圣 184
经·旧约·诗篇》的一节经文：“愚顽人心里说：没有神。”[4]休谟还说，

1　*The Natural History of Religion*, 15.11–12.

2　Rasmussen, *The Infidel and the Professor*, 193.

3　*Dialogues concerning Natural Religion*, 0.5.

4　Psalm 14: 1; *Dialogues concerning Natural Religion*, 1.18.

“真正的宗教”并没有他所控诉的、“世上常见的宗教会产生的那些有害的后果”；显而易见的事实是，主流基督教更接近常见的宗教而不是真正的宗教。[1]

今天，《对话录》因为缺乏宗教热情，缺乏对宗教的尊重而特别有名。休谟的目的是避免“**那种世俗的错误……即把荒谬放进对手的口中这样的错误**”[2]。这个对话似乎是潘斐留斯所做的记录，而后送给他的朋友赫米柏斯（Hermippus）。休谟便可以替潘斐留斯写一封书信，介绍这些对话，突出对话形式的优势：

> 人类的理性针对任何极隐晦、极不确定的哲学问题都无法下一个固定的结论；如果真要解决这种问题，我们似乎会自然而然地采取对话和交谈的方式。凡是没有人能理性地给出肯定答案的地方，我们总要容许有理性的人持不同意见：相反的观点，即使不能让我们做出决定，也能产生令人愉悦的消遣。如果话题新颖有趣，**这本书在某种意义上把我们带进一群友伴之中，把研究和交友这两件人生最伟大最纯洁的乐事结合起来。**[3]

休谟只要看见非理性的迷信或宗教狂热，他都乐意提出批评，但是，他也热衷于去发现所有理性之人的共同点，并不考虑他们是否有信仰。比如，休谟让斐罗在对话中说：“有神论者承认，原始的智识与人类理性大不相同；无神论者承认，秩序的原始原则与人类理性之间的相似
185 性微乎其微。先生们，你们难道愿意为程度的高低而争吵，走进不容许有任何精确意义因而也不容许有任何结论的争论吗？”[4]

---

1 *Dialogues concerning Natural Religion*, 12.22.

2 *Letters of David Hume, Volume 1*, Letter 72.

3 *Dialogues concerning Natural Religion*, 0.4.

4 Ibid., 12.7.

休谟仿佛在论证：如果信仰是理性的，无神论者同样也是理性的，那么，几乎没有理由将两者进行区分。理性的信徒必须认为，造物主的本性是神秘的，超越了人类的理解。无神论者必须认为，宇宙与创造有一定的关系。然后，这两者都堕入最终无知的状态——至少在达尔文之前是这样——有些迹象显明"宇宙是创造的"，这不能忽视，但是同样也不能对宇宙所谓的造物主说出任何有意义的信息。休谟的策略是：**人们若有强烈的意见分歧，尽量找到他们未曾察觉的却可以让他们统一的事物，而不是去寻找他们已知的、使他们分裂的事物。**

这似乎让休谟更靠近当时有神论最流行的一个选项：自然神论。伏尔泰、贝尔、孟德斯鸠、卢梭、潘恩和富兰克林都是自然神论者。他们相信，有一个神圣的造物主——上帝，它的本性是不可知的，它并不干预人类的事务。这看起来接近斐罗描述的上帝；无论是有神论者，还是无神论者，如果他们愿意认真思考这件事，他们都赞同这一描述。

在其他一些地方，休谟似乎也把理性的信徒推向自然神论。1743年，他在一封信里说，一位"拥有最高完美属性"的上帝不是"任何激情或情感的自然对象"[1]。那是因为情感需要有某种共鸣——某种共感。但是，这样一位上帝因其"不可视性和不可理解性"而完全超越了我们的理解。让上帝可爱的唯一途径就是"让他降格"，从而和我们相似，这是一种亵渎。

然而，休谟不是自然神论者，因为即使是自然神论也需要我们超越 186
所能获得的理由，说出更多与上帝属性相关的信息。斐罗在《对话录》中说："我们的观念超不出我们的经验。我们没有体验过神圣的属性与作为：我无须为我的三段论下结论；你自己能得出推论。"[2]然而，自然神论者相信，上帝至少可以被人认定具有造物主的特性。休谟认为，即使

1　*New Letters of David Hume*, ed. Klibansky & Mossner, Letter 6.

2　*Dialogues concerning Natural Religion*, 2.4.

这一点也超出了我们判断的能力。

总之，正如斐罗所说的："我们并没有材料来建立任何宇宙起源的体系。"[1]休谟以这个通则为基础做了最有力、最持久的论证。其中的一个论证是反驳"宇宙一定是某个智慧目的的产物"这一观念。这种"设计论"(argument from design)认为，我们看见一只手表的存在就推断出表匠的存在；同理，宇宙的复杂性需要我们认定一个造物主的存在。

然而，**只有当两种情况具有很强的相似性时，使用类比进行论证才具有很强的说服力**。一切推论都遵照"我们从结果的相似性推出原因的相似性"这一原则。[2]这意味着"只要你稍稍偏离这些情况的相似性，你就成比例地削弱了这个论证；你可能最后证明这个类比非常弱，因此显然容易陷入错误和不确定性"[3]。休谟论证说，如果我们将上帝和我们经历过的各种创造者进行类比，这样的类比太无力，站不住脚。我们从手表推出表匠的存在，这仅仅因为我们已经知道手表是人的手工艺品。什么是宇宙的材料？我们没有这样的经验可以让我们知道答案。这些情况"是单一的、个别的，没有并行的、特定的相似性"[4]。如果我们斗胆把宇宙的最初状态和我们实际理解的事物进行比较，最好的类比可能
187 不是有神论者所喜欢的。"这个世界与一只动物或一株植物的相似程度远超过它与一只手表或一架纺织机的相似度，"斐罗说道，"因此，这个世界的原因更可能与前者的原因相似。前者的原因就是生殖或生长。我们由此可以推想，世界的原因与生殖或生长相似或类似。"[5]

事实上，我们甚至不知道宇宙有一个起因。如果有神论者认为上帝是一个必然的存在、没有起因，那么，"物质的宇宙为什么不可以是必

1 *Dialogues concerning Natural Religion*, 7.8.
2 Ibid., 2.14.
3 Ibid., 2.7.
4 Ibid., 2.24.
5 Ibid., 7.3.

然存在的‘存在’”[1]？即使我们经过判断认为，我们有充分的理由去相信宇宙确实有一个起因，我们对这个起因也说不出什么。“**当我们根据结果来推测任何具体原因时，我们必须使原因和结果适成比例，而且我们决不可以给这个原因添加特性，我们所归于原因的各种特性恰好能产生那个结果。**”[2]即使我们能够确定宇宙有一个造物主，“超出这点之外，他就无法肯定任何一个情况，此后他只好任其幻想与假设所及，去证实他神学中的每一个论点”[3]。我们一旦把宇宙的起因描述为某一个神，我们就逾越理性能保证的限度，把更多的特性归于那个起因。

因此，即使把上帝视为一种“心灵”，也是错误的。休谟让第美亚（Demea）这个理性主义的有神论者进行论证。第美亚重复休谟的自我理论，认为“人的灵魂”是“各种能力、激情、意见、观念的一种组合；这些特性诚然结合成为一个自我或一个人，但仍然彼此各不相同”。然而，上帝具有“完美的不变性和单纯性”。那肯定意味着如果上帝有一个心灵，“其行为、意见和观念都没有独特性和接续性；这个心灵，是完全单纯的，完全不变的；这个心灵就没有思想，没有理性，没有意志，没有意见，没有爱，也没有恨”，“一言以蔽之，它根本不是心灵”[4]。（然而，斐 188
罗继续说明，第美亚相信上帝是一个完美的统一体，第美亚的想法没有根据，因为我们对神性一无所知。）

休谟多次尝试把这种观点描述为真正虔诚的观点。不虔诚的人是另外一类人，他们竟冒昧认识至高者的本性，结果否定了至高者的伟大与神秘。这种恶有一个最佳例子，即神人相似论（anthropomorphism）：用自己的形象看上帝。斐罗论证说：“我们认为神如此容易理解，可以理解，和人的心灵如此相似，我们就产生了最严重、最狭隘的偏见，把自

1　*Dialogues concerning Natural Religion*, 9.7.

2　*An Enquiry concerning Human Understanding*, 11.12.

3　*Dialogues concerning Natural Religion*, 5.12.

4　Ibid., 4.2–3.

己变成整个宇宙的模型。”当然，唯一的问题是：主流基督教确实把似人的特征归给上帝。休谟认为这是冒昧的，因此，休谟的看法最终变成了对当时主流宗教的批评，而不是维护。

也许最明显的地方是，休谟让斐罗抨击“神全知、全善、全能”的观念。休谟不认可这个观念，认为它是另一个形式的神人相似论，其本身甚至是矛盾的。这正如伊壁鸠鲁提出的“没有解答”的古老问题：“如果上帝想阻止‘恶’而阻止不了，那么上帝就是无能的；如果上帝能阻止‘恶’而不愿阻止，那么上帝就是坏的；如果上帝既想阻止又能阻止‘恶’，那为什么我们的世界充满了‘恶’呢？”[1]这已经成为“罪恶问题”而众所周知；休谟的确严肃思考过这个问题，他也让我们对此毫不质疑。他论证说，任何人，只要他目睹这个惨遭祸患的痛苦世界，就不会下论断说这个世界是由一位善的上帝创造的。更糟糕的是，“真正的结论是这样的：万物的根源完全不受所有这些原则的影响；这个根源不
189 认为热高于冷，干高于湿，轻高于重，也同样不认为善高于恶”[2]。

休谟满怀深沉的宗教怀疑主义。他相信，我们对“存在”的最终依据一无所知。这不仅让他和自然神论者保持距离，也让他和今天大多数无神论者有巨大差异。现代的无神论主要是一种自然主义。自然主义者认为，自然界就是存在的一切。仅存的事物是由科学描述的东西构成的。这会产生爱、审美等另一些在物理或化学领域里找不到其特性的事物，但是，一切存在的事物都由物质构成。

从许多方面看，休谟是一个优秀的自然主义者。他反驳神迹时，相信我们有充分的理由相信自然原因而不是超自然的原因，他的论证建立在自己的信心之上。他反对迷信，主要反对把事物归于超自然的力量。但是，一个真正的自然主义者必须承认，自然哲学（我们所说的科

1 *Dialogues concerning Natural Religion*, 10.25.

2 Ibid., 11.14.

学）实际上能给我们的启示是有限的。休谟警告我们，我们的科学很年轻而且不完善，因此，“在宇宙的形成这样全新而未知的情况下，究竟是什么全新而未知的原则驱使着自然，除非我们胆大包天，否则我们不敢妄自下结论”[1]。

休谟不愿意接受无神论，这说明他还不至于认为自然界就是*存在的一切*。相反，自然世界是*我们知道的一切*，我们应当把自己所信的限制在我们所知道的。无论何时，只要有任何别的我们不知道的事情，我们都应当保持其不可知的状态。“我们在极短的时间之内对这个伟大体系的极小一部分有了极不完全的发现：难道我们就能够以此为根据来对于整个体系的起源做出决定性的判断吗？”[2]由此，我们可以称休谟是一个形而上学的不可知论者；他在论及现实最终的性质时悬置自己的 190
判断。两个世纪以后，维特根斯坦说道：“**不能说的则必须付诸沉默。**”[3]

人们可以实实在在地感受到休谟对宗教没有敌意，当宗教的某些方面值得称赞时，他会毫不犹豫地赞扬宗教。给人印象最深的是，虽然他明确认为宗教狂热几乎总是有害的，在他撰写的英国历史中，他愿意承认：至少在都铎王朝和斯图亚特王朝时期，宗教狂热点燃了人们对绝对君主制的抵抗情绪，因而推动了公民自由。休谟写道：“皇家的权威无处不在，在每个角落都如此根深蒂固，那个时代的爱国者如果不是受宗教动机的激励，他们很可能已经彻底绝望，不再抵抗；然而，宗教动机激发的勇气是人类的任何障碍无法阻碍的。”[4]

也许最令人吃惊的是，休谟偏爱已确立的教会，比如英国国教，它受法律保护，受宪法限制，它扮演了特别的角色。他的理论依据是：

1　*Dialogues concerning Natural Religion*, 2.21.

2　Ibid., 2.22–23.

3　Ludwig Wittgenstein, *Tractatus Logico-Philosophicus*, trans. C. K. Ogden (Routledge & Kegan Paul, 1922), 7.

4　*The History of England*, 48.23n18.

如果没有已确立的教会，不同的宗教或宗派最终会为了吸引追随者而互相竞争，这样会滋生宗教极端主义和狂热主义。政府给神职人员发放薪水，只会“诱使他们懒惰”，让“他们只需保证自己牧养的羊群不要为了找新的草地而走失即可，让他们感到投入更多的积极活动都是多余的”[1]。

这样的中庸思想，不是启蒙哲人的风格。思想和禀性之间有根本的差别，这也可以解释休谟为何第二次奔赴法国，并有了奇异的经历。正如哈里斯所指出的，休谟接受赫特福德勋爵的邀请，“这在某种意义上是休谟作家生涯的终结。在他余生的13年里，他只写了几篇短小的
191 文章……那儿[巴黎]没有赋予他写新东西的灵感”[2]。考虑到当时法国沸腾的知识界，这就显得非同寻常。如果世上有一个地方可以给一个有思想的人带来灵感，那无疑是伟大思想家云集的巴黎。但是，这些思想家没有让休谟获得有价值的新思想。法国启蒙运动能给苏格兰启蒙运动提供的借鉴，早已安静、理性、仁慈地提供了。在苏格兰没有恐惧；格拉斯哥也没有断头台。法国哲学家如果真要提供借鉴，他们本应该提醒休谟，警惕自由思想的危险：思想太自由，不够深思熟虑，会有危险。

外交生活

对于我这样的哲学朝圣者，今天的巴黎只能施舍稀粥。休谟曾住在这个城市不同的地方；今天我有可能站在他去过的地方，这些空间几乎都不对公众开放，甚至都不承认那个伟大的苏格兰人曾在此逗留。赫特福德勋爵和他的随从首先在圣多米尼克街的格林伯格旅馆下榻，

1 *The History of England*, 29.5.

2 Harris, *Hume: An Intellectual Biography*, 409.

而后又住在博普雷奥旅馆(Hôtel de Beaupréau,今天的学院路3号),最后搬迁至科隆比耶街[今天的老科隆比耶街(rue du Vieux Colombier)]的皇家帕尔克旅馆(Hôtel du Parc Royal)。[1]今天,这些地方没有一处能证明这些历史事实。

有一处官邸今天尚存。从1764年3月开始,英国大使馆就在布兰卡旅馆(Hôtel de Brancas),休谟在这里有一处单独的套间。现在,这里是在学院路126—128号,是法国国民议会议长的官邸。要进去参观,需要通过法国议会的代表提前预约。我在一些法国同事的帮助之下,获得国民议会议长办公室主任的合作,使我有幸能够进去参观。192

我第一眼看到这栋建筑,立刻就相信了莫斯纳的评价,这肯定是"这个文人住过的最豪华的地方"[2]。这栋大楼是在1726年至1730年间为德·拉塞侯爵(Marquis de Lassay)建造的。拉塞侯爵于1750年去世,此后,布兰卡家族迎娶侯爵的孙侄女,从而拥有了这栋大楼。休谟和赫特福德勋爵正是在这个时间段居住在这栋大楼里的。后来,这栋楼卖给了波旁女公爵(Duchess of Bourbon)的孙子孔代亲王(Prince de Condé);1792年,法国没收了这栋房屋。自此以后,它一直是国家的财产;只是在1815年到1843年这短暂的时间里,这栋房屋曾经恢复为孔代家的房产。

最初的一层建筑(用人的房间都在地下室)是意大利的建筑风格;上面的一层是后来休谟在此居住之后加建的。在那个时代,这里是巴黎相对落后的地区,几乎就是乡村。房子的花园一直延伸到塞纳河畔,而不像今天离繁忙的奥赛码头(Quai d'Orsay)街只有几码远。

在布兰卡旅馆的外面,有一处宽阔的带停车场的砾石庭院;旅馆的外观呈现一种简朴的恢宏。窗户很高,几乎延伸至街面;大楼中部的

1　Mossner, *The Life of David Hume*, 504.

2　Ibid., 490.

图 17—18　休谟在巴黎时居住的布兰卡旅馆

小台阶通往三个前门。然而，一脚踏入楼内，朴实瞬间变成张扬。入口处的大厅颇简单，但是右边奢华的餐厅在品味上与四个套间豪华的装饰相得益彰；主要的室内空间就是这四个套间。天花板及其复杂的装饰线条色彩丰富，有一块天花板镶了金箔。门、门窗的框缘、墙壁底部的护板都以金色装饰。水晶吊灯、镜子使室内更显富丽堂皇。室内的镜子给人过于刻意的感觉，每个镜框内镶嵌两面镜子，镜子之间的连接 194
处清晰可见，因为在那个时代做出一面足够大的镜子是不可能的。

我的向导对这栋建筑物大部分的历史都了如指掌。他说，拉塞侯爵拥有这栋房屋，是有记录的；国家又于1750年至1792年间拥有这栋房屋，也有记录。可这两段之间缺少记录。因此，他不知道这里曾经用作英国大使的官邸。没有其他记录显示休谟究竟住在哪个房间。这栋楼的尽头有一些小房间，现在是储藏室，那时可能是卧室。不过，最有可能的就是今天所谓的客房。现今国民议会的议长每周两次都从这个房间出来，以隆重的仪式动身去法国议会的下议院。这个房间现在毗邻一个后来扩建的舞厅，舞厅将旅馆和一个半圆形的议会会议室连在了一起。这间客房比其他房间小，但同样金碧辉煌。

客房有一面墙以壁毯装饰，壁毯是拉斐尔的名画《雅典学院》(*The School of Athens*)的复制品。这幅画描绘的是古希腊伟大的哲学家，它不知不觉认可了这个房间的哲学历史。然而，这间客房也充满了一些非常不符合休谟风格的迷信故事。据说，议长的桌子就是拿破仑于1814年签投降书的那张桌子，因此，有人认为在这张桌子上签署文件是不吉利的，而且这张桌子会给议长带来严重的麻烦。据说，有一位议长有一天因匆忙忘记了此事，签字后不慎跌倒，导致一条腿骨折。这个房间有两扇大门通往舞厅，大门的两侧各有一尊枝状大烛台雕塑。右边的烛台摩擦得锃亮，因为议长动身去面对议会之前都要擦拭它，据说这么做会带来好运。这和人们在爱丁堡擦拭休谟雕像的脚趾遥相呼应； 195
人们认为，擦拭休谟的脚趾会带来好运，尤其对学者们更灵验。无论休谟到哪里，人们似乎都要擦拭雕塑，这毫无疑问会让这个驳斥迷信的苏格兰人乐不可支。

再 见

休谟离开法国，和他来到法国时一样倍受赞美。他出现在克劳德-约瑟夫·多拉(Claude-Joseph Dorat)创作的一首文辞华丽的诗歌里。诗人狂热地颂扬休谟，于是在诗歌结束时向休谟表示歉意。诗人说自己的诗歌是“我狂喜而生的轻柔的孩子”，因狂喜竟忘记把休谟看成思想家，就是那个“可敬的哲学家”。在诗歌里，休谟是“那个可爱的人”，诗人说“愿他宽恕我”。[1]

更值得纪念的是，夏尔-尼古拉·柯升(Charles-Nicholas Cochin)为休谟画了一幅肖像画，后来米格(S. C. Miger)将这幅画雕刻成像；休谟有时向左看，有时向右看。这幅肖像的创作对休谟可能有些奉承，肖像中的休谟面容严肃，似乎陷入安定的沉思中，他的双下巴虽不明显，但依稀可见。

人称卡蒙泰尔(Carmontelle)的画家路易·卡罗日(Louis Carrogis)为休谟画的肖像如今陈列于苏格兰国家肖像馆里。遗憾的是，这幅肖像不是永久对公众开放的。在我看来，在休谟所有肖像画中，这幅肖像

---

1 这首诗是这样结尾的：
休谟，看到我的歌谱哑然失笑，
这歌是我狂喜而生的轻柔的孩子：
我的手，抚过所有音调，
甘愿在琴弦上迷失。
我在疯狂中竟然忘记
那个可敬的哲学家；
我只看见那个可爱的人
愿他宽恕我。

图19　休谟的画像，路易·卡罗日（卡蒙泰尔），1764年

似乎是对这位哲学家最自然、最诚实的描述。

这幅肖像是休谟的侧面像，腹部没有掩盖也没有凸显；他坐在椅子上，面前是一张镀金的黑色桌子，他面朝一座高楼。休谟身穿红色短袍、白袜子、黑鞋子；头戴白色假发套，系白色阔领带。休谟面前的桌子上放着一沓手稿，可他并没有在看手稿。相反，他望着远处。他的手插进口袋里，仿佛要强调说，不管他在干什么，他都不是在工作。他的表 196

情充满好奇，很难从表情看清楚他的内心。他似乎既没有集中精神，也
不是在做白日梦；既非百无聊赖，亦非全神贯注。他只是若有所思，对
周围环境和画家漠不关心。画家让我们目睹这一切，唯独看不见他的
197 思想。人们常说，一幅好的肖像画要抓住一个人的实质，这幅画恰恰如
此。它让我们意识到，在休谟的外表和环境里，无论我们做什么都无法
触及他的实质。倘若我们要弄任何伎俩，试图触及他看不见的实质，这
幅画会立刻撕掉这种伎俩的伪装。

赫特福德勋爵作为驻法大使的使命已近尾声，他原本安排休谟陪
伴他到爱尔兰履行下一个使命。但是，休谟现在对此毫无兴致。“把巴
黎换成都柏林，就像从光明一脚踏进黑暗。”相反，他似乎做好了准备要
返回苏格兰，过安静的生活。他说：“我相信，对我这个年龄和我这种脾
性来说，坐在火炉边看一本书，是世上最美好的事情。”[1]休谟辞任大使秘
书回国后，他将接受每年400英镑的终身年金，且免于各种克扣，他现在
实实在在获得了梦想的独立生活。[2]然而，在享受这个待遇之前，他没有
198 料到还有一段不合心意的诡谲的奇遇在等着他。

1 *Letters of David Hume, Volume 1*, Letter 282.

2 Mossner, *The Life of David Hume*, 494.

第五章

孜孜以求

> 人性中有一种品质，无论从它本身还是从它的结果考虑，它都是最卓越的。那就是我们与他人共鸣的倾向，这种倾向使我们通过交流接受他人的倾向和情感，尽管他们的倾向和情感和我们的截然不同，甚至相反。[1]

休谟在《我的一生》中写道："我很容易摆脱了一切文字的争论。"[2]他要么从自己的记忆里抹杀了，或故意忽视了在法国逗留之后的那段经历；要么也许没有把自己与让-雅克·卢梭的争论看作"文字的"争论。

卢梭在欧洲是一位非常著名的知识分子，可他似乎很容易树敌。1762年，法国议会认为卢梭在《爱弥儿》(*Emile*)或《论教育》(*On Education*)中宣扬异端思想，认为作品有挑衅性，于是向卢梭发出逮捕令。卢梭因此逃离法国。这本书虽然为宗教信仰辩护，但是它提出，教育年轻人爱弥儿的正确方式是"给他提供方法，让他正确使用自己的理

---

1 *A Treatise of Human Nature*, 2.1.11.2.

2 *My Own Life*, 9.

性做出选择”。第四卷有一个部分简直臭名昭著，这部分后来被人称为
199 “萨瓦神父的信仰告白”。在这段文字里，萨瓦神父反对“世上只有一种宗教”这一观点；他说，如果世上只有一种宗教，“如果超越它的藩篱都要遭受永恒的惩罚，如果世上某一个角落有一个诚实的人，没有人说服他皈依这个宗教，这个宗教的上帝就会变成最不公平、最残酷的暴虐者”[1]。卢梭逃到他的故土——瑞士的伯尔尼，但是，那里的当局也一样冷酷无情，命令他离开。于是，他在距离纳沙泰尔15英里处的莫蒂埃得到庇护，那时是由普鲁士的腓特烈大帝统治的。很快，卢梭到哪儿都不受欢迎，他回到伯尔尼州圣皮埃尔小岛上。官方向他保证，只要他隐居，就不会受迫害。

卢梭的流亡在自由知识分子中轰动一时，有几位思想家提出给他安全庇护。卢梭选择接受大卫·休谟的邀请。“休谟是我认识的真正的哲学家，是唯一一位写作时不持偏见的历史学家，”卢梭写道，“他已经衡量、评估了人类的错谬，却位于他们的弱点之上。”[2]仰慕是互相的，休谟在1762年致卢梭的第一封书信中说：“自孟德斯鸠议长去世以后，在欧洲所有的文人中，您是我最崇敬的人，我仰慕您天才的魅力和伟大的心灵。”[3]休谟这番话并非溢美之词，因为他在致信巴芙勒夫人时也表达过类似的情感，他说，卢梭是“我在欧洲给予最高评价的一个人，为他效劳我心生无限的自豪”。[4]

休谟还仰慕卢梭的著作。“我仰慕那位作家所有的作品，首先是他的雄辩能力；假如我的判断不太错误，他让法国的语言拥有一种活力，这种活力在其他作家的创作中是罕见的。”不过，休谟从一开始对卢梭

1 Rousseau, *Emile*, Book 4, “The Creed of a Savoyard Priest,” trans. Barbara Foxley, available at Project Gutenberg, www.gutenberg.org.

2 Mossner, *The Life of David Hume*, 507.

3 *Letters of David Hume, Volume 1*, Letter 196.

4 Ibid., Letter 195.

的哲学才能没有把握。他发现，卢梭的“敌人”批评他作品的“奢华程 200
度”。休谟“可能怀疑”卢梭，他的怀疑可以总结为一个普遍适用的格言：**最糟糕的作家选择话题时“不是为了说理，而是为了炫耀奇技淫巧、用自相矛盾让读者震惊，并以此为乐。”**[1]

休谟总是千方百计地避免引起不必要的冒犯，而卢梭看似总在招惹冒犯。卢梭面对的困难主要来自“萨瓦神父的信仰告白”；休谟读完这篇文字，认为“它引起冒犯，不足为奇。他审慎地给自己的情感蒙上面纱；他蔑视已确立的意见，而且不屑于掩盖自己的蔑视；他不曾想过所有狂热分子都会拿起武器攻击他”[2]。

休谟虽然有异议，但这不足以妨碍他承担卢梭保护者的角色。他要把卢梭带回英国，给他提供舒适的庇护。然而，在行动之前，他针对卢梭的品格向一些人求证。他致信维尔德兰夫人说：“**我不想仅仅因为一个人是名人就向他效劳。**如果他品德好却遭迫害，我会全身心保护他。这些传言是真的吗？”他得到了肯定的答复。[3]

卢梭为了和休谟这个伟大的苏格兰人晤面，为了跟随他到英国，他从官方获得许可，于1765年12月6日抵达巴黎。休谟和卢梭都知道，官方对卢梭过分抵抗逮捕令的行为已忍无可忍，于是他们在1766年初离开了巴黎。1月9日，他们在加莱启程。容易晕船的休谟渡过海峡时再次遭罪，整个旅程都在船舱里歇息。卢梭则一直站在甲板上，任凭风吹
雨打。卢梭经常抱怨自己体弱多病，这次旅程恰好证明他讲话虚假。[4] 201

休谟和卢梭在1月13日到达伦敦，人们蜂拥而来，就为看一眼著名的卢梭先生。卢梭享受极高的荣誉，他坐下来，让著名的肖像画家阿兰·拉姆齐为他创作一幅肖像画；这段时间，拉姆齐也给休谟画了肖像

1　*Letters of David Hume, Volume 1*, Letter 200.

2　Ibid.

3　Mossner, *The Life of David Hume*, 511.

4　Edmonds and Eidinow, *Rousseau's Dog*, 3.

画。[1]休谟很快安排卢梭住在伍顿庄园（Wooton），这是英国中部斯塔福德郡（Staffordshire）的一处乡村。卢梭离开伦敦之前，休谟在位于莱斯特广场附近俪人街（Lisle Street）的住处和卢梭会面，这是两人最后一次在休谟的住处见面。然而，这个时候，卢梭已经开始疑神疑鬼了。他后来说，有人精心策划一场阴谋，要败坏他的名声，拉姆齐那幅画也是阴谋的一部分。“这幅可怕的肖像画”，他说道，画“一张独眼巨人的丑陋
202 的面孔”就是为了让他显得丑陋，让休谟在反差中显得更好看。[2]这幅画今天陈列于爱丁堡的苏格兰国家美术馆里，很难看出卢梭在抱怨什么。卢梭和休谟的肖像放在一起，卢梭看起来更有智慧，他目光炯炯有神，凝视着看画的人；而休谟的目光则显得有些空洞。卢梭比休谟更英俊；他穿着亚美尼亚式大衣，头戴皮帽，呈现异域风格。

一开始，卢梭只是中断了与休谟的通信联系。《圣詹姆斯纪事报》（*St. James Chronicle*）刊登了一封讽刺卢梭的书信后，他所受的委屈才昭告天下。这封“来自普鲁士国王”讽刺卢梭的书信在巴黎已经流传相当长的时间。国王在信里说，他给卢梭提供安全庇护，事实上他也是
203 这么做的。但是，他还说，“你的怪癖，实在与真正的伟人极不相称，你时常成为人们茶余饭后的谈资”，“如果你执意拒绝我的帮助，我会守口如瓶，不向任何人透露风声。如果你非要故意去吃没有尝过的苦头，那就去吃苦好了”。书信的最后一句说：“如果你不再以受迫害为荣耀，我就不再迫害你。”[3]

信中的讥讽之言，算不上冷酷无情，但是让卢梭气急败坏。他给这家杂志写了一封公开信，说“这封信是在巴黎伪造的；让我痛苦心碎的是，这位冒名行骗者在英国也有同谋”。每个人都心知肚明，这清楚地

1 Mossner, *The Life of David Hume*, 517.

2 Ibid., 536.

3 David Hume, *A concise and genuine account of the dispute between Mr. Hume and Mr. Rousseau* (1766), available at quod.lib.umich.edu.

图20　让-雅克·卢梭肖像，艾伦·拉姆齐，1766年

图21　休谟肖像，艾伦·拉姆齐，1766年

指向休谟，控诉休谟背叛了他们的友谊。事实上，这封信是艺术史家、贵族、辉格党政治家霍拉斯·沃波尔写的。在卢梭短暂的访问期间，沃波尔去了法国。

休谟一开始相当乐观，只是觉得好笑，没有感到不安。他致信巴芙勒夫人："难道世上还有比这更不可理喻之事吗？**就生活、处事和社交而言，稍好的判断力肯定优于所有天赋，稍好的脾气肯定优于极端的敏感。**"[1]

卢梭也在用其他方式考验他恩人的耐心。休谟安排卢梭接受英国国王一年100英镑的年金。这位瑞士人内心的骄傲让他有所抗拒，但最终还是同意接受，条件是休谟替他收取这笔年金。然而，1766年5月，休谟向理查德·达文波特（Richard Davenport）汇报："他已经谢绝国王陛下的慷慨惠赐。不过，他曾允许我收下这笔钱。他曾请康威先生申请这笔年金，写信求得马雷夏尔勋爵的首肯，然后授权与我，让我转告康威先生他已获得勋爵的首肯。在这整件事情中，他似乎没有把国王陛下放在眼里，把康威先生、马雷夏尔勋爵和我玩弄于鼓掌，但是他从未对这种行为致歉，从未给我写只言片语解释这件事。"休谟明显非
204 常恼怒，但是，他在做结论时特别指出，尽管卢梭"任性善变"，"特立独行，行为怪异"，"我们必须允许他我行我素"[2]。

几周以后，休谟的善心似乎耗尽。他再次致信达文波特，说他一直没有收到卢梭一个字，他现在明白"这整件事简直充满邪恶与疯狂；你可以相信，我发自内心地懊悔，我曾经交往过这样一个恶毒、危险之人"！他请达文波特告诉卢梭，他"迫不及待要得到一个答复"[3]。

休谟本应该很快想到一个古老的格言，要对自己的渴望万分谨

---

1 *Letters of David Hume, Volume 2*, Letter 322.

2 *New Letters of David Hume*, ed. Klibansky & Mossner, Letter 67.

3 Ibid., Letter 68.

慎。卢梭终于回信，直截了当地诉说自己的冤屈，并慷慨陈词地指控休谟。他回首往事，说自己多么信赖休谟。“你知道我满含热泪地拥抱你，对你说，如果你不是最善良的人，你一定是最邪恶的人。”卢梭曾经认为休谟是最好的人，现在却相信他是最坏的人。“我投入你的怀抱；你把我带到英国，名义上为我提供一个庇护所，实际上让我名誉扫地。你主动承担这崇高的工作，付出的热情配得上你的仁心；获得的成功，配得上你的能力。你本来无须费这样的心思：你生活优渥，和全世界都说得上话；我只是一个人孤寂地活着。公众的爱可以欺骗，你很善于欺骗公众。但是，我知道，有一个人你无法欺骗；那就是你自己。”[1]

休谟满腹狐疑，但是他平静地回信：“这样狂风暴雨式的指控，泛泛而谈，我不可能理解，也无法回复。但是，事情不可能也不可以就这样站得住脚。我以我的仁慈之心假设，一定有一个恶毒的诬陷者让你误解了我。”[2]

卢梭在疯狂中怒气冲冲地写了18页回信，其中有一句这样的话：“如果你是罪人，那么我是最不幸之人；如果你清白，那么我最应受责备。”[3]卢梭一直愿意相信自己是不幸的人，同样不愿意接受责备；事实 205
上，他这是在宣布休谟有罪。

经过历史的评判，休谟是清白的一方。但是，休谟对卢梭不公正的指控，满怀怜悯而不是愠怒。他写道，卢梭“奋不顾身地冲进孤独中”，休谟竭尽全力说服他不要这么做。但是，休谟断言，幸福的结局不可能发生了。“我预测，在那样的情境中，他不会幸福，正如他在任何情境中一直都不幸福。”休谟认为，卢梭的问题是“在他整个的一生中，他只有感受”。这让他拥有最剧烈的情感上的敏感性，休谟亲眼看见了这一

1　Mossner, *The Life of David Hume*, 526.

2　*Letters of David Hume, Volume 2*, Letter 333.

3　Mossner, *The Life of David Hume*, 528.

点；但是，这种敏感“让他更剧烈地感受痛苦而不是更强烈地感受欢愉”[1]。休谟接受卢梭情感的真挚，但是他相信，真挚的情感只能增添一层迷雾，不能使卢梭获得清晰的判断。休谟写道：“我相信，他原本想很认真地了解最真实的自己，但是，我同时相信，每个人都是最了解自己的。”[2]

后来，杜阁（Turgot）描述卢梭离开英国的情景，说卢梭口里讲着偏执妄想、互相矛盾的故事；休谟听到这里，又起怜悯之心。他写道：“这个可怜的人绝对是癫狂了，因此，也就无法用任何法律或民事惩罚来约束他了。”[3]休谟致信达文波特说，“我真的为他难过”；不过，在同一封信里，他又说，“你难以想象他既虚伪又如此极端地敏感”，他“撒谎时就像魔鬼”。休谟依然崇尚和平，他再次请求达文波特鼓励卢梭写一封
206 “忏悔的书信”[4]。在这个时候，休谟肯定拥有最好的自我，符合他说过的话：“**在哲学家和历史学家看来，人类的疯狂、愚蠢和邪恶应当是普通平常的事。**”[5]

然而，休谟没有完全超脱此次的过节。他在给霍尔巴赫男爵写信时，没能保持冷静，称卢梭是“玷污人性的最恶毒、最残暴的坏蛋”[6]。他担心卢梭有意单方面讲述偏狭的故事，担心他发表出来，让有些人相信。[7]1766年，休谟致信自己的法语翻译贝洛夫人，即当时的梅尼埃议长的夫人，告诉她说，因为担心“没有人证明我的记忆”，他“想把整件事立刻公诸于众”。然而，“深思熟虑之后，我的决心动摇了”[8]。但是，决心动摇的时间并不长。同月，达朗贝尔致信休谟说，他和巴黎的同事此

---

1 *Letters of David Hume, Volume 2*, Letter 314.
2 Ibid., Letter 298.
3 Ibid., Letter 385.
4 *New Letters of David Hume*, ed. Klibansky & Mossner, Letter 70.
5 Ibid., Letter 99.
6 *Letters of David Hume, Volume 2*, Letter 334.
7 *New Letters of David Hume*, ed. Klibansky & Mossner, Letter 70.
8 Ibid., Letter 72.

前反对将事件公诸于众，可是眼下他们都认为“公众现在非常关心你们的争吵，事情发展到如此地步，你不能不向他们提供纯粹的无瑕疵的真相了”[1]。就这样，由休谟撰写，达朗贝尔和让·巴蒂斯特·苏阿尔（Jean Baptiste Suard）编辑的《关于休谟先生和卢梭先生之争吵的简要说明》（*Exposé succinct de la contestation qui s'est élevée entre M. Hume et M. Rousseau*，以下简称《简要说明》）在10月份于巴黎付梓。同年11月，此文在英国发表，标题颇复杂、累赘：《关于休谟先生和卢梭先生之争的简要而真实的说明：附在此期间二人的书信以及尊敬的沃波尔先生和达朗贝尔先生等人的书信，皆译自法语》（*A concise and genuine account of the dispute between Mr. Hume and Mr. Rousseau: with the letters that passed between them during their controversy, also, the letters of the Hon. Mr. Walpole, and Mr. D'Alambert, ... Translated from the French*）。

任凭自己卷入一次公众之争，这不是休谟为人处世的特征；许多人严厉地批评他。拜尔认为，这是休谟“最不可信的文章”[2]。格雷格说：
“休谟的行为有失厚道。他用激烈的言辞谴责让-雅克。此前，有人曾 207
告诫休谟，让-雅克丝毫不可信任，休谟看不见对方的缺点，实乃荒唐。现今又如从前，休谟在同理心上再次彻底盲目。”[3]休谟当然毫不留情。他在总结反击卢梭这件事时说：“他把自己想象成这个宇宙唯一重要的存在：他幻想整个人类团结起来对抗他。他最大的恩主，因为伤害他最深，就成了他憎恨的主要目标。他用谎言和虚构的故事来支撑他荒诞的念头，但是，这对邪恶的人即那些在清醒的理智和完全的癫狂之间游离的人来说，这种情况常常发生，谁都不会感到离奇。”[4]

1　Mossner, *The Life of David Hume*, 529.

2　Baier, *The Pursuits of Philosophy*, 111.

3　*Letters of David Hume, Volume 1*, xxvi.

4　*A concise and genuine account of the dispute between Mr. Hume and Mr. Rousseau* (1766).

莫斯纳更加善解人意。“人们有理由指望，作为哲学家的休谟可以摆脱世俗的看法，”莫斯纳说，“但是，作为普通人的休谟，他承认人的仁慈有限度。”[1]休谟当然承认他很不情愿地发表了《简要说明》。在《简要说明》的结尾，他满怀信心地说：“我如此热爱和平，一直如此热爱和平，若非迫不得已或者逃不过的理由，我也不会将它公诸于众。”[2]《简要说明》出版后，就在1766年12月，休谟致信约翰·克劳福德说：“说起让-雅克与我的关系，你对我的处理方式不满意，我对此不感到吃惊：因为我自己对这种方式也不满意。”[3]然而，休谟为《简要说明》的付梓寻找了足够的借口：他听从了朋友们的意见，让他们去发表，并非是他主动的选择，这似乎有些推卸责任。

无论休谟是否感到后悔，他回首往事时，认为“这整件事……是我人生中的不幸”[4]。他至少恢复了冷静，再生怜悯之心。1767年5月，休谟在给达文波特的两封信中重新提到卢梭疯狂的状态，他说自己叮嘱法国的一些朋友，让他们保护卢梭，即使（也许因为）休谟也说“他就是完
208 全疯了”[5]。休谟在给亚当·斯密的一封信中总结了自己对卢梭最终的评价，他认为卢梭“兼具冲动、做作、邪恶、虚荣、心神不安、忘恩负义、残暴、撒谎、雄辩、创造力这一切特征”[6]。

休谟和卢梭之间的恩怨不只是人物传记的一件趣事，也是一个恰当的案例，说明这两位哲人不同的道德哲学。卢梭批评启蒙哲人盲目崇拜理性。他更信赖情感。在他与休谟的夙愿中，他让自己的情感完

1 Mossner, *The Life of David Hume*, 532.

2 *A concise and genuine account of the dispute between Mr. Hume and Mr. Rousseau* (1766).

3 *New Letters of David Hume*, ed. Klibansky & Mossner, Letter 75.

4 *Letters of David Hume, Volume 2*, Letter 358.

5 *New Letters of David Hume*, ed. Klibansky & Mossner, Letters 84, 88.

6 Ibid., Letter 91.

全笼罩自己的理性，这种方式说明他的哲学观多么值得怀疑。

可是，“理性是而且应当只是情感的奴隶”，这难道不是人们经常引用的休谟的格言吗？从表面上看，休谟遭受卢梭不公正的待遇，这看似对他的哲学观是强有力的挑战。然而，这句响亮的口号所蕴含的意义远非脱离语境，乍一看时流露的意义。

休谟当然也批评“道德立足于纯粹理性”这一观念。他在《怀疑论者》这篇随笔里，用一段充满诗意的语言说：“哲学沉思过于玄奥缥缈，在日常生活中不可能发生，也不能消除任何情感。在高天长风与流云之上，空气太纯净，令人无法呼吸。”[1]休谟认为，所有哲学必须立足于对人性充分的理解之上，他由此得出结论：任何无法包容我们的情感（或那时所谓的“激情”）的道德哲学没有稳固的根基。人类的行为在很大程度上是由情感支配的；如果刻意掩盖情感，要求人们只是遵循理性，这是徒劳的，而且适得其反。**“哲学引领我们所做的纯净的沉思，在减少或根除我们邪恶的激情时，势必也减少或根除我们高尚的激情，使** 209
人的心灵完全冷漠与消极。”[2]

必然的结果是，哲学如果只是倡导用理性驾驭人的生活，事实上，这样的哲学对世人充满深入骨髓的厌恶之情，根本无法像其自诩的那样对人类充满同情。他模仿斯多葛派哲学家，说道：“但愿他人的伤害或暴力不曾惹怒你或激起你的仇恨。你会因猴子的恶意而生气吗？你会因老虎的残暴而发怒吗？”但是，这种显而易见的通情达理、宽宏大量的处事风格事实上“让我们看低了人性，泯灭了我们的社会情感”。这甚至让人们面对自己的罪恶毫无忏悔之心，因为有人时常晓之以理：“作恶乃人的天性，犹如野兽也有特定的本能。”[3]

1　“The Sceptic,” 36.

2　Ibid., 37.

3　Ibid., 38.

然而，我们为什么不应当刻意让道德摆脱情感？主要的原因是，共情实际上是道德的基础。休谟认为，道德的根基不是理性而是共情。“人性中有一种品质，无论从它本身还是它的结果考虑，它都是最卓越的。那就是我们与他人共鸣的倾向，这种倾向使我们通过交流接受他人的倾向和情感，尽管他们的倾向和情感和我们的截然不同，甚至相反。”休谟在这里谈到差异，然而，正是我们互相之间最根本的相似性使这一切成为可能。“大自然在所有人之间保持了很强的类似关系；我们凡是在别人身上观察到的任何激情或原则，我们也都或多或少在自身发现与之类似的激情或原则。”[1]因此，**没有共情的道德是自相矛盾的。**

情感也是我们对道德和邪恶做出判断的基础。休谟请我们“做一
210 件公认为罪恶的事情，比如故意杀人。从各个视角考虑这个事情，看看你能否发现你称之为罪恶的事实真相或实际存在”。他打赌说：“你完全看不到罪恶。除非你反省自己的内心，感到自己的内心涌上对那种行为的自责的情绪，否则你永远看不到罪恶。这是一个事实，不过这件事是感情的对象，不是理性的对象。它在你心中，而不在对象之内。”[2]

在行为或对象中找不到是与非，但是在我们对行为或对象的感情中可以看见是与非。“每一种激情、习惯或性格倾向……如果倾向于对我们有利或有害，就会使我们产生一种快乐或不安；赞许或谴责就是由快乐或不安而生。”[3]他人的懦弱、不公正或骄傲往往对我们不利，于是，我们就敌视有这些品质的人，认为他们邪恶。他人的勇敢、公正和谦卑对我们、对他人都有益，我们就对具有这些品质的人怀有好感，认为他们有德行。

有一点需要特别指出，我们判断是非时，是对正在判断的事物的

1 *A Treatise of Human Nature*, 2.1.11.5.

2 Ibid., 3.1.1.26.

3 Ibid., 2.1.7.3.

真正特征做出反应。休谟把我们的道德感与我们的五种感觉官能做比较。他说:“恶与德可以和声音、颜色、温度相比较；在现代哲学观里，这些不是对象的特征，而是心灵的感知。”但是，我们把某物感知为热或冷、红或蓝，这当然依据对象本身的本质。同理，恶与德不是世界上事物的特性，但是，我们判断哪件事是善的，哪件事是恶的，也不是武断的。它依据正在探讨的事情是否对我们或他人真的有用或讨人喜欢。

我们也会对自己进行道德评判。若我们判断自己的行为高尚，我们的自豪感油然而生；若我们认为自己做了恶事，相应地就会感到自卑 211
或羞耻。事实上，我们对他人恶与德的判断与自己的自豪感、羞耻感最终是息息相关的。**“如果一个人因某种品质而受他人称赞，这种品质倘若是实实在在的，定会使具有这种品质的人在内心产生自豪感。”**[1]

我现在开始理解“理性是而且应当只是情感的奴隶”这句话真正的含义。理性有助于我们弄清楚行为的后果以及实现某些目标的手段。这就是亚里士多德所说的实践理性，有时也称为工具理性，即用我们的智力想出实现一个目标的最佳方式。但是，我们单靠理性无从知道值得追求的目标是什么。因此，在另一个令人瞩目的句子里，休谟写道:“如果我宁肯毁灭全世界而不愿损伤我一个手指头，这并不违反理性。”[2]理性告诉我们，在逻辑上什么可能或不可能，前后一致或自相矛盾。但是，理性无法告诉我们什么是善，或我们应该做什么。希望世界毁灭，这并非不合逻辑，因为就人的欲望来说，一切都是可能的，不矛盾的。希望世界毁灭，这是错的，因为它对生灵的福祉置若罔闻。**一个人若无谓地伤害他人，他并非没有理性而是冷酷无情。**

同样，一个人的行为若违反自身利益，他并非没有理性，而是自我挫败。经济学家认为，“理性选择”是追求自我利益的选择；这一观点

1　*A Treatise of Human Nature*, 2.1.11.9.

2　Ibid., 2.3.3.6.

错误地将理性与利己主义联系起来。举一个简单的例子：我们大多数人都认为，渴望幸福，这是理性的。但是，理性与幸福毫无关系。一个渴望不幸的人并非没有理性而是怪异，也许情感坎坷。重视幸福的唯一理由是，我们感到幸福是可喜的；幸福往往不会有任何抵消幸福的消
212 极后果。“幸福是善的”，这不是由逻辑确立的一个真理，而是我们依据各种幸福的经验而认同的一个原则。

一种具有强烈动机的激情，如果“伴随着某种错误的判断”，只能说它是非理性的；“准确地说，此时出现的不是非理性的激情，而是非理性的判断”。这种非理性只有两种。第一种是“把希望或恐惧、悲恸或喜乐、绝望或安全等激情建立在假定对象存在（而实质上对象并不存在）的基础上”。一种具有强烈动机的、非理性的激情还有第二种情况：“在行动中投入激情时，我们选择的手段不足以实现预期目标，我们在判断因果关系时自我欺骗。”[1]也就是说，我们需要理性告诉我们，我们的目标是否可行，实现目标的最佳方式是什么。

休谟在《道德原则研究》里提出了绝佳的例子来说明这个问题。他说：“向普通的乞丐施舍，自然是受称赞的，因为这似乎可以使贫穷和痛苦之人脱离苦海。”同情心激励我们做善事。但是，理性会让我们改变主意：“当我们发现由此而鼓励游手好闲和道德败坏时，我们就把这种慈善行为视为一种弱点而非一种美德。”[2]

在这样的例子里，理性和感情相得益彰。这说明，若把理性论证为激情的奴隶，这样的论证夸大其词，引人误入歧途。休谟的例证说明：**“情感和理性并非完全分离，我们的许多情感都包含了理性判断。”**休谟说：“给对象下断语的激情并非仅仅考虑对象本身的本质特征，而是结
213 合对象所处的所有环境去观察它。”例如，“一个人因拥有一颗钻石而

1 *A Treatise of Human Nature*, 2.3.3.6.

2 *An Enquiry concerning the Principles of Morals*, 2.18.

欣喜若狂，他不仅会看到眼前那颗闪闪发亮的宝石，还会想到物以稀为贵，他的快乐与狂喜也大多由此而生。因此，哲学家此刻会站出来，指出我们忽视的一些具体的观点、意见和情形，以调和或激发任何特定的激情”[1]。

休谟的要点是，我们从某些事情中获得的愉悦常常依赖于我们对那些事情的看法，然而，这些看法可能不正确。我们欣赏一幅画时心生欢喜，相信它是原作，事实上它是一幅赝品。理性扮演的角色是，它使我们能正确看待事物，这样，任何的喜悦或厌恶都不是建立在谬误之上的。因此，理性对我们克服偏见尤为重要，因为**偏见往往只不过是立足于错误观念的、负面的情感反应**。

论证人的理性是情感的奴隶，休谟并非第一人。但是，詹姆斯·哈里斯认为，休谟以独特的方式理解情感的至高无上。“休谟不认为理性注定永久输给激情；在力量和持久性方面，激情并非一直占据优势，”哈里斯说道，“相反，理性和激情之间这样的冲突事实上从来不会发生。理性本质上不会为了驾驭人的生活而和情感竞争。”[2]正如休谟所说：“我们讨论激情和理性的争斗时，我们的语言既不严谨，也不具有哲理。”理性，从动机上看，是惰性的。“**单是理性不会产生任何行动，或导致任何选择。**”[3]理性在与情感斗争时，不会输给情感；它根本不会参与斗争。

休谟从后来所知的“是/应该”之间的差距来解释理性的无力。休 214
谟说，无论他阅读哪一个道德哲学体系，他都发现人们一开始都在讨论“是”和“不是”，而后猛然间，“我遇到的命题都与‘应该’或‘不应该’有关”。这虽然是不知不觉间的转化，但意义极其重大。“是”与“不是”的陈述，纯粹是描述性的，而“应该”和“不应该”的陈述则是规定

1　“The Sceptic,” 35.

2　Harris, *Hume: An Intellectual Biography*, 114.

3　*A Treatise of Human Nature*, 2.3.3.4.

性的。如果一个作者从前者转到后者，"对于这种似乎完全不可思议的事情，即这个新关系如何能由完全不同的另一些关系推理出来，应当提供理由加以说明"[1]。从这里得出一个重要且必然的结论：自然的并非等同于善的，因为自然只是"是"。**"那些主张'德'与'自然'同义、'恶'与'不自然'同义的体系是最违反哲学的。"**[2]

在这个意义上，休谟认为理性是激情的奴隶。然而，他使用的比喻引起了人们的误解。奴隶只能做主人吩咐的事，而理性扮演的角色是质疑自己的主人。倘若并非如此，就没有什么功能或特征能区分理性和激情。卢梭的问题就是理性和激情没有区分。他认为，激情是一个专横的主人，不会听从理性反馈的意见。然而，在休谟看来，**理性能看见激情所不能见之物；只要激情视理性为忠诚的朋友，它就是有智慧的主人。**

但是，我们必须认识到，理性控制我们、使我们改过自新的能力极其有限。**你若想怂恿某人做一件事，最好是鼓舞他的激情而不是激发他的领悟力；**他的激情愈浓烈，效果愈佳。[3]大多数腐败丑闻都与财、色有关，这不是无缘无故的。我们已经看见，休谟认为，要改善我们的行为，最佳手段是不只从理性上让我们相信应该这么做，还要为了让我们
215 渴望的行为变成自动的，从而改变我们的习惯。"习惯是改造心灵的另一个有力的手段；良好的性情与倾向可以深深扎根于习惯中。"一旦养成健康的饮食习惯，垃圾食品就没有那么吸引人；迫使自己多参加社交活动，社交能力很快就会改善。**"一个人若坚信道德高尚的生活之路更可取，只要他的决心足够坚定，暂时强制自己，他的改进一定不会令人失望。"**[4]

---

1 *A Treatise of Human Nature*, 3.1.1.27.

2 Ibid., 3.1.2.10.

3 Ibid., 2.3.4.1.

4 "The Sceptic," 32.

即使这样，局限依然存在。休谟认识到，既然德性的根基在于我们对他人的同情心，那么，习惯和理性都不足以强大到把一个冷漠无情、终不悔改的人改变成一个好人。他写道："不幸的是，人若不首先具有起码的美德，便不会具备这样的信念和决心。"也许，卢梭就是这样最终无法改善自己。他性格的缺陷根深蒂固，他甚至无法看见自己需要克服的缺点。

休谟在《怀疑论者》中清楚且雄辩地描述了理性在面对邪恶意志时的软弱无力："若一个人的心态天生悖谬，性情冷酷，麻木不仁，毫不渴慕美德与人道，对他人毫无同情之心，根本不渴望享受尊重与赞美，这样的一个人完全无可救药，哲学也无法拯救他。……我不知道该如何对这种人说话，也不知道用什么道理感化他。"[1]有一点必须说明，在道德领域里剥夺理性的权威，这是激进的观点。休谟特别指出："在哲学中，甚至在日常生活中，谈论理性和激情之争、偏爱理性、认为人类只有遵循理性支配时才有美德，这些讨论都是最寻常的事情。"[2] 216

休谟竭力以同情的态度对待卢梭，但没有取得完全的成功。这反映了休谟的人性观：对人性既不应过于悲观，也不应过于乐观。休谟意识到，"道德感过分敏锐"，尤其伴随着"易怒的天性"，这是有危险的，它让我们"嫌恶这个世界"，让我们愤愤不平。简单地说，在任何一个道德标准高的人看来，这个世界就是一个可怜的、没有道德的地方。这最终破坏了我们对同胞的同情心，而同情心正是道德的基础。因此，**"对人类满怀好感的人，其见解比认为人性卑劣的人所持的相反的原则更有利于美德"**[3]。

这意味着我们应该假装人性比实际更好吗？不。哈里斯认为，"纯

1　"The Sceptic," 29.

2　*A Treatise of Human Nature*, 2.3.3.1.

3　"Of the Dignity or Meanness of Human Nature," 2.

粹的怀疑论认为人类既盲目又自私，过度的乐观论认为人能通过理性的自律超越自身的局限”。休谟的人性观是这两者的折中。[1]

休谟认为，对人性非常消极的评估源自三种错误。第一种错误是过度关注人恶的一面，忽视人的善。这非常自然。请想象我们看新闻的经历。我们听闻谋杀、腐败的新闻，却忘记了绝大多数人每一天既没有参与谋杀也没有参与腐败。

第二种错误是普遍认为自私是驱使人类行事为人的唯一因素。这种思想的来源很简单。人们发现“每一种美德或友谊都伴随着一种隐秘的快乐”，于是下结论道，我们仅为获取快乐而积极地行表面的善。休谟说：“这其中蕴含的谬误昭然若揭。具有美德的情感或激情产生快
217 乐，却不从快乐中产生。**我因善待朋友而快乐，乃是因为我爱朋友；但我并非为了快乐而去爱朋友。**”[2]如果人们行他们认为善的事而不感到快乐，这会是一个非常诡异的世界。

第三种错误则是把人想象成完美的存在。这势必使人类看上去丑陋。休谟认为，智慧和美德本质上是相对的术语：“‘世间智者寥寥无几’，这么说毫无意义。恰恰因为智者罕见，智者才堪称为智者。如果人类智力最低者也像西塞罗或培根勋爵一样睿智，我们依然有理由认为智者寥寥无几。”[3]**可臻完美，乃是一种妄想；人的弱点不可避免。人类能做的就是“尽力减轻他们无法克服的弱点”。**[4]

所有这些错误都在《怀疑论者》这篇随笔中得以描述。所有的错误好像都是对道德怀疑主义的驳斥，这看似有些奇怪。休谟相信自己正在描述并倡导道德，不是在驳斥道德，这一点儿他内心很清楚。“那些否认道德差别这一现实的人可归入无诚意的辩论者之列，”他说道，“即

1 Harris, *Hume: An Intellectual Biography*, 155.

2 “Of the Dignity or Meanness of Human Nature,” 10.

3 Ibid., 7.

4 “Of the Origin of Government,” 3.

使一个人的愚钝一直很严重，他也肯定经常被是与非的意象触动；即使这个人的偏见一直很顽固，他也必定观察到，其他人都会受相似印象的影响。”[1]

哈里斯认为，“有人认为有一种合适的手段，人都可以借助这一手段使自己幸福”。而休谟怀疑的正是这个观念。“休谟的观点是，我们的激情和愉悦存在太大的差异，仅借助一种手段是不可行的。”[2]休谟的这种怀疑主义有所延伸，他否定“一种理想的政治制度适合所有国家”这种可能性。他为了说明这一点，在《论一些非同寻常的惯例》(“Of Some Remarkable Customs”)这篇文章里指出，文化以许多稀奇古怪的方式展现差异。“**确立所有通用的政治准则，应当慎之又慎；在道德领域和物质世界里人们经常发现不合常规的异常现象。**”[3] 218

讨论道德和惯例中不合常规的现象就引起人们对道德相对主义的恐慌：没有客观的是非标准；所有道德价值观都是文化的构建。休谟在一则不甚有名的对话里直接面对这种恐慌。这则对话最初是在《道德原则研究》一书的末尾作为独立的一部分发表的。有一个游历甚广的人物帕拉麦德斯(Palamedes)，在他讲述的一个故事中，弗尔利(Fourli)这个国家的道德原则与我们认可的原则截然相反。弗尔利事实上是依照古希腊虚构的，其道德价值，尤其是与性有关的道德价值，相当与众不同。帕拉麦德斯最初描述弗尔利的道德观时，认为它有违常情——不忠诚、杀父、自杀，都会赢得赞美。

任何熟悉休谟其他作品的读者都会对这样的故事充满狐疑。“人类在所有时间和地方都极为相似，因此，历史在这个特殊的方面并不能让我们了解任何新奇的事情”，休谟在《人类理解研究》中如此说。[4]他

1 *An Enquiry concerning the Principles of Morals*, 1.2.

2 Harris, *Hume: An Intellectual Biography*, 193–194.

3 “Of Some Remarkable Customs,” 1.

4 *An Enquiry concerning Human Understanding*, 8.7.

在《人性论》中说：“**如果世上有任何事物可以称为自然的，那么，道德情感一定是可以称为自然的，因为世上没有任何一个国家、任何国家也没有任何一个人完全没有道德情感。**”[1]因此，帕拉麦德斯在对话中继续解释说，弗尔利人看似截然不同的道德标准所依据的基本道德原则居然和我们的没有差别。比如：他们杀婴，和我们不杀害自己的新生婴儿一样，都出于爱。仅有的不同之处是，在弗尔利，贫穷的父母会说，他们“把贫穷视为比死亡更大的恶，它［婴儿］活着必须跟着我受穷，而对死
219 亡它不可能有恐惧、感受或怨恨”[2]。休谟论证说：“**人们在道德上进行推理所依据的原则总是相同的，可他们得出的结论常常有天壤之别。**”[3]

有时，仅仅因为环境不同，最重要的事情就发生了变化。休谟说：“在战争和动乱期间，兵戎领域的德性应该比和平时期的美德更受人赞美，更受人钦敬和关注，这并不出奇。”[4]这也说明了“善是可喜的、有用的”这个观念：在不同的时间和地点，可喜的、有用的东西也是不同的。

实践和惯例上的差异有时是约定俗成的。比如：“西班牙人在客人之前走出自己的房屋，以示一切由客人做主；在其他国家，主人最后走出来，这是敬重和尊敬常见的标志。”[5]休谟还举了一个更有趣的事例。他说，他觉得很难为法国人或希腊人的“殷勤”（gallantry）找出充分的理由，他在一个脚注里把这个词解释为“放荡的性道德”而不是“讨好”（渴望取悦对方）。当休谟尽力为“殷勤”辩护时，他发现法国人和希腊人“执意为了享受社交的快乐而牺牲某些家庭的快乐，乐意追求舒适、自由和开放的交往从而舍弃严格的忠实和忠贞。这两方面的目的都是

1 *A Treatise of Human Nature*, 3.1.2.8.

2 *An Enquiry concerning the Principles of Morals*, A Dialogue, 30.

3 Ibid., 36.

4 Ibid., 39.

5 Ibid., 8.2.

善的，有些难以调和”[1]。休谟在这里要表达的观念就是后来人们所知的道德多元主义（moral pluralism）。这里不是可接受的相对主义而是一种认可，即**构成良好生活的，有许多事物；任何一个生命，任何一个社会都不可能完全拥有所有这些事物**。必须做选择。休谟在倡导这个观念的时候，已经远远地走在了他那个时代的前面。以赛亚·伯林（Isaiah Berlin）在20世纪60年代首次给这个观念命名，认为这是一个新观念。但是，这个思想早已存在，就藏在休谟年代久远的一卷著作的后面，几 220
乎是休谟事后的想法而已。

休谟对美学的讨论反映并丰富了他的道德多元主义的思想。他在《论趣味的标准》（“Of the Standard of Taste”）这篇随笔里提出了一个悖论：一方面，人们广泛地相信，“美根本不是事物本身具有的性质。美仅仅存在于审视事物的人的心灵里；每个人的心灵感知的美也各不相同”。“这个公理已经变成了格言，似乎已经获得常识的认可。当然，还存在一种与之对立的常识，至少起到了修正并限制这个公理的作用。”也就是说，如果有人说萨列里和莫扎特一样都是伟大的作曲家，或者说自己所作的画和卡蒂埃-布雷松（Cartier-Bresson）一样优秀，我们会“毫不犹豫地宣布，这些所谓的批评家的眼光实在荒谬可笑”[2]。

休谟解决这个悖论的方法甚为巧妙。他首先承认，**美可能存在于审美者的眼睛里，但是，必须有真正美的事物可供眼睛去审视**。休谟用味觉来做类比，他说：“可以肯定，美与丑不同于甜与苦；美与丑并非对象的特性，完全属于内在或外在的情感。尽管如此，我们必须承认，对象的确具有某些特性，这些特性本质上组合在一起从而产生了那些特定的感觉。”[3]

---

1 *An Enquiry concerning the Principles of Morals*, 32.

2 “Of the Standard of Taste,” 8.

3 Ibid., 16.

那么，趣味有客观的一面。有些人将自己审美的敏感性锤炼得比其他人更加炉火纯青，更善于观察事物，判断它们的优点。但是，一个人需要具备什么条件才能成为合格的审美者？休谟说："这样的问题令人难堪，仿佛把我们重新拉回到以前的不确定状态里。"[1]但是，我们只
221 要看见有高雅审美趣味的人，一眼就能认出。要确定谁能归入这个具有高雅审美趣味的人群，并没有严格的标准，但是，"他们有良好的理解力，他们的天赋超越了世上其他人，很容易从众人中脱颖而出"[2]。

然而，这并不能终结争议。许多看法上的差异都能用偏见或无知来解释。但是，即使是受过良好文化熏陶的人，在偏好上也会有差异，因为每个人的品格、性格和个人经历都有差异。因此，"在判断上存在某种程度的多样性，这是不可避免的。我们极力寻求趣味的标准以调和对立的情感，然而，努力最终落空"[3]。由此看，**并非一切意见都可接受，而是可接受的不止一种意见。**

这个原则既适用于审美，也适用于伦理。休谟考虑人的多样性，但是并没有放弃标准。这也说明休谟的道德哲学蕴含深深的人文主义观。他的道德哲学没有依赖道德玄奥的源头，而是给我们提供一种手段，"放弃那种以自爱原则解释一切道德情感的理论"。他反问道："有了这样清楚且自然的体系，我们何必去寻求玄奥而渺茫的体系呢？"这个反问无懈可击。我们放弃纯粹的自私乃至开明的自我利益，"采纳一种更普通的情感，并承认，社会的利益即使就其本身而论也不是完全与我们无关的"[4]。正确的道德哲学观无须为了道德而求助于一个神圣的源头，而是把所有的是非判断建立在"对自己或对他人有用抑或令自己

1 "Of the Standard of Taste," 24.

2 Ibid., 27.

3 Ibid., 28.

4 *An Enquiry concerning the Principles of Morals*, 5.17.

或令他人愉快的”一切品质之上。[1]

休谟在《道德原则研究》的结论章颇具说服力地描述了自己提出的理论所具备的优点。他把美德描述成一个人格化的女性： 222

> 许多神学家和一些哲学家在她身上覆盖的暗淡的服饰脱落下来，她袒露出来的只有温文尔雅、人道、仁慈和友善；不仅如此，她在适当的间歇也会玩耍、嬉戏、作乐。她丝毫不谈无用的苦行生活、清规戒律、苦难和克己。她宣称她唯一的目的是使她的追随者以及整个人类在他们实际存在的每一个瞬间尽可能地感到欢乐和幸福；她也决不愿意放弃任何快乐，除非在他们人生的另外某个时期有望得到足够的补偿。她只烦劳人们一件事，那就是合理地计算并坚定地优先选择最大的幸福。[2]

休谟明确地告诉读者，在他那个时代，哲学尤其是伦理学的主要问题是，它们“一直与神学紧密结合，这种紧密程度比在异教徒中观察到的要高得多”。然而，“**神学……不允许任何的观念调和，它使知识的每个分支都服务于它，根本不尊重自然的现象**，也不尊重心灵毫无偏见的情感，致使推理，乃至语言，都偏离了它们的自然轨道”[3]。

难怪休谟的哲学体系具有极其世俗的特征，这使他的一些道德观念颇具争议。引起更大争议的是他对自杀的看法，人们视之为异端歧见；他论述自杀的那篇论文在他生前一直没有发表。这篇论文的第一段根本没有涉及自杀，而是论证说：“真正的哲学一旦唤醒了更强劲的公正的情感，以谬见为基础的迷信一定顷刻间烟消云散。”休谟提醒读

1　*An Enquiry concerning the Principles of Morals*, 9.1.

2　Ibid., 9.15.

3　Ibid., Appendix 4, 21.

223 者，妨碍他们接受他的论证的，是迷信，不是理性。

“若自杀有罪，它一定背弃了我们的义务，即对上帝的义务，抑或对邻人的义务，抑或对我们自己的义务。”休谟用这个前提开始自己的论证。论文余下的部分证明了为什么自杀没有背弃这些义务。“自杀冒犯了上帝”这个观念依据的假设是：人擅自剥夺自己的生命，这是对上帝特权的僭越。但是，休谟令人信服地说，上帝很明显让我们自由行动，既然如此，“处置人的生命”就不应该“属于至高者的特权范围”。我们做任何一件事，即使“闪身躲开将要落在我们头上的石头”，也是对“自然进程”的干扰。若一切都在上帝掌控中，这意味着“我扑向刀剑而死，这等于我同样接受来自上帝之手的死亡，这与我丧命于狮子之口，我坠崖身亡抑或害发高烧而死毫无二致”[1]。

也许有些时候，自杀背弃了我们对邻人的义务。比如：父母自杀，孩子沦为孤儿；一个要履行重要使命的人，若自杀，则逃避了使命。但是，也有这样的时候：“我已经无力增进公众的利益”，“我已成为公众利益的负担”，或者“我的生命已经妨碍某些人去增进公众的利益”。在这些情况下，“我放弃自己的生命不仅肯定无罪，而且值得称赞”。我们更容易不去履行自己的义务。“年迈、疾病或厄运会使生命沦为重负，会使生比死更不堪忍受。”[2]

休谟在这篇激进的论文里写了一个错误的注解。他说，“只要活着是值得的，一个人就不会放弃生命”；若有人曾经求助于自杀，他“就受到了诅咒，产生无可救药的堕落感和忧郁的脾气。这必然损害所有乐趣，过着悲惨的生活，如同他承载了最痛苦的不幸”。遗憾的是，现
224 在我们有充分的证据显示，并非如此。研究表明，自杀未遂者，有90%的人不再自杀。大多数试图自杀的人都是冲动的：《新英格兰医学杂

1 “Of Suicide,” 14.

2 Ibid., 28.

志》(*New England Journal of Medicine*)表明,“24%的人在决定自杀和付诸行动之间用时不到5分钟,70%的人历时不足一小时”[1]。休谟的论证为那些长期决意自杀并选择自杀的人做了有力的辩护,但是,我们不应当将他的论证解读为我们总是应该支持自杀并对人们尝试自杀听之任之。

休谟怀疑道德的理性体系,强调人的共情,这意味着他对善意的重视程度超过遵循严格的规则。“我不想见客时,就命令仆人说我不在家,我是个骗子吗?”他问道。[2]唉呀,是的! 但是,如果谎言的唯一意图是善意,因这样的谎言而谴责他是很愚蠢的。例如:休谟为了帮助卢梭,不止一次对卢梭掩盖真相,因为人们都知道,卢梭拒绝接受施舍。有一次,他筹划在伦敦出版卢梭的《音乐词典》(*Dictionary of Music*),他从朋友处借钱加在出版商的预付款上一并给了卢梭。[3]

真理并非总是比礼仪更重要,甚至有时并非比娱乐更重要。“我们在社交时经常遇到一种没有恶意的撒谎者,他们用奇妙的方式撒谎。”他认为这样的谎言完全是理性的,提倡对幽默故事中虚构的成分“多些宽容”:“在幽默故事里,虚构确实令人愉快,逗人开心,而真理则显得无关紧要。”[4](了解到这一点,我们也许应该对休谟的一些智慧故事半信半疑。)休谟听起来很理性,于是他的天才几乎遭到掩盖,从而变成了常 225
识,这种事司空见惯。一边是卢梭毁灭性的多愁善感;另一边是那些遵循理性、放弃感情的人秉持的客观、冷漠的道德。唯有一个异乎寻常的心灵才能找到一条正确的路,游走于这两者之间。

在《我的一生》中,休谟说,他的《道德原则研究》“在我的所有作

1　Matthew Miller & David Hemenway, “Guns and Suicide in the United States,” *New England Journal of Medicine* 359 (2008): 989–991, DOI: 10.1056/NEJMp0805923.

2　*Letters of David Hume, Volume 1*, Letter 238.

3　Edmonds & Eidinow, *Rousseau's Dog*, 104.

4　*An Enquiry concerning the Principles of Morals*, 8.6.

品（无论是历史的、哲学的，还是文学的）中是无可比拟的最佳作品”[1]。这证实了他多年前的评价。那是在1753年，他向大卫·达尔林普尔（David Dalrymple）律师表达自己对《道德原则研究》的评价：“我必须承认，我偏爱这部作品，在我所有的作品中，我认为这一部是最好的。”[2]休谟的道德哲学当然经受了时间的考验，这说明：**以人性为根基的道德观不仅是可能的，而且比宗教的或理性主义的道德观更仁慈。**

正　义

休谟不仅致力于个人的道德观，也关注“什么构成正义的世界”这个问题。如同回答道德问题，他对正义问题的回答也出自同一个根基：人性。

“正义是一种抽象的普适的美德，它独立于人类生活和社会，依靠纯粹理性来发现。”这个观点休谟断然不能接受。[3]休谟认为，正义之所以存在，源于我们管理和谐社会的需要。**正义为满足人类需要而创造；反之则不然。**如果人性或人类状况是另一回事，我们就不需要正义。休谟为了论证这一点，假设了与我们的世界不相同的三个可能的世界。

在第一个世界里，“大自然把所有外在的便利条件充裕丰沛地赠予
226 了人类，结果就不存在任何不确定性，我们无忧无虑，无须劳动；每一个人都发现，无论他最贪婪的欲望想要什么，他最奢靡的想象力希望或欲求什么，一切都会得到充分的满足”[4]。在这样的世界里，供应永远多于人的需求，因此，没有必要建立任何规则来管理谁应当拥有什么。

在第二个世界里，“人的日常基本需求和现在并无二致，可是，人

1　*My Own Life*, 10.

2　*Letters of David Hume, Volume 1*, Letter 82.

3　*A Treatise of Human Nature*, 3.2.2.20.

4　*An Enquiry concerning the Principles of Morals*, 3.2–3.

的心灵如此广博并充盈着友谊和慷慨，因此，人人都以最大的温情对待他人，关心同胞的利益就如同关心自己的利益”[1]。也就是说，如果我们这样无私、仁慈，我们就无须为了任何物品的公平分配和拥有权而建立规则。

在第三个世界里，“假设一个社会陷入所有日常必需品的极度匮乏之中，最大程度的节俭和劳苦都无法保护大多数人免于死亡，使整个社会免于极端的苦难”。在这个世界里，将任何一个人应得的一份必需品给他，都是不可能的。“在这样的紧急状态中，严格的正义法则就要暂停，取而代之的是人们获得日常必需品、保护自我的强烈动机。”[2]

因此，休谟得出这样的结论：“正义只是起源于人的自私和有限的慷慨，起源于大自然在满足人类需求时供应上的不足。”[3]因此，“公道和正义的规则完全依赖于人们所处的特定状态和状况，它们的起源和存在归因于人们严格、持久地遵守规则带给社会的那种效用”[4]。也就是说，休谟在此次讨论正义时采用了传统上浮夸的正义的观念，用务实的态度看待正义，视其为管理人类事务关系的一个实践原则。227

我们有能力建立由正义原则管理的社会，这赋予我们三个优势。第一，我们把资源集中起来，集体比个人更有力量。第二，我们通过劳动分工走向专业化，因此提高了我们的能力。我们无须打碎时间去烘焙、缝衣、造房子，我们让每一行的专家替我们做这一切，然后我们就可以吃更好的面包，穿更好的衣服，住更好的房子。第三，社会允许我们互相帮助，这样，无论何时，富人和健康的人都可以帮助穷人和病人；若情况发生变化，曾经付出的人也可以获得回报。[5]

---

1 *An Enquiry concerning the Principles of Morals*, 3.6.

2 Ibid., 3.8.

3 *A Treatise of Human Nature,* 3.2.2.18.

4 *An Enquiry concerning the Principles of Morals*, 3.12.

5 *A Treatise of Human Nature*, 3.2.2.3.

这种实用的正义要起作用，必须透明、一致、可预测。“**正义在行使判决时绝不考虑财物适合或不适合具体的个人，而是遵循更普遍适用的观点来做决定。**”所以，我们生活在后来所谓的“法治”这个原则之下，法律平等地适用于每一个人；即使从更客观的角度看，这导致某种不公平，可法律面前依然人人平等。“无论一个人是慷慨的还是守财奴，都同样受[正义]的优待。一个东西即使对一个人完全无用，在他与人争执时，他也同样容易获得有利的判决。”[1]

这就需要有一种人人共享的正义的概念，即使邪恶的社会也应有自己的正义。“人们常常注意到，强盗和海盗若不在其内部建立一种新的分配正义，他们对其他人已经侵犯的那些公道原则如果不在他们自己内部恢复，他们就不可能维持自己邪恶的联盟。”[2]

休谟强调人类对有序社会的需求，这如同孔子强调和谐社会。哲学也需要一个繁荣昌盛的稳定社会。“法律带来安全；安全带来好奇；好奇带来知识。”若许多不同的国家都享受这种稳定，互相经商来往，那
228 就更好了。“几个相邻而独立的国家，因商业和政治策略联系在一起，这是最有利于文明和学养兴起的条件。”[3]今天许多的本土文化保护主义者、贸易保护主义者、民粹主义政治领袖都应当好好倾听这条信息。

休谟和孔子一样，认为为了维护社会的和谐，有时候有必要牺牲其他一些价值，即便是良好的价值，亦可牺牲。在他讨论平等时，这一点最明显。他清楚地告诉读者，平等是美好的理想。“如果可能，每个人都应当能享受自己的劳动成果，充分拥有所有的生活必需品以及许多生活便利设施，”他写道，“这种平等十分适合人性，它几乎没有损害富人的幸福，却增进穷人的幸福。没有人对此表示怀疑。”[4]

---

1 *A Treatise of Human Nature*, 3.2.3.2.

2 *An Enquiry concerning the Principles of Morals*, 4.15.

3 “Of the Rise and Progress of the Arts and Sciences,” 14–16.

4 “Of Commerce,” 17.

在《道德原则研究》里有一段话尤其值得注意：

> 事实上，我们必须承认，大自然对人类十分慷慨；倘若她全部的馈赠在人类中平等地分配，并由人的技艺和劳动进行改进，则每个人都会享受所有生活必需品，甚至生活中大多数的舒适设施；除非疾病可能偶然因身体骨骼和组织的病态而生，否则，他也决不容易罹患疾病。还必须承认，**如果我们偏离了这种平等，我们为了给富人增添满足，就剥夺穷人身上的满足；一个人的某种轻浮的虚荣心得到些微满足，其耗费常常比许多家庭甚至许多行省的口粮还要多**。[1]

休谟的理想在这里看似是社会主义的理想。但是，他保守的冲动如往常一样让他悬崖勒马。要创造如此平等的乌托邦社会，“就要监视 229
每一种不平等的苗头，最严厉的审查必不可少；要惩罚和匡正这种不平等，最严格的司法也必不可少”。这就需要赋予执政当局极大的权力，于是它“很快堕落而成专制”[2]。20世纪共产主义国家的经验说明，这不只是一个保守者担忧的问题。

休谟还担忧：“财产分配，如果完全平等，等于摧毁了一切主次关系，就极端削弱了执政当局的权威，必然把一切权力降至同一个水平。”[3]这种担忧比较可疑。休谟在这里暗示说，要确保社会的稳定，我们需要权力的等级关系。其中可能有些许道理，但是，休谟对更大的平等、较少的等级关系有恐惧之心，这未免有些过分。他好像忽视了一个重要原则：**有时候，愈多则愈好，可是，最多则最坏**。完美的平等可能是坏

1 *An Enquiry concerning the Principles of Morals*, 3.25.

2 Ibid., 3.26.

3 Ibid.

的，但是更多的平等大有裨益。完全废除等级关系不好，但是，少一些等级关系可能更好。**评价一个理想，要看它的最佳样式，不要看它最极端的样式。**

休谟关于正义的论述大多与财产有关，与几篇论述政治经济的随笔有重叠。他的观点对亚当·斯密产生了非常重要的影响。丹尼斯·拉斯穆森说："《国富论》中最重要的论证（关于商业如何有助于促进自由和安全）以及书中最有名的论证（关于自由贸易的益处）均可以在休谟早期的论著中找到，这很惊人。"[1]这些观点中有许多内容今天依然意义重大。有一段关于税收的文字值得在这里全部引用。今天可以直接从智库的报告里找出来：

230 把税金加在消费品上，尤其加在奢侈品上最为适宜，因为人最不易感受到这种税金。从某种意义上说，这类税金是人们自愿缴纳的。一款加了税的商品，要使用多久，一个人是可以选择的。这样，税金在毫无察觉中缓慢地缴纳。税金如果审慎而明智，自然可以使人清醒谨慎，崇尚节俭。而且，税金混在商品的自然价格之中，消费者几乎觉察不到。唯一的弊病就在于税金收得很高。[2]

休谟一旦把经济和宗教结合起来，他对经济重要性的洞察就变得极为深刻。他论证说，宗教的兴起依赖人的恐惧之心；人一旦幸福，宗教就无影无踪；而最能促进人幸福的是经济的繁荣，它使人"获得欢喜、活力、激情，以充沛的精力享受社交和感官带来的快乐"。当人们处于这种心灵状态时，他们"几乎没有闲暇或意愿去考虑那些未知的、不可见的领域"。只有当灾难降临或"对未来充满疑惧"时，人的心灵才

1 Rasmussen, *The Infidel and the Professor*, 168.

2 "Of Taxes," 5.

会沉沦于“胆怯、恐惧和忧郁”，“诉诸每种方法来平息我们的命运完全依赖的那些隐秘的智性力量”。让人恐惧，这是宗教的需要，因此，“在经济繁荣的时代，宗教会刻意抑制人的自信心和感官享受，提醒他们还有一个神圣的主宰”[1]。因此，人们把“每一种野蛮行为都归于那至高者”，“神被描绘得愈强大，人就愈驯服，愈顺从神的使者”[2]。

今天有证据表明，关于宗教信仰和物质繁荣之间的关系，休谟的认识非常正确。总的来说，一个国家越富有，宗教热忱越低。曾有一段时间，人们提出反对意见，他们说美国就是一个例外：美国是世界上最富有的国家之一，也是最虔诚的国家之一。事实上，美国并不是休谟观 231
点的反例。首先，美国的宗教信仰现在正在衰落。更重要的是，有许多证据表明，在有些国家，人民面对“生存的不安定感”，宗教信仰更加坚定。虽然宗教信仰总是与物质财富相关，但在美国这种关系已经崩溃。美国富有，但是，它没有欧洲式的福利体系。许多人的生活离贫困线很近。真正的经济繁荣需要财务上的安全感。人们有了这样的安全感，他们往往不去寻求神的拯救。**如果俗世的生活是美好的，我们就不必用渴望的目光凝望那想象的天堂。**

在《人性论》第三卷，休谟为论述道德的章节选了一则格言：“爱美德之人，请你求问神：什么是美德？请神让你看看‘善’那可见的样貌。”这则格言来自卢坎（Lucan）描述罗马内战的著作《法沙利亚》（*Pharsalia*），这句话是将军拉比努斯（Labienus）对迦图（Cato）说的。拉比努斯为预知未来，请圣洁的迦图求问神谕，并请他求问：“人民会获得许可享受法律和自由吗？这场内战会不会前功尽弃？”但是，迦图对神谕不感兴趣。他只想做正义之事。“人们对未来之事没有把握——让他们求告先知吧，”他说，“我的自信不是来自神谕而是来自必死的

1 *The Natural History of Religion*, 3.4–5.

2 Ibid., 14.8.

决心。”[1]

休谟对格言的选用可谓高明。这则格言成了虔诚的遮羞布，因为
迦图也说：“我们男人和众神不分离。”但是，真正的信息是，我们不需要
众神，因为在某种意义上，我们就是众神。“为什么还要寻找神？我们所
232 见的就是上帝；所做的每个动作也是上帝。”道德无须超验的源头。道
德的根基就是从“必死”开始充分理解我们的人性。求问神，要求看看
“‘善’那可见的样貌”，这并非要求上帝“道成肉身”，而是要看看善只
是以可见的样貌存在，它存在于肉身的、世俗之人的行动里。休谟并非
削弱道德，事实上他把道德置于一个更加安稳的根基上，使“正义的规
233 则稳定而不变，至少和人性一样永恒不变”[2]。

1 Lucan, *The Civil War (Pharsalia)*, trans. J. D. Duff, Loeb Classical Library 220 (Harvard University Press, 1928), 560–85, 546–69.

2 *A Treatise of Human Nature*, 3.3.6.5.

第六章

向死而生

不要以为你悠闲地坐在火炉边会不幸福，也不要以为换一个环境你会更惬意。[1]

伊壁鸠鲁的猪

休谟回到英国后，在伦敦逗留了一段时间才回苏格兰的家，这是他最后一次回家，是在1769年8月。他先回到詹姆斯邸宅那栋公寓大楼，他是1762年在奔赴巴黎之前把家搬进那里的。他和姐姐凯瑟琳住在那里，带着他的"波美拉尼亚小狗福克西"。休谟最终成为第一个主要靠写作谋生的"文人"，既富有又享有极高的声誉。莫斯纳说，休谟"倾囊分享晚年的财富"，给自己的姐姐生活补贴，并资助、督导两个侄儿的教育。[2]

休谟说，詹姆斯邸宅"非常宜人，陈设讲究"，但是，"空间太局促，我无法发挥高超的烹饪天赋；我打算沉溺于厨艺，度过我的余生"。

1 *Letters of David Hume, Volume 1*, Letter 223.

2 Mossner, *The Life of David Hume*, 571–574.

他没有开玩笑，许多历史记录都证明他讲究饮食。他曾致信吉尔伯
234 特·埃利奥特(Gilbert Elliott)说:“我刚才把一份亲手抄录的‘女王御膳汤’的菜谱放在面前的桌子上。说起牛肉烩卷心菜(一道好精美的菜肴)、陈年干红煨老羊肉，我的厨艺举世无双。我烹制的羊头汤，基思(大使)先生品尝八天后依然念念不忘。”[1]鲍斯威尔也总说起自己品尝过的“北欧伊壁鸠鲁式的风味”。[2]

休谟真的自己下厨吗？莫斯纳说，他的书桌里珍藏的全是法国食谱，酒窖里储藏着最好的法国红酒；他还“耐心地将其复杂的厨艺教给自己的‘女佣’、忠实的老管家佩姬·欧文(Peggy Irvine)”[3]。欧文和几个用人一起管理休谟的新房子。不过，从休谟和其他人的只言片语中可以知道，他的确在有些时候会在厨房里撸起袖子烹饪食物。

伊丽莎白·克莱兰(Elizabeth Cleland)撰写的《简易烹饪新方法》(*A New and Easy Method of Cookery*)可以让我们知道，究竟是哪些美食为休谟赢得了美食家的名声。这本书“主要是给她学校里的女学生准备的”，而这所学校离休谟的家非常近。书里没有羊头汤的食谱，但是我们也许可以结合下面两个食谱，设计出羊头汤的食谱。

牛犊头汤

选牛犊的头，炖至软烂；滤掉汁水，放入一撮香草，加洋葱、盐、胡椒、肉豆蔻、少许细大麦粒。水烹煮至大麦粒和牛犊头均熟；将牛犊头置于汤中央，端汤上桌。

羊肉汤

取约六磅羊肉，加入三苏格兰品脱的水，再加香料、洋葱、两三

1 *Letters of David Hume, Volume 2*, Letter 433.

2 James Boswell, *Letters of James Boswell, Volume 1*, ed. Chauncey Brewster Tinker (Clarendon Press, 1924), 233.

3 Mossner, *The Life of David Hume*, 560.

颗芜菁、四分之一磅细大麦粉或米粒、盐和胡椒，炖熟。端汤上桌 235
前，放入一小把切碎的欧芹。

如果你在休谟家里用餐，无论质和量，你都会吃得很好。埃德蒙斯通上校写道："我和这位哲学家共进晚餐，结果我喝醉了。"[1]凯利勋爵（Lord Kellie）认为，最好将爱丁堡的这位文人（literati）命名为饕餮（Eaterati）。莫斯纳说，英国诗人威廉·梅森（William Mason）不无善意地揶揄道：

> 大卫，慵懒地仰卧在那儿，
> 他是伊壁鸠鲁猪圈里最肥的猪。

"伊壁鸠鲁的猪"这个短语自此流传下来。吉本给正在爱丁堡访问的友人写信说："一定要去参观伊壁鸠鲁的猪圈，看看那头最肥的猪。"[2]休谟也许因为自己酷爱美食，为此他甚至自嘲。有一次，休谟突然造访一个朋友，落座吃饭时说道："你知道吗？我不是美食家，我只是贪吃而已。"[3]

休谟如此享受美食，很多人知道后都很惊讶。柏拉图和基督教都看低肉体的享受，因此，大多数西方人不会把烹饪鉴赏力和知识敏锐感联想在一起。良好的饮食和良好的哲学不兼容，但是，休谟就是这一偏见的毫不含糊的反例。"一张优雅的餐桌没有影响我冷静的头脑，也不影响我研究的乐趣。"[4]

休谟享受美食，甚至不做任何辩解，这反应了他著作中一个反复

1 Mossner, *The Life of David Hume*, 560.

2 Ibid., 561.

3 Ibid., 560–561.

4 *New Letters of David Hume*, ed. Klibansky & Mossner, Letter 9.

出现的主题。基督教在历史上明确区分了人类和动物的区别，休谟却论证说，人和动物本质上没有差异。这个观点在达尔文之前非同寻常。
236 更惊人的是，休谟说："动物和人类一样，生来具有思想和理性，这是最明显的一条真理。"[1]

如果这条真理看似不太明显，那可能是因为我们过于肯定动物不会构建逻辑论证。这没有抓住要点。休谟说动物具有理性，他并没有把动物提升到最高的哲学水平，而是降低了大多数人类理性思维的水平。**动物往往比我们想象得更聪明，而人没有我们想象得那么聪明。**休谟认为，我们不可忘记，我们大多数人的"理性思维"只不过是根据过往的经验做出假设而已，根本没有逻辑推理。动物亦是如此。"动物也和人一样，凭经验学习许多东西，并能推断同一事情总要跟着同一原因而发生。"[2]休谟完全接受这样的观点：动物"在推断中没有理性思维的指引"，可是，"儿童也没有。人类在其寻常的行动和结论中所得的通则也没有受理性思维的指引；哲学家在生活中所有积极的领域也没有受理性思维的指引，他们大体上和俗人一样受相同通则的支配"[3]。

人可能有更强大的脑力，但是，这并非意味着他们以完全不同的方式进行理性思维。比如，因果关系链可能很复杂，这意味着"一个大脑可能比另外一个大，有更强的能力去理解物象的整个体系，并公正地推断出结果"。同样，"一个人比另一个人更有能力根据一串后果反向做出更多的推理"[4]。

人们还喜欢用另外一种方式区分人和动物：他们认为，动物靠纯粹的"本能"来行动，而人并非如此。但是，我们已经看到，休谟认为："理性只不过是我们灵魂中的一种奇妙而不可理解的本能，这种本能引

1 *A Treatise of Human Nature*, 1.3.16.1.

2 *An Enquiry concerning Human Understanding*, 9.2.

3 Ibid., 9.5.

4 Ibid., 9.n20.4–5.

领我们认识一系列的观念，并根据具体情况和具体关系将具体的特征 237
赋予这些观念。”[1]

休谟也认为动物有情感。他说：“爱和恨是所有敏感的动物共有的。”[2]爱和恨在动物之间传递，正如在人之间传递一样。“恐惧、愤怒、勇气和其他情感，常常由一个动物传递给另一个动物，可它们并不知道产生这些原始情感的那个原因。”[3]鉴于共情是道德的基础，休谟暗示说，动物也具有某种原始的道德意识。这一点可以从动物隐含的判断中体现的某些道德情感看出来；动物会判断某个东西对自身或其他动物是愉快的或有用的。“显而易见，几乎每一类动物，特别是高等动物，许多明显的特征说明它们都有骄傲的谦卑。天鹅、火鸡或孔雀的姿态和步态，表示它们高看自己，蔑视其他动物。”[4]休谟提供的例子是否具有说服力，这不清楚，但是，任何与狗、猫共同生活过的人会同意，从动物的行为可以看出它们的某种骄傲和谦卑。

然而，从根本上看，休谟的论证依据不是“我们可以看见动物的思维或感情”。他最基本的假设只是：“动物各部分的构造如果和人的构造相同，如果这些部分的活动也是同样的，那么那种活动的原因不会不相同；我们依据在这一物种中发现的真理，可以毫不犹豫地断言它肯定也应用于另一物种。”动物基本的生理结构和人如此相似，我们肯定得
出这样的结论：动物活动时依据的基本原理和我们的是一样的。既然 238
控制行动的“动力和原理”是隐秘的，是我们看不见的，我们就没有理由认为它们是“人或任何一类动物独有的”[5]。

休谟质疑人和动物的区别，超越了他所处的时代，引人瞩目。可

1　*A Treatise of Human Nature*, 1.3.16.9.

2　Ibid., 2.2.12.1.

3　Ibid., 2.2.12.6.

4　Ibid., 2.1.12.4.

5　Ibid., 2.1.12.1–2.

是，他没有进一步认为女人和非白人的其他人种有同样的能力，这让人有些失望，难以理解。**一个人能摆脱某些偏见，这并非意味着他在所有领域都能摆脱偏见**，这着实令人遗憾。

休谟最后的家

像休谟这样的大厨师、男主人，需要空间更大的家来烹饪、招待客人。曾有一段时间，休谟住在阿兰·拉姆齐位于城堡附近的一栋房子里，但是，那时他脑海中正在构建一个更永恒的解决方案。他在爱丁堡新城建了一栋新房子，他称之为“一栋小房子”，实际上“对作家来说是一栋大房子”。它位于新建的圣安德鲁广场的西南角，在王子街北面一个街区里，与海湾对面的旧城相望。

早期的地图显示，圣安德鲁广场和王子街之间的那条小街原本没有命名。现在它的名字是圣大卫街（St. David Street），这不是巧合。根据莫斯纳的描述，南希·奥德（Nancy Ord）是财政法院首席法官的女儿，她是“一位可爱迷人的英格兰女士，颇受大卫宠爱”。有一天，她在大卫房子的外墙上用粉笔写下“圣大卫街”的字样。于是，这个玩笑就得到了认可。[1]

有传言说，休谟要和奥德小姐结婚。1770年，休谟在书信中说，建
239 房子是“人生的第二件大事，因为娶妻是第一件大事，我希望能如期娶妻”[2]。休谟的朋友亨利·麦肯齐（Henry Mackenzie）写道：“毫无疑问，他曾打算追求南希·奥德小姐，打算向她求婚；那时，奥德小姐是我见过的最讨人喜欢、最多才多艺的女子。”[3]莫斯纳说，休谟甚至委托奥德小姐

1 Mossner, *The Life of David Hume*, 566.

2 *Letters of David Hume, Volume 2*, Letter 451.

3 Mossner, *The Life of David Hume*, 566.

图22　圣大卫街，如此戏谑地以这个伟大的异教徒来命名

为他的新家挑选墙纸，这个任务往往不是一个朋友而是未婚妻完成的。但是，婚事无疾而终。

1776年6月来自巴斯的一封信让我们不再怀疑休谟对奥德小姐的真挚情感。他在信中告诉她，温泉无法治愈他的病，“无须多久，您可能就要失去这个世界上最关心、最深爱您的人”。下面这段话，让我们清楚地看见，这种深沉的爱本质上是浪漫的爱： 240

> 我知道，像我这样一个行将就木之人如此热烈地爱上您这样的妙龄女子，实属异乎寻常的荒唐。但是，在您身上，我不仅看到常见的惹人喜爱的美德，还看到其他非凡的才德，于是我不禁原谅

> 了自己的鲁莽。而您待我又是那样的热情体贴，总是让我无法感知自己的鲁莽。这是我今生最合心意的一次爱恋，肯定也是最后一次。我知道，您读此信时，定会潸然泪下；而我写到这里，早已泪眼模糊。[1]

休谟终生孑然一身，这可能令人不解。显然奥德不是唯一让他感兴趣的女子。他和巴芙勒夫人之间的感情有目共睹。也有资料显示，他年轻时曾向女子求爱而不成。休谟在一篇随笔里写道："我记得，曾有一位让我有些动心的年轻美女，她要我借给她几本小说和爱情故事，供她在乡间消遣。"据休谟描述，这段关系没有好的结局，因为他把普鲁塔克的《名人传》借给她，并向她保证，此书"从头到尾没有一个字是真的。但是，当她读到亚历山大和凯撒，辨认出这些真实的名字，她把书还给我，连连谴责我骗了她"[2]。

休谟的外貌没有明显英俊之处，但他似乎对女人是有吸引力的。德裔文人弗里德里希·梅尔基奥·格里姆写道："更让人高兴的是，所有漂亮女人都非常喜欢追逐休谟，这位肥硕的苏格兰哲学家也乐意和她们厮混。大卫·休谟是一个卓越的人，他天性平和，全神贯注地聆听他人倾诉；虽然寡言，言谈间颇为机智。但是，他举止笨拙，不热情，也
241 不优雅，没有幽默感，面对美丽的女子这群曼妙玲珑之物发出的叽叽喳喳的声音，他无法做出合适的回应。"[3]

休谟喜欢与女人交往，可他不会像格里姆那样用居高临下、蔑视的口吻谈论女人。休谟认为："若与各色人等一同聚会，却没有女性参与，这是世上最枯燥乏味的娱乐，既缺乏理智或理性，又毫无欢乐与文雅。

1 Mossner, *The Life of David Hume*, 643.
2 "Of the Study of History," 1.
3 Mossner, *The Life of David Hume*, 479.

除了豪饮,做什么都无法消除此类聚会难熬的无聊,可是,豪饮是最坏的对策,甚至不如无聊。”[1]

当然,休谟也可能是同性恋。那时,即使仅仅暗示自己是同性恋都是不可能的。但是,我们没有充分的理由认为他是同性恋;事实上,要想象异性恋的休谟为何最终选择单身,这也很困难。他重视独立性,而且,在他大部分生涯中,他都不富有,难以解决照顾家庭这个问题。奥德小姐终身未婚,也是意味深长的一件事。也许心灵的自由让他们惺惺相惜,二人故此无法在婚姻中加强这种纽带。

休谟在爱丁堡新城的家,几年前被拆毁了。在本世纪初以前,这个现代街区位于现今圣大卫街南21号,此处有一块纪念石匾:“大卫·休谟于1771年至1776年间居住在这个地址的一栋房屋里。”但是,这个地址最近彻底地重新开发了,新的大楼不再适合用以纪念曾经在这里居住的最重要的名人。即使人们不重视他的哲学遗产,至少应当重视他的美学遗产。今天,王子街以南没有建筑物,保留了向城堡和旧城放眼望去一览无余的视角,这多亏休谟以及其他人当时成功抵抗市政委员会的决议,因为市政委员会原本承诺不开发王子街以南的地方,后来又决议推翻自己的承诺,遭到休谟等人的成功抵制。[2] 242

休谟把一切准备妥当,就等享受舒适的退休生活。然而,1772年,在他乔迁新居不久,他的健康开始衰退。病情一开始发展缓慢,但是到了1775年春天,“肠胃突然不适”,他很快意识到是“致命的不治之症”。一年内,他瘦了7磅。到1776年初,他告诉斯密,他瘦了“整整5英石”(1英石等于14磅)。[3]我们无法确切知道他得了什么病。他的症状是大便带血,这也是结肠癌的症状,但是,莫斯纳说:“现代医学或许会认为,

1 “Of the Rise and Progress of the Arts and Sciences,” in *Essays, Moral, Political, and Literary*, ed. Eugene F. Miller (Liberty Fund, 1987), 626.

2 Mossner, *The Life of David Hume*, 565.

3 *Letters of David Hume, Volume 2*, Letter 514.

尽管无法排除肠癌的可能性，休谟很可能死于慢性溃疡性结肠炎，在感染急性细菌性痢疾之后引发的结肠炎。”[1]

不过，在他生病期间，他相当活跃，精神面貌好得出奇。他没有停止阅读，给爱德华·吉本和亚当·斯密写信，分别称赞他们的《罗马帝国衰亡史》和《国富论》。[2]同年4月，休谟在去伦敦的途中遇到了剧作家约翰·霍姆和亚当·斯密；他们是从伦敦过来要去爱丁堡探望休谟的。霍姆陪伴休谟时，发现他“从未像现在这样兴高采烈，也未像现在这样才思敏捷，记忆力、理解力和幽默风趣皆非往日能比”[3]。

休谟从不想刻意追求长寿。“耄耋之年是一种罪。”他写道。**生命可能太短，也可能太长。**“为了我自己，也为了我的朋友们，但愿我的命运是在老年的门槛上终止短暂的生命，不要进入那个悲惨的领域并走得太远。”[4]他自知大限已近，于是动笔撰写自传，在自传中宣告说：“我没有因疾病遭受许多痛苦；更奇怪的是，尽管我的身体经历很大的衰退，可我的精神不曾有过一刻萎靡。因此，若我要指出在我的一生中，我最
243 愿意重新度过哪个时期，我可能禁不住挑选最后的这个阶段。我做研究的热情和以往一样强烈，与人相处时和以往一样快乐。此外，我想，一个65岁的人，即使死亡，生命被截去的只不过是几年体衰患病的岁月。虽然我看到，许多迹象表明我作为文人的声誉最终爆发出格外耀眼的光芒，可是我知道，我没有剩下几年时光去享受它。我现在对生命是最无牵挂的时候。”[5]

休谟用清晰的思维直视渐渐逼近的死亡，令人钦佩。亚当·斯密回忆起休谟的医生对休谟说过的一番话：“我会告诉您的朋友埃德蒙斯

1 Mossner, *The Life of David Hume*, 596.
2 Ibid., 589.
3 Ibid., 593.
4 *New Letters of David Hume*, ed. Klibansky & Mossner, 228.
5 *My Own Life*, 20.

通上校，说您经过我的治疗，已经好多了，正在好好地康复。”休谟看穿这种虚假的安慰，说道：“医生，我一向相信您只会说实话，您最好告诉他，我就像我的敌人（如果我有敌人的话）希望的那样很快死去，也会像我的最好的朋友们希望的那样容易且快乐地死去。”[1]

同年7月4日，星期四，休谟在圣大卫街举办了实质性的告别晚宴。大多数朋友都到场了。那天是美国发布独立宣言的日子。美国独立，是他们中的大多数都支持的事业；但是，越洋消息走得很慢，他们那天并不知道这个消息。

几天后的7月7日，休谟接待了一个动机不纯的访客。詹姆斯·鲍斯威尔出于一种病态的好奇心来到临终的休谟身边，想看看一个无神论者如何面对死亡。休谟充满善意地接待了他。时光倒回到1763年，他在一次文人的争论中和鲍斯威尔闹翻了，他的自传也描述了这件事。鲍斯威尔和另外两位作者在书中公布了休谟私下说给鲍斯威尔而后又不承认说过的一句话，是侮辱某个马洛赫（Malloch）先生的一句话。休谟致信鲍斯威尔，说道：“魔鬼如何走进你们的头脑，确切地说，是走进你们的脑壳子（你们几个脑壳子但凡有一个脑子，也不至于做出此等事 244
来）……才让你们在书里告知全世界你们臆想我在私人谈话中说过的一句话？”休谟说，他决不再回复鲍斯威尔的任何一封信，除非他“为这次冒犯道歉”。休谟说：“对于我们耍笔杆子的人来说，这世上我们唯恐失去的，就是作品的荣誉，没有其他什么能让我们害怕失去，我们甚至不怕失去我们的妻子（如果我们有的话）。”[2]

我们可以假定鲍斯威尔道歉了，因为休谟在病床前接待了他。后来发生的事让我们敏锐地看见，一个没有信仰的人能够如此平静地为死亡做准备，那时许多人认为这简直不可思议。鲍斯威尔描述休谟时，

1　Adam Smith to William Strachan, November 9, 1776.

2　*New Letters of David Hume*, ed. Klibansky & Mossner, Letter 34.

说他“瘦，面目可怖且庸俗”，但是，他“平和，甚至快乐”。休谟和鲍斯威尔的对话让人震惊：“然后他漠然地说，每一种宗教的道德观都是坏的。他说，当他听说一个人是虔诚的教徒，他就断定那个人是一个恶棍。当然，他知道有些好人确实很虔诚。他说这些话时，我真的认为他不是开玩笑的。这件事彻底颠覆了人们对异教徒的常规评价。”

鲍斯威尔有“强烈的好奇心，很想知道休谟在面对眼前的死亡时是否坚持不相信来生。从现在他所说的话、他说话的方式，我深信他确实如此。我问他，是否不可能有来生？休谟回答说，木炭放在火上烧，它不燃烧，这可能吗？他接着说，永生是最不理性的幻想”。

这次谈话让鲍斯威尔感到“有些恐惧，同时，我的大脑疯狂、诡异、迫不及待地回忆我伟大的母亲的虔诚嘱咐、约翰逊博士的高贵训示以及贯穿我一生的宗教情操和情感。我仿佛是一个突然堕入危险的人，
245 迫切寻找自卫的武器；在我面前的是一个能力如此强大、探索如此广泛的人，可他相信人是要毁灭的，他正在这样的信仰中死亡，我禁不住强烈地感受到瞬间的怀疑”。虽然鲍斯威尔坚定不移地说“我保持我的信仰”，他也说道：“我从他那里离开后，所受的影响干扰了我一段时间。”

鲍斯威尔看起来至少尊重休谟的刚毅。“休谟先生诙谐有趣，现场毫无肃穆的氛围；死亡在当时看起来并不凄凉，”他说道，“他心平气和地谈论各种话题，才思敏捷，无论在什么时候都无人能够企及。”对鲍斯威尔的汇报，其他的信徒解读非常不同。威廉·约翰逊·坦普尔（William Johnstone Temple）冷酷无情地说：“如果他继续顽固不化，［他］就会像一条狗那样死去……那么让他死吧，尔后坠入地狱的火湖里。”[1]

亚当·斯密在给休谟的出版商威廉·斯特拉恩的一封信里描述了

1 Rasmussen, *The Infidel and the Professor*, 207.

休谟最后的日子，是最让人感动的描述。这封信再次重申了休谟面对死亡时情绪良好，态度乐观。这封信还详述了休谟在阅读琉善的《死者的对话》(*Dialogues of the Dead*)之后做出的反应。在《死者的对话》中，卡戎(Charon)把新近亡者的灵魂用船渡过冥河到达冥府；那些不愿接受死亡的人总向卡戎提出各种借口，希望能拖延时间。休谟猛然意识到自己找不到类似理由，因为"他没有未修缮完毕的房子，没有女儿要供养，没有敌人要复仇"。休谟由此得出结论："因此，我有充分的理由心满意足地接受死亡。"然而，为了自我娱乐，他想象了自己可以向卡戎提出的其他理由，让卡戎允许他留在生者的世界里。斯密继续讲述这个故事：

> "仁慈的卡戎啊，我一直忙于修订我新版的著作；请宽限一些时间吧，我想看看公众将如何因我而改变。"但是，卡戎会回答："当您看到这些变化时，您又开始创造其他变化。这些借口没完 246
> 没了。所以，诚实的朋友，请登船吧。"不过，我可能继续纠缠："请耐心点儿，仁慈的卡戎。我一直不遗余力地开启民智。如果我多活几年，我可能看到一些盛行的迷信体系垮台，那样我就心满意足了。"卡戎这时就会发脾气，不再彬彬有礼："你这个游手好闲的无赖，再过几百年后也不会发生这种事。我会让你拖延如此之久吗？你休要幻想！即刻上船，你这个懒惰的、游手好闲的无赖！"[1]

8月13日，休谟给自己的哥哥写信说："布莱克医生理智、明确地告诉我，我很快就要死了，这消息对我来说并非不合心意。"[2]8月23日，休

1　Adam Smith to William Strachan, November 9, 1776.

2　*Letters of David Hume, Volume 2*, Letter 535.

谟写了他毕生最后一封信，是写给斯密的，他说："我的健康急剧恶化。昨夜我有些发烧，我希望发烧会加速结束这无聊的疾病，但是，不幸的是，高烧很快退去。"[1]

许多人把休谟对待死亡的态度视为榜样，是可供人效法的榜样。如果我们这么做，我们不要因为他表面上类似于斯多葛哲学而被误导，这一点极为重要。我们已经看到，休谟不属于斯多葛派。事实上，休谟年轻时曾努力遵循过斯多葛派哲学的信条，后来，他很清楚地拒绝了这一哲学。

斯多葛派的人面对死亡时性情平和，因为他们相信生命毫无价值。生命是"可喜的无关紧要之物"（a preferred indifferent）：如果我们碰巧拥有生命，我们可以享受生命；但是，我们不应该对生命有欲求或没有欲求。塞涅卡说："我们可以点燃，我们可以熄灭。这两端之间，我们才
247 有感受；对两端之外的事，我们完全不关心。"[2]马可·奥勒留（Marcus Aurelius）用一句话表达对生命同样的漠然态度："生和死之间距离很短，即使熬到尽头，又会背负多少苦恼，又会与何等样的人同路，其所寄寓的肉体又是多么软弱。"[3]休谟从来没有写过或愿意写这样的句子。休谟非常明确地热爱生命，用尽自己的智力和体力去热爱生命。休谟和斯多葛派都认为死亡前后什么都没有，但是，把死亡前后的时间描述为"平静"的时间，乃无稽之谈。**没有了生命，既没有平静也没有纷扰，只有虚无。**

因此，休谟能乐观地面对死亡，并非因为他鄙视生命，仅仅因为他知道死亡不可避免，而且我们能追求的最多就是在有生之年过上良好的生活。斯多葛派有许多人们经常引用的格言也表达了这个思想，比

---

1 *Letters of David Hume*, *Volume 2*, Letter 540.

2 Seneca, *Letters on Ethics*, trans. Margaret Graver and A. A. Long (University of Chicago Press, 2015), Letter 119 to Lucilius, p. 156, Letter 54.

3 Marcus Aurelius, *Meditations*, trans. George Long, Book 4.50.

如，马可·奥勒留说："没有人能逃脱自己的命运，一个人接着要探究的是：如何才能更好地度过他必须度过的时间。"[1]爱比克泰德（Epictetus）直截了当地说："死亡不可避免。我该怎么办？我去哪儿才能逃避它呢？"[2]但是，这些观点不是斯多葛派独有的。凡是准备好面对"人总有一死"这个基本事实的人，都秉持着这些观点。斯多葛派增添了漠视生死这一观念。他们认为，漠视生死使我们能够逃避对死亡的恐惧。休谟的一生和他的著作都是对这个观点的驳斥。休谟告诉我们，我们可以热爱生命，甚至热爱肉体的愉悦，同时毫无恐惧、毫无遗憾地面对死亡，至少没有太多遗憾，这样我们能够耸耸肩，接受卡戎"您的时间到了"的催促。**接受死亡不等于欢迎死亡；爱生命并不意味着紧抓生命不放。**

休谟与斯多葛派还有另一个不同之处。休谟把自己面对死亡的能力归因于值得称赞的品性，还有他的好运气。斯多葛派认为，整个生 248
命就是死亡的准备；我们只有培养了漠视生命的正确态度才能好好地面对死亡。休谟则不然，他之所以能很好地直面死亡，这归因于他的天性——"性情温和，情绪自制，开明，爱社交，快乐"——以及他的好运：他没有遭受任何巨大的苦难。他在《我的一生》里写道："大多数人，无论多有名望，都因遭遇诽谤而生怨言，诽谤的毒牙却从未碰过我，更不曾啮噬我。"[3]

我们可能羡慕休谟以哲人的方式生，以哲人的方式死，可是，他向我们暗示，我们不应该高估哲学对人生影响的程度，哲学的影响未必大于运气和性情。"哲学能够而且应该使我们与死亡和解"，这是从苏格拉底延伸出来的看法；苏格拉底说："哲学是对死亡的准备。"休谟帮助

1 Marcus Aurelius, *Meditations*, trans. George Long, Book 7.46.

2 Epictetus, *Discourses*, trans. George Long (D. Appleton & Co., 1904), Book I, Chapter 27.7, p. 76.

3 *My Own Life*, 21.

我们纠正苏格拉底的观点。虽然我同意哲学在智识层面上可以帮助我们接受“人总有一死”，但是，我看到，这种认识并不能转化为乐观的态度。**知道一件事必然发生，这未必使你能开心地接受它的发生。**正如诗人迪伦·托马斯(Dylan Thomas)所言，人们“怒斥，怒斥光明的消逝”，未必犯了哲学上的错误。

8月25日星期天的下午约4点，休谟与世长辞，葬礼在29日举行。莫斯纳说：“一大批民众聚集在圣大卫街，他们注视着休谟的灵柩从这里抬走。只听见人群中有一人评论道：‘唉！他是一个无神论者。’那人的同伴则回应道：‘不要紧，他可是一个诚实的人。’”[1]并非所有人对休谟都充满敬意。休谟的家人为防止有人亵渎休谟的坟墓，他们在葬礼
249 之后守护了好久。[2]

紧接着出现了更多温和优雅的攻击。基督教循道宗的创始人约翰·卫斯理(John Wesley)在休谟死后以“人心的诡诈”(The Deceitfulness of the Human Heart)为题举办一次布道会，他说：“大卫·休谟先生……了解人心吗？他并不比一只蠕虫或一只甲虫知道得多。‘如此游手好闲地玩了死亡的掷镖游戏’之后，你现在发现这是一个笑柄了吗？现在，你怎么看卡戎？他把你渡过冥河了吗？他终于给了你教训，让你多少了解了自己的心！你终于知道，落入永生神的手里是多么可怖的事情！”[3]

我在布里斯托尔的“新房间”(New Room)这栋建筑物里听音乐会时，想到了卫斯理的这次布道。“新房间”是世界上第一个循道宗教堂，卫斯理经常在这里布道。我突发奇想，卫斯理也许就是在这里谴责休谟的！事实上，上述卫斯理的布道是在西约克郡的哈利法克斯镇举行

1 Mossner, *The Life of David Hume*, 603.

2 Rasmussen, *The Infidel and the Professor*, 215.

3 Sermon 123, Halifax, April 21, 1790, https://www.umcmission.org/Find-Resources/John-Wesley-Sermons/Sermon-123-The-Deceitfulness-of-the-Human-Heart.

的。尽管如此，还是有一种联系让我浮想联翩。今天的循道宗是非常开明的信仰；人们眼中的卫斯理也是一个虔诚的基督徒。但是，在他对休谟的攻击中我们看到一种精神上的卑劣，这恰恰说明，宗教和更高的道德没有必然的联系。休谟提倡世俗的共情，这比大多数宗教引发的正义的憎恶似乎更吸引我。休谟的道德温文尔雅，然而，早期循道宗的道德就和教堂里的长椅一样坚硬冰冷，不是为了安抚罪人，而是专门让他们坐卧难安。**人道的共情优于严苛神圣的道德。**

休谟还为自己的遗嘱起草了一份俏皮的遗嘱修改附录，他的幽默感在他辞世后依然活灵活现。他遗赠给基尔达夫（Kilduff）的约翰·霍姆"十打我的陈年干红葡萄酒（任其挑选），另加一瓶波尔图烈酒。如果他愿意用约翰·休谟（John Hume）这个称呼来签名受赠，而且一个人两顿饭能喝完那一瓶波尔图，我再赠送他六打波尔图。他这么做，就一 250
下子终结了我们两个在世俗事务上仅存的两个差别"[1]。第一个差别可能与休谟因迁就英语发音而决定抛弃家族姓氏的拼写有关；第二个差别肯定指两人在"一次喝多少酒是适量的"这个问题上存有差异。霍姆肯定比休谟更有节制，于是休谟用遗嘱的方式迫使他的朋友放松自我约束，至少暂时放松一下。

比较严肃的事情是，休谟的遗嘱要求"我的墓穴之上可以建一座墓碑，但是费用不可超过一百磅，墓碑只刻上我的名字、生卒年份，其余的任由后人评说"。休谟的陵墓是他的朋友、建筑师罗伯特·亚当斯（Robert Adams）设计的。[2]斯密说："我不喜欢那座陵墓，那是我在我的朋友休谟身上看到的最大的虚荣。"[3]

这座陵墓今天依然屹立于老卡尔顿公墓，难怪斯密不喜欢它。老

1　Mossner, *The Life of David Hume*, 599.

2　Ibid., 591.

3　Rasmussen, *The Infidel and the Professor*, 215.

图23　老卡尔顿公墓的休谟陵墓

卡尔顿公墓是卡尔顿山脚下的一小片墓地，这里可以俯瞰爱丁堡城，我们研究休谟的旅程就是从这里开始的。在这里“埋葬的名人”，他们的名字都写在墓地入口处的一块木制牌匾上，包括哲学家托马斯·里德和数学家约翰·普莱费尔（John Playfair）；到目前为止，休谟是这里声望最显赫的名人。

陵墓本身是古罗马风格的灰色石砌的圆柱体，顶部的花朵雕带算是最精心设计的装饰，其余部分装饰极简单。陵墓内完全朴素，没有装饰，顶部开放，抬头可见天空。过去因多年失修，陵墓内杂草丛生；近年重新修缮后，今天可见陵墓的状况良好。陵墓虽然不奢华，可它的体积
251 彰显一种自负和宏伟的气势，这和休谟自称的谦逊态度不够相称。

然而，今天参观休谟的陵墓，颇为激动人心。我不止一次来这里参观；即使在爱丁堡艺术节期间整座城市人山人海时，这里的游客也不多。按理说，休谟是历史上最伟大的哲学家，而这座主要的实体纪念物在一座大城市被人遗忘的角落里安静地、默默无闻地屹立着，没有吸引很多游客。这个事实足以证明，所有哲学家都应当谦逊地看待自己对人类的贡献。

陵墓上还有一些有趣的附加物。在入口上方的壁龛里有一个骨灰瓮，纪念休谟侄儿的妻子，上面刻着感人至深的拉丁文颂词："致非常善良、讨人喜欢的妻子简·奥尔德（Jane Alder）。这只瓮是她幸运的丈夫

图24　罗伯特·亚当斯设计的休谟陵墓

252 为纪念她而置于此处的。"[1]骨灰瓮的下面铭刻的是《圣经》经文，将《圣经·新约》中的两节经文结合起来，分别来自《启示录》和使徒保罗的《哥林多前书》："看哪，我必快来。感谢上帝，使我们藉着我们的主耶稣基督得胜。"然而，这还不是这座陵墓唯一的基督教附加物。在陵墓内，墙壁上现在有一小块石板，是重新安装的，因为2008年时我曾看到这块石板放置在地上。石板的上端刻着引自《约翰福音》的一节经文："复活在我，生命也在我。"[2]此乃用以纪念奈恩威尔斯尊敬的大卫·休谟，这位哲学家的侄儿以及他的儿子约翰、大卫和约瑟夫，他们和他们的妹妹
253 伊丽莎白都葬在这里。

休谟的侄儿在他不信教的叔叔的陵墓上并非只加了一节经文，而是加了两节，这令人费解，不过，也许没有不敬之处。休谟不是宗教信徒，也不是狂热的无神论者。他没有执着于让有信仰的人抛弃信仰。如果休谟知道他的侄子在他的陵墓上添加的经文，他可能恼怒，也可能禁不住冷笑几声。

然而，亚当·斯密不喜欢他朋友的陵墓，这还不是他在朋友辞世后经受的最大考验。休谟去世后，斯密写给斯特拉恩的信与休谟的自传《我的一生》一起于1777年发表。虽然斯密认为这只是"一张毫无恶意的纸"，但是，他发现这封信招致的"谩骂比我强烈抨击大不列颠整个商业体系时遭受的谩骂还要多十倍"[3]。其中的原因是，斯密说休谟是一个不知忏悔的异教徒，同时竟敢说，他认为这个异教徒"无论生前还是死后，也许在人之脆弱的本性可容许的范围内，他几乎接近'智慧、美德皆完美的人'这个概念"[4]。

我们知道，斯密写给斯特拉恩的这封信和他写给韦德伯恩的私人

1 感谢娜塔莉·海恩斯（Natalie Haynes）为我翻译这段拉丁文。

2 Revelation 22: 12–14; 1 Corinthians 15: 57.

3 Rasmussen, *The Infidel and the Professor*, 223.

4 Adam Smith to William Strachan, November 9, 1776.

信件有差异，他万分谨慎地缓和休谟更具争议的意见。在给韦德伯恩牧师的信里，斯密说休谟意欲看到“教堂关门，牧师去做自己的事情”[1]。在给斯特拉恩的信里，这个意欲就变成不具煽动性的希望，即希望看到“一些盛行的迷信体系垮台”。在给韦德伯恩的信里，斯密也说休谟正走向死亡，但是，他“比任何一名假装顺从上帝旨意、哀号而死的基督徒，都更真心实意地遵从事物发展的必然历程”。 254

休谟死了，尽管有这么多诋毁者，哈里斯仍评价休谟是“那个时代最有名、最受广泛尊重的文人之一”。休谟的一位朋友在1767年给休谟写信说：“我敢肯定，在我认识的所有人中，你是受各层次的人普遍热爱的对象。我这么说不是恭维。”《伦敦纪事报》曾收到一封信说：“没有哪个现代人能像已故的休谟那样有这么多读者，享受这么多公众的赞许。”[2]

迷人的品格

这个世界用了很久的时间才真正认可休谟所做贡献的意义。莫斯纳充满遗憾地说，与休谟“同时代的人要么忽视，要么误解”他的“人性科学”，“只有到了20世纪，它才获得共鸣和理解”[3]。这么说有些夸张，但是很遗憾，这接近事实。除了休谟自己留下钱修建的私人陵墓以外，爱丁堡这位最伟大的哲学家在很长的历史时期没有任何的纪念物。到了1997年，体积是休谟真人1.5倍大的一尊雕塑才在皇家英里街揭幕。

出生于爱丁堡的艺术家桑迪·斯托达特（Sandy Stoddart）设计的

1　Ernest Campbell Mossner and Ian Simpson Ross, eds., *The Glasgow Edition of the Works and Correspondence of Adam Smith, Vol. 6: Correspondence*, 2nd ed. (Oxford University Press, 1987), Letter 163 to Alexander Wedderburn, August 14, 1776.

2　Harris, *Hume: An Intellectual Biography*, 472.

3　Mossner, *The Life of David Hume*, 5.

新古典主义的雕像比休谟的陵墓更具争议。斯托达特作品中的休谟身着古希腊哲学家的袍子，衣服垂下来，露出他的胸部和右臂。他手持一块没有文字的石板，放在右膝上，象征他的怀疑主义和他排斥的宗教中确立的事项（比如“十诫”）之间存在反差。这个休谟神情严肃、相貌英俊，但是，现实中的休谟既不严肃也不英俊。在休谟大部分的人生中，他都是胖墩墩的，如果四肢袒露，那肯定是不美观的。狄德罗在给休谟的信中曾吐露一个秘密：他会把休谟误认为是饱食终日的熙笃会
255 胖修士：“狄德罗夫人会亲吻您熙笃会胖修士的面颊。”但是，为了清楚说明这只是友好的玩笑，他加上一句：“我向您致敬——我爱您——我崇敬您。”[1]休谟当然不会感到冒犯，他因为自己膀大腰圆而常常首先自嘲。他曾在一封信里把自己视为笑柄：“对奢侈品收税几乎是人们最支持的事，可是，没有人会说，携带一个大肚子是有用的或必需的。”[2]

詹姆斯·考尔菲尔德（James Caulfield），也就是后来的查尔蒙特勋爵（Lord Charlemont）说：“我相信，大自然从没有把哪一个人塑造得像休谟这样，外貌和内在品格如此悬殊。……他面部肥硕，嘴巴宽阔，一副绝顶愚笨的样子。他的双眼空洞无神；他肥胖的身躯只能让人想起饱食山珍海味的高级市政官员，无法联想到思维缜密的哲学家。”[3]德芳夫人称他是“多瑙河畔的农民”（le paysan du Danube），因为拉封丹的《寓言诗》有一个与故事同名的主人公，故事一开头就说：“人不可貌相。”[4]

休谟另一个不吸引人的特征就是他的声音。考尔菲尔德写道：“休谟说英语时带着最浓重、最粗野的苏格兰口音，非常滑稽；说法语时，只

---

1 Mossner, *The Life of David Hume*, 477–78.

2 *Letters of David Hume, Volumes 1*, Letter 74.

3 Mossner, *The Life of David Hume*, 213.

4 Edmonds & Eidinow, *Rousseau's Dog*, 90.

图25　爱丁堡皇家英里街的休谟像，桑迪·斯托达特，1997年

要是他能表达出来的，更惹人捧腹大笑。”[1]评价休谟口音的并非只有考尔菲尔德。休谟的一个亲戚说：“他仍保留着白水河或特威德河畔其父辈的那种口音、表情和粗野风格，因此，您可能禁不住会以为，除了莫斯最普通的农民，他从未和外人交谈过，从未踏出彻恩赛德教区半步。”[2]与此同时，他在用英语写作时，非常热衷于根除“苏格兰特有的英语词
257 语”，他经常在评价他人的书稿时指出这些词汇，列一个单子，方便写作时避开这些词语。[3]休谟收集的“苏格兰英语词语表”为词汇爱好者收录了一些词语精华，在他生前没有发表。比如：“to be difficulted”是一个可爱的苏格兰英语表达，相当于“to be puzzled”（感到困惑）；苏格兰人“cry”（喊）而不是“call”（叫）一个人的名字；苏格兰人用“learn”（学）指“teach”（教），这种用法在英国许多地区的俚语里也有。

莫斯纳也特别提到：“但是，不消说［考尔菲尔德］这样的年轻学生，就连处乱不惊的人也会因为大卫·休谟空洞的凝视而局促不安。”达朗贝尔甚至致信休谟，坦白地说：“我记得有一次您和我说话时，您目不转睛地盯着我，所以，我以朋友的身份建议您尽量纠正这个习惯，因为这习惯可能会伤害您……谈话时没有必要全神贯注地凝视对方。”[4]

从现代人创作的休谟肖像来看，他也不是一个英俊的男子。艺术家杜哈梅尔（A. B. Duhamel）在版画里呈现的是庄重、严肃的休谟，可是没有掩饰他松弛的下颌垂肉；詹姆斯·塔西（James Tassie）制作的休谟像章，下颌垂肉也很明显。阿奇博尔德·斯柯文（Archibald Skirving）用水彩在象牙上画的微型肖像，惟妙惟肖，但是，休谟的面容扁平，眼神说不上空洞，也没有流露犀利的目光。人们经常临摹约翰·唐纳森

1 Mossner, *The Life of David Hume*, 213.

2 Ibid., 370.

3 David Hume, “A list of Scotticisms,” published in the *Scots Magazine*, 1760 (first printed in 1752), available at National Library of Scotland online, digital.nls.uk.

4 Mossner, *The Life of David Hume*, 477.

(John Donaldson)的线雕版画肖像(有时候是反向的),这幅肖像最有损休谟的形象,面颊肥胖,带着稚嫩的孩子气,面庞显得愚钝。最有名的是拉姆齐画的休谟像,休谟的仪态再加上镶了金边的红色外衣——据说这是大使秘书的制服,这一切让休谟拥有了某种尊严和显赫气魄。但是,休谟的双下巴很明显,眼神一点儿也不犀利,“直愣愣地盯着却明显没有看见那个看肖像的人”,奈杰尔·沃伯顿(Nigel Warburton)是这样描述的。[1]

如果斯托达特设计的休谟雕像给人的印象是它捕捉到了休谟的内心世界,那么,即使外貌和休谟本人不够相像,也没有关系。依我看,它也没有抓住休谟的内在。这尊雕像显示,休谟既不专横,也不傲慢。考 258
尔菲尔德在挖苦休谟的外貌时,说休谟天生“仁慈宽厚……他对人类的爱是普遍而强烈的;他会快快乐乐地给人类提供任何服务;……他内心温柔、友好,慈善到了极点”[2]。

有一件逸闻趣事,说明休谟心地极其善良。休谟年轻时曾参加达尔林普尔夫人(Lady Dalrymple)在爱丁堡举办的晚宴。她有一条名叫波德(Pod)的狗,身上散发恶臭。许多客人都嚷嚷着要“把它踢到楼下去”。休谟说:“噢,不要伤害这只动物。这不是波德,这是我!”安妮·林赛夫人(Lady Anne Lindsay)事后在信中说:“很少有人愿意从无辜的波德身上揽过散发臭味的失当行为,然后用自己正义的肩膀负起这个罪责。”[3]

也许这个事例也可以用来说明休谟冒傻气的一面。“大卫·休谟骨子里透着轻浮的天性。”莫斯纳如此判断,他认为休谟和许多知识分子都酷爱戏谑,甚至恶作剧。和休谟同时代的知识分子罗伯逊

1　Nigel Warburton, “Art and Allusion,” *Philosophers' Magazine*, issue 19 (summer 2002): 40–42.

2　Mossner, *The Life of David Hume*, 213.

3　Ibid., 65.

(Robertson)博士曾说，休谟喜爱欢闹，常常到了孩子气的程度；他也发现其他朋友身上也有同样的天性，于是他“几乎倾向于认为这是天才固有的特质”[1]。

人们疯狂地仰慕休谟，认为他是一个品德高尚的人。但是，他谦逊吗？他在书信中常常表达自己是谦逊之人，但是，他常常看起来有些骄傲。在这一点上，谁的评价也不及希瓦利埃·拉姆齐(Chevalier Ramsay)这么刻薄；他在1742年的一封书信里说，休谟“自命不凡，自视学富五车、才思敏捷、才华横溢，绝不愿意委身于翻译这种苦差事”[2]。但是，休谟的内心似乎在谦逊和骄傲之间挣扎。他死后留下100英镑去
259 修建陵墓，却又要求碑文极简，可见他内心的矛盾。

休谟常在书信里挖苦自己的虚荣心，对自己的品格一笔带过。他早年在一封信里说:“请您原谅一位作者天性的软弱，他竟写这么长一封信，只说自己的作品。作家和恋人有着同样的弱点，遵循着同样的逻辑，他们都盲目地对自己的对象痴迷得发狂。”[3]然而，休谟至少有两次更系统地描述自己。他在知道自己不久于人世时写下了自传《我的一生》，在其中毫不吝啬地做了总结：

> 我的为人，确切地说我过去的为人(说到我自己时我现在必须用这个风格，这可以让我更有胆量表达我的意见)；可以说，我过去性情温和，情绪自制，天性开明、爱社交、快乐，对人会有情感依恋，但不易树敌，在一切感情中都极为中和。我渴慕作为文人的名声，此乃我最大的激情；但是，这种激情从未败坏我的情绪，当然，我时常也会失望。无论无忧无虑的年轻人，还是勤勉好学的文人，皆喜

1 Mossner, *The Life of David Hume*, 233.

2 Ibid., 94.

3 *New Letters of David Hume*, ed. Klibansky & Mossner, Letter 2.

欢与我为伴；我尤其喜欢和端庄贤淑的女子来往，她们待我很好，我有充分的理由感到满意。总之，大多数人，无论多有名望，都因遭遇诽谤而生怨言，诽谤的毒牙却从未碰过我，更不曾啮噬我。我面对各种世俗和宗教派别满腔的怒火，可是我无所顾忌，于是他们似乎为了我的好处解除了武装，消除了惯常的愤怒。我的朋友们从来不需要为我的品格和行为的某个方面辩护。我们也许假设，宗教狂热分子原本乐意捏造并传播对我不利的消息，但是就连貌似可能的证据，他们都找不到。我对自己做这样盖棺定论的评价， 260
不能说我没有虚荣心，但是，我希望虚荣心没有放错地方；这是很容易弄清、很容易查明的事实。[1]

爱丁堡皇家学会存有一份文件，其名为“________的品格（由本人撰写）”，是对休谟品格批判性的描述。文件并非休谟亲笔书写，但是，所做的修改是他的笔迹；学者们公认这个文件是休谟的自我评价。文件列举了16条关键特征，前10条如下：

1. 一个老好人；毕生永恒的目标是恶作剧。

2. 他把虚荣心置于一切激情之上，故而对任何虚幻之物都漠不关心。

3. 终年劳碌，既不为自己效劳，也不为他人效劳。

4. 下笔放肆，说话审慎，行为更审慎。

5. 若不招惹敌人，便不会有敌人；看似有意遭公众仇恨，事实上只是秉持受人苛责的本性。

6. 从未受仇敌所伤，因为他从未恨过一个敌人。

7. 没有世俗的偏见，却充满自己的偏见。

1　*My Own Life*, 21.

8. 非常害羞，有点儿谦逊，丝毫不谦卑。

9. 一个会写作的傻瓜；能完成就算智者也没有几个能完成的作品。

10. 一个会犯错的智者，有失检点的言行逃不过最愚笨之人的眼睛。

这是一份自我意识极强的、充满悖论的人格描述：每一个特征都
261 由它的反面来批驳。鉴于这种嘲讽的口吻，我们很难知道所描绘的每一个特征的真实程度，或者在多大程度上是真实的，又或者是为了幽默效果而夸张。但是，总的来说，它体现了高度的自我意识和自我认知；让我们看见一个人高贵的追求，他追求理性、智慧、镇定、平和，没有狭隘的负面情绪。可是，他也知道自己有缺点：他骄傲、有偏见，沉溺于自己的兴趣而不是本着为他人效劳。这份描述为我们如何评价自己和他人的品格提供了一个典范：**不要自问是勇敢还是懦弱，慷慨还是自私，性情平和稳定还是反复无常；只需问自己能在多大程度上，以何种方式展现所有的美德。**

然而，上述文件中列举的另外6条特征没有那么嘲讽而是更加诚挚：

11. 喜欢社交，但独居。

12. 一个狂热分子，却无宗教信仰。

13. 一个哲学家，对获得真理却不抱希望。

14. 一个道德学家，但喜欢本能胜过理性。

15. 一个对女子殷勤的人，但是不冒犯她们的丈夫和妈妈。

16. 一个学者，却不卖弄学识。[1]

---

1 Mossner, *The Life of David Hume*, 569–579.

第11条揭示了他生活中的一个明确矛盾：他正如在拉弗莱什那样的渴望独居；又正如在巴黎那样的享受群居。休谟似乎认为这种矛盾是自然的；他肯定赞同沃尔特·惠特曼（Walt Whitman）在《我自己的歌》（*Song of Myself*）中的诗句：

> 我自相矛盾吗？
> 那好吧，我自相矛盾。
> （我辽阔博大，我包罗万象。）

休谟描写他的自相矛盾比惠特曼早一百年，比惠特曼更胜一筹，因 262
为他解释了一个人为何包罗万象。依据休谟的自我"捆束"理论，一个人的所有欲望、信念、思想和记忆这一捆杂乱的东西几乎不可避免地缺乏完美的逻辑性。

然而，单子上最后的5条显然试图更严肃地确定休谟的优点，也是对休谟哲学观的一个总结。第一，他是"一个狂热分子（enthusiast），却无宗教信仰"。我们已经看到，休谟反对"宗教狂热"（enthusiasm），即过度的热情。在塞缪尔·约翰逊（Samuel Johnson）的字典里，"enthusiasm"在当时总体上是一个贬义词。一个宗教狂热者"虚妄地想象着上帝对一个人的私人启示"，"对自己和上帝的交流有着自负的信心"，"拥有强烈的想象力或者火爆的激情"抑或"崇高的幻想或尊贵的思想"。休谟在这里只是诚实地承认他并没有完全摆脱他在宗教狂热者身上看到的那种恶。他没有假装知道上帝的旨意，但是，他以惊人的勇气撰写了有关人性的完整理论，也使自己成为具有"崇高幻想或尊贵思想"之人的最佳例证。休谟愿意接受这一点，这有助于我们看见他为何对宗教信仰如此宽容，让他不同于法国哲人。在休谟看来，**如果你忘记了我们都是有些愚蠢、难免出错的人，你就会沦落为那种绝对有必要逃离的教条主义者。**

第二，他是“一个哲学家，对获得真理却不抱希望”。这是对真正哲学家的状况既简明扼要又极具诗意的表达。休谟认为，在“事实真相”这个领域，确定性总是在我们之外，因此，哲学家传统上追求的那种真相——纯粹、确定、清晰的真相，对于获得这样的真相，我们应当不抱希望。但是，我们依然可以成为哲学家，竭尽全力更好地理解事物，尽可能接近真相，尽可能看清楚真相。**没有希望获得最终的真相，并非没**
263 **有希望成为哲学家，而是要成为诚实良好的哲学家。**

第三，休谟是“一个道德学家，但喜欢本能胜过理性”。如果有人认为这是一个矛盾，那只能说明他们对道德有错误的理解。正如上一条对哲学家的评述，这一条的要点是：放弃“理性是道德的基础”这一信念，不是道德学家的终结，而是成为一个正确的道德学家的开端。道德哲学必须立足于对人性和人的思想感情的理解。

第四，休谟说他是“一个对女子殷勤的人，但是不冒犯她们的丈夫和妈妈”。“gallant”（对女子殷勤的人）这个词现在已经过时，仅存的含义是“gallantry”（豪侠风度），意思是“彬彬有礼，有魅力，勇敢或英勇”。在休谟那个时代，一个对女子殷勤的人是一个含糊不清、暧昧的人。约翰逊给这个词的基本定义是“一个快乐、活泼、无忧无虑、出色的男人”，但是它也指“一个好色之徒”，一个耍手段“诱惑”女人的人，或者人们更容易接受的一个含义是“一个求爱的人；一个为了婚姻向女子求爱的人”。因此，休谟的自我描述与其说是一个矛盾，不如说是澄清：他是一个喜欢女人陪伴的快活的人；虽然他喜欢用自己的魅力“引诱”女人，但他在行为上一直是完全纯洁、正派的。他仅以正确的方式“对女子殷勤”。

第五，休谟是“一个学者，却不卖弄学识”。休谟总结出来的这最后一条评价，最接近明确的自我表扬。在约翰逊的字典里，虽然“ostentation”（卖弄）可以指“炫耀”，也可以更加直截了当地指“外观”或“外表”。休谟想说，他无意炫耀自己的学识，而且自己的学识根本

没有显露出来，这可能是美德，也可能是缺陷。无论休谟确切的意图是
什么，他最后才提到这一条，但这并非不重要，这其中蕴含重要的意义。
在休谟看来，我们不要让我们的智识反射的光遮蔽了我们的人性，这极 264
为重要。因此，他没有卖弄学识，这不只是谦逊的问题，而是把学识放
在正确的位置上。**学识应当是良好生活的一部分；若把学识视为成绩，
我们就沦为纯粹的学习机器。**

然而，这不是说，学识必须一直是某种实践的最终结果。休谟说："许多哲学家为了寻找他们认为对世人重要且有用的真理，消耗了自己的时间，摧毁了自己的健康，忽视了自己的财富；不过，从他们全部的行为看来，他们天生没有丝毫公益精神，根本不关怀人类的利益。"这看起来只是挖苦、嘲讽休谟经常批评的那种不切实际的哲学家。事实上，他的评价包含了更多共情的成分，也许因为他在某种程度上也在自我描述。"研究的乐趣主要在于心灵的活动，在于运用天才和理解能力去发现或领悟任何真理。"换句话说，**研究和学习本身是有益的，因此其本身就值得追求**。但是，如果我们从事的某项活动产生了可以用成功或失败来判断的最终结果，"我们便遵循感情的自然过程，开始关心那个目的本身；然而，在追求那个目的的过程中若遭遇任何挫折，我们又会心神不安"。因此，哲学家在意的就是自己是否正确，与这个世界无关。于是，休谟说："打猎和哲学带来的情感是世上最相似的两种情感。"它们都有自己的猎物，而真正吸引人的是追逐猎物时的刺激感。[1]

如果哲学家看似没有带来实际的益处，我们为什么应当宽容他 265
们？另外一个原因是：好的哲学家至少展示了一些技能和才华；没有这些技能和才华，这个世界会更糟糕。"高雅的认识和崇高的认识即使不如常识那么有用，可它们的罕见和新颖及其对象的尊贵都算作某种

1　*Treatise of Human Nature*, 2.3.10.7.

补偿，使它们获得人类的仰慕。这正如金子，虽然不如铁的用途广泛，可它因为罕有而获得价值，这价值使它比铁更优越。”[1]

休谟不需要这种特殊的辩护。他的哲学能帮助我们活得好，而且更好。霍姆家族的座右铭是“真实至终”(True to the end)，一语中的，令人难以置信。这几个字印在家族的盾徽上，休谟用它充当自己的藏书标签，夹在书的前几页里，表明这是自己的藏书。我有幸在一个私人收藏者收藏的一卷书里看到过这样的一个标签，上面有“大卫·休谟先生”的字样。休谟秉持怀疑论的信念，保持真实至终；他诚实地面对生命，用同样的诚实直面死亡。他撰写的内容，大多数在今天依然是真理。我希望这些内容继续是真理，至少陪着我们这群容易犯错的人类一起走到尽头。

休谟在《怀疑论者》这篇随笔里描述并举例论证了他的人生态度，也许这段文字是我最喜欢的休谟的自我总结。他呈现了自己未必完全赞同的一种哲学，但是，我想，休谟真正的感受和思想通过这个段落发出了亮光：

> 总之，人生受命运的支配多于受理性的制约；它更像一次愚钝的消遣而不似一项严肃的事业；它受具体性情的陶冶多于受一般原则的影响。我们应该满怀激情和渴望，全身心地投入人生吗？过多考虑并不值得。我们应该对发生的一切漠不关心吗？那
> 266 我们就会因为镇定和冷漠丧失这场游戏的所有乐趣。我们还在以理性思考人生时，生命已流逝；而死亡呢，也许人接受死亡的方式千差万别，可它对愚人和哲人一视同仁。**将人生简化为精确的原则和方法，通常是一件痛苦的事，常常一无所获。**这岂不是证明我们过高估计了奋斗目标吗？即使如此，审慎地以理性思考人生，更

1 *An Enquiry concerning the Principles of Morals*, 6.18.

准确地形成正确的人生观，这也是过高估计了人生；如果不是这样，对有些性情中人来说，人生是最有趣的事业，生命投入其中才 267 可能得到充分的发挥。[1]

1　"The Sceptic," 55.

致 谢

这本书源自韩国二十一图书出版集团的一个项目。感谢我在韩国工作时与我共事的每一个人：林世恩（Sae-eun Lim）、尤金（Eugene）、李云景（Lee Yun-Kyung）、章秀妍（Chang Soo-Yeon）、林政佑（Jungwoo Lim）、郑美贤（Mihyun Jeong），尤其是朴珍妮（Jinny Park）。若没有大卫海姆出版公司（David Higham）的莉齐·克雷默（Lizzy Kremer）和玛达莱娜·卡瓦丘迪（Maddalena Cavaciuti）的辛勤付出，这本书英语版本的修订难以促成；若没有珍·巴克（Jenn Backer）所做的文字编辑工作，这本书会很粗糙。

我为了撰写此书做了大量的研究，获得了很多人的帮助。在拉弗莱什，有法国国立皇家军校的奥利维尔·弗雷蒙上尉（Capitaine Olivier Frémont）和西尔维·蒂塞朗（Sylvie Tisserand）；在巴黎，有特雷博赛和范·莱利维尔德（Trebosc & van Lelyveld）美术馆的阿尔弗雷德·范·莱利维尔德（Alfred van Lelyveld）和奥利维尔·特雷博赛（Olivier Trebosc）；在爱丁堡，有伊旺多（Yvandeau）庄园的谢莉尔（Cherel）女士，还有爱丁堡律师公会图书馆的王室法律顾问芒戈·博维（Mungo Bovey）和图书管理员萨拉·贝里（Sara Berry）；在巴黎，有国民议会议长办公室的让·弗朗索瓦·马塔茨（Jean-François

Matacz）和西尔维安·瓦德勒（Sylviane Vatel）；有网络媒体《哲学经济》（*Philonomist*）的法布里斯·杰榭勒（Fabrice Gerschel）和儒勒·维哈（Jules Veyrat）；彻恩赛德公共财产协会的凯文·普赖尔（Kevin Prior）；还有菲利普·布洛姆（Philipp Blom）、埃米·库尔斯（Amy Cools）、达里奥·佩里内蒂（Dario Perinetti）、费利克斯·瓦尔德曼（Felix Waldmann）和威廉·扎克斯（William Zachs）。

普林斯顿大学出版社的整个团队给予了我极大的支持。我在此处特别感谢艾米·斯图尔特（Amy Stewart）、玛丽亚·惠兰（Maria Whelan）、埃莉诺·史密斯（Eleanor Smith）、金伯利·威廉姆斯（Kimberley Williams）、戴娜·哈吉伍德（Dayna Hagewood）、玛丽亚·林登费尔德（Maria Lindenfeldar）、贾森·安斯科姆（Jason Anscomb），尤其是我的优秀的编辑马特·罗哈尔（Matt Rohal）。

附　录

源自休谟的格言和箴言

论理性

Understanding, when it acts alone, and according to its most general principles, entirely subverts itself, and leaves not the lowest degree of evidence in any proposition, either in philosophy or common life.

人类的理解在依据它最一般的原则单独活动时，就完全推翻自己，无论在哲学或日常生活的任何命题中，连最低层次的证据都无法留下。

You cannot argue against reason without employing reason, since argument requires reason or it is nothing but ungrounded assertion.

若不使用理性，就无法在论证时反对理性，因为论证需要理性，否则，它就会沦为毫无根据的断语。

We must be modest about and in our reasoning.

我们看待理性以及在理性推理时都必须谦逊。

A rational argument should offer compelling reasons for belief.

理性的论证应当为信念提供不可抗拒的理由。

“Rational” is not the same as “logical.”
“理性的”不同于“合乎逻辑的”。

There is no algorithm for good reasoning.
没有哪种算法系统可保证完善的推理。

Reason is the worst means of understanding except for all those other forms that have been tried from time to time.

理性是认知最坏的方式,但是人们间或尝试过的所有其他方式都更坏。

Do not be fooled by the apparent ubiquity of rational thought: we use reason more than we are governed by it.

不要被无处不在的理性思想愚弄:我们使用理性,而不是受理性支配。

To understand how you should best think, you need to understand how you actually think.

要了解最好的思考方式,需要了解人事实上是如何思考的。

Reason alone can never produce any action, or to volition.
单是理性不会产生任何行动,或导致任何选择。

Animals are more intelligent than we tend to think because humans are not as intelligent as we would like to think.

动物往往比我们想象得更聪明，而人没有我们想象得那么聪明。

论哲学和哲学家

Philosophy succeeds when it addresses human beings as they are and fails when it treats them only as philosophers imagine them to be.

研究人的本性，哲学即成功；仅研究哲学家头脑中想象的人，哲学乃失败。

Nothing is more dangerous to reason than the flights of the imagination, and nothing has been the occasion of more mistakes among philosophers.

对理性产生最大危害，让哲学家有可能犯最多错误的就是想象力的迸发。

To philosophise ... is nothing essentially different from reasoning on common life; and we may only expect greater stability, if not greater truth, from our philosophy, on account of its exacter and more scrupulous method of proceeding.

哲学思考……和日常生活方面的推理本质上没有差异；即使我们从哲学中得不到更伟大的真理，总可以指望从中获得更大的稳定性，因为哲学具有更精确、更审慎的做事方法。

Truly ambitious philosophers must also be modest and as willing to doubt and question themselves as they are to doubt and question others.

真正有抱负的哲学家态度必须谦逊，在乐意质疑他人时也同样乐意质疑自己。

Whatever has the air of a paradox, and is contrary to the first and most unprejudic'd notions of mankind is often greedily embrac'd by philosophers, as shewing the superiority of their science, which cou'd discover opinions so remote from vulgar conception.

哲学家常常贪婪地接受一切貌似悖论的见解、和人类最初的公正观念相反的见解；他们以为这就表明他们的学术有优越性，以为他们能发现远离世俗观念的见解。

What appears to be a fundamentally philosophical disagreement is often simply a matter of different people using the same terms differently (and also legitimately).

有些争论看似是根本的哲学分歧，其问题通常是不同的人以不同（且合理）的方式使用同样的术语。

Philosophy is either continuous with other disciplines or it is sterile, lifeless, and alone.

哲学要和其他学科一起延续，否则就会贫瘠、没有生机、无依无靠。

Happy, if we can unite the boundaries of the different species of philosophy, by reconciling profound enquiry with clearness, and truth with novelty!

我们若能把深奥的研究和清晰的推理、确凿的真理和新颖的方法调和起来，消弭哲学各派别之间的界限，此乃幸事！

Be a philosopher; but, amidst all your philosophy, be still a human being.

做一个哲学家吧！但是，在你全部的哲学思维中，你仍要做一个人。

He may be a philosopher, but amidst all his philosophy, he is usually still all too much a man.

他可能是一个哲学家，但是，在他全部的哲学思维中，他依然实实在在地是一个男人。

If philosophy is indeed part of a good life, no philosophy should tell us to treat life as though it were not good.

如果哲学确实是美好生活的一部分，哲学不应当让我们在过生活时认为生活不美好。

To despair of attaining ultimate truth is not to despair of being a philosopher — it is actually necessary to be a good and honest one.

没有希望获得最终的真相，并非没有希望成为哲学家，而是要成为诚实良好的哲学家。

论对世界的认识

A weaker evidence can never destroy a stronger.

较弱的证据永远无法推翻较强的证据。

The wise proportion their beliefs to the evidence.

一个有智慧的人……使自己的信念与证据适成比例。

Do not waste time thinking about what may or may not happen in a possible world when you have no reason to believe it happens in the actual world.

你若没有理由相信一件事会在现实世界中发生，就不要浪费时间去思考它是否会在可能的世界里发生。

Assume no more and no less than you have to assume.

提出的假设不要多于或少于你的需求。

A correct Judgment, avoiding all distant and high enquiries, confines itself to common life, and to such subjects as fall under daily practice and experience; leaving the more sublime topics to the embellishment of poets and orators, or to the arts of priests and politicians.

一个正确的判断要避免所有悠远而高深的探索，使自己局限于日常生活，局限于日常实践和经验规范内的话题。它把更崇高的话题留给诗人和演说家来渲染，或留给牧师和政治家来施展语言艺术的魅力。

Before you begin to reason and draw conclusions, attend carefully to whatever it is you are seeking to understand.

先认真思考你力求理解的一切，再开始推理并下结论。

The world of experience and our representations of it is the only world we can know, and so that has to be the world we seek to understand better.

经验的世界以及我们对它的呈现是我们能够认知的唯一世界，因此，这个世界就是我们千方百计去理解的世界。

Nothing in this world is perpetual, every thing however seemingly firm is in continual flux and change.

尘世的一切都不是永恒的。任何生命，无论看上去多么稳固，都在不断地流动变化。

When we infer any particular cause from an effect, we must proportion the one to the other, and can never be allowed to ascribe to the cause any qualities, but what are exactly sufficient to produce the effect.

当我们根据结果来推测任何具体原因时，我们必须使原因和结果适成比例，而且我们决不可以给这个原因添加特性，我们所归于这个原因的各种特性恰好能产生那个结果。

论政治和良好社会

To understand how we should live — as individuals and as a society — learn from every source that offers something to teach you.

我们作为个体和社会应该如何生活？我们应该向任何给予我们教益的源头学习。

Inhuman perfection is the enemy of humanity's best.

非人性的完美是人性完美的敌人。

Public Spirit shou'd engage us to love the Public, and to bear an equal Affection to all our Country-Men; not to hate one Half of them, under Colour of loving the Whole.

公共精神应该使我们热爱公众，对所有同胞怀着平等的关怀，不要以"爱整体"之名去恨其中一半人。

As government is a mere human invention for mutual advantage and security, it no longer imposes any obligation, either natural or moral, when once it ceases to have that tendency.

既然政府只是人类为了互利和安全而发明的一种体系，那么，它一旦不再具有使人互利和安全的倾向，它就不再对人施加任何自然的或道德的义务。

The certain harms of the status quo are sometimes more real than the uncertain dangers of reform.

现状造成的确定的伤害，有时比改革中不确定的危险更真实。

Fine minds grow best in a rich intellectual culture.

杰出人物在肥沃的知识文化土壤里茁壮成长。

A vibrant economy requires a society rich in intellectual as well as economic capital.

生机勃勃的经济离不开拥有丰厚知识资本和经济资本的社会。

All general maxims in politics ought to be established with great caution; and that irregular and extraordinary appearances are frequently discovered in the moral, as well as in the physical world.

确立所有通用的政治准则，应当慎之又慎；在道德领域和物质世界里人们经常发现不合常规的异常现象。

There are many things that make for a good life, and it is not possible for any one life or any one society to have them all in full.

构成良好生活的，有许多事物；任何一个生命，任何一个社会都不可能完全拥有所有这些事物。

Wherever we depart from equality, we rob the poor of more satisfaction than we add to the rich, and that the slight gratification of a frivolous vanity, in one individual, frequently costs more than bread to many families, and even provinces.

如果我们偏离了这种平等，我们为了给富人增添满足，就剥夺穷人身上的满足；一个人的某种轻浮的虚荣心得到些微满足，其耗费常常比许多家庭甚至许多行省的口粮还要多。

论怀疑主义和怀疑

A skeptical, open mind has nothing to fear and much to gain from seeking the company and opinions of those it seriously disagrees with.

如果你秉持怀疑的态度、开放的思想，那么你和那些与你观点迥异之人沟通、共处，你将无所畏惧，且受益匪浅。

The best expedient to prevent this confusion, is to be modest in our pretensions; and even to discover the difficulty ourselves before it is objected to us.

要避免这样的尴尬处境，最合理的权宜之计乃是克服虚荣心；在别人尚未向我们发难时，我们先发现问题。

Confidence should always be challenged, since if it is merited, it will withstand the challenge, and if it is not, it will justly crumble.

自信总是应该接受挑战，如果它享受赞美时当之无愧，它就经得起挑战；如果受之有愧，它就理应崩溃。

The greater part of mankind may be divided into two classes; that of shallow thinkers, who fall short of the truth; and that of abstruse thinkers, who go beyond it.

大多数人类可分为两类：无法企及真理的肤浅的思考者；超越真理的玄奥的思想家。

A scrupulous hesitation to receive any new hypothesis is so laudable a disposition in philosophers, and so necessary to the examination of truth, that it deserves to be comply'd with.

哲学家在接受任何新的假设时秉持踌躇犹疑的态度，这是值得称赞的性情，对考查真理颇有必要，因而也是值得秉持的性情。

All doctrines are to be suspected, which are favoured by our passions.

我们要质疑自己的激情所偏爱的所有教条。

Accepting an astonishing mystery is better than believing an incredible explanation.

接受令人惊愕之谜胜过相信不可思议之解。

论品格

Practice doing the right thing in every situation, trivial or important, and you will build the kind of character that tends to act well in all situations.

无论大事小事，在每一种情况下做正确的事，你就能养成在所有情况下做正确事情的品格。

No quality is absolutely either blameable or praise-worthy. It is all according to its degree.

没有哪种品质绝对需要遣责，或绝对值得称赞。这完全依照其程度而定。

Our tendency to overrate our own virtues leads us to overlook our own vices.

我们常常高估自己的德行,结果忽视了我们的恶行。

Proper pride is taking satisfaction from having done what you judge to be right or of value, without the vanity of believing that makes you superior or special.

适度的自豪感是你做了自认为正确或有价值的事情而获得的满足感,而不是相信这件事使你高人一筹或与众不同而生出的虚荣心。

No person is ever prais'd by another for any quality, which wou'd not, if real, produce, of itself, a pride in the person possest of it.

如果一个人因某种品质而受他人称赞,这种品质倘若是实实在在的,定会使具有这种品质的人在内心产生自豪感。

Where one is thoroughly convinced that the virtuous course of life is preferable; if he have but resolution enough, for some time, to impose a violence on himself; his reformation needs not be despaired of.

一个人若坚信道德高尚的生活之路更可取,只要他的决心足够坚定,暂时强制自己,他的改进一定不会令人失望。

Do not ask yourself whether you are brave or cowardly, generous or selfish, calm or volatile, but to what extent and in what ways you exhibit all of these traits.

不要自问是勇敢还是懦弱,慷慨还是自私,性情平和稳定还是反复无常；只需问自己能在多大程度上，以何种方式展现所有美德。

Travel can only expand the mind if the mind is already expansive.

只有当思想已经敞开，旅行才能开拓思想。

论平衡

The mind requires some relaxation, and cannot always support its bent to care and industry.

人的头脑需要些许放松，不能总是任由自己操心、劳累。

It is admirable to refuse to look harsh reality in the eye, foolish and destructive never to avert our gaze from it.

拒绝正视残酷的现实，这值得钦佩；从不回避残酷的现实，这是愚蠢的，具有破坏性。

The ability to form an accurate view of reality and human nature requires a willingness to attend to all of experience and how it fits together, not specialized scientific knowledge.

我们要有意愿去关注所有的人类经验以及它们是如何相辅相成的，而不只是关注专门的科学知识，这样才能形成对现实和人性准确的看法。

Moderation too must be moderated.

温和亦当节制。

To never compromise is a mark of excessive rigidity, to always compromise an even surer sign of having no standards at all.

永不妥协，这是过度僵化的标志；总是妥协，无疑是毫无底线的标志。

Sometimes more is better, but most is worst.

有时候，愈多则愈好，可是，最多则最坏。

Being right shows the quality of your intellect; being wrong but able to acknowledge and learn from your mistakes shows the quality of your character.

观点正确，说明你智力出众；观点错误，但承认错误并从中汲取教训，说明你品格高尚。

For the purpose of life and conduct and society, a little good sense is surely better than all the genius, and a little good humour than [an] extreme sensibility.

就生活、处事和社交而言，稍好的判断力肯定优于所有天赋，稍好的脾气肯定优于极端的敏感。

Truth is not worth dying for, but some things worth dying for demand that we uphold the truth, no matter what.

为真理而舍命，不值得；但是，舍命都要维护的一些东西要求我们无论如何都要维护真理。

Life can be too long as well as too short.

生命可能太短，也可能太长。

论人性

“Such is the nature of novelty, that, where any thing pleases, it becomes doubly agreeable, if new; but if it displeases, it is doubly displeasing, upon that very account.”

任何讨人喜欢的事物，倘若又是新的，就会令人加倍愉悦；但是，不讨人喜欢的事物，仅仅因为是新的，就会让人加倍讨厌它。这是新事物的本质。

We have only a fragile grip on reality, one we cling to by custom, habit, and instinct.

我们对现实只有脆弱的理解；我们借着惯习、习惯和本能守住这份理解。

Nature is always too strong for principle.

自然的强大力量不是原则所能胜过的。

Obscurity, indeed, is painful to the mind as well as to the eye; but to bring light from obscurity, by whatever labour, must needs be delightful and rejoicing.

诚然，昏暗让人的眼睛和心灵痛苦，但是，我们若通过努力使昏暗中发出光亮，那肯定令人欢欣鼓舞。

We can form no wish which has not a reference to society. A perfect solitude is, perhaps, the greatest punishment we can suffer.

我们每产生一个愿望，都会考虑社会。完全与世隔绝，也许是对我们最大的惩罚。

There is no quality in human nature, which causes more fatal errors in our conduct, than that which leads us to prefer whatever is present to the distant and remote, and makes us desire objects more according to their situation than their intrinsic value.

我们有一种特质，使我们舍远求近，让我们在追求目标时，更多地依靠目标的环境而不是其内在的价值。人性中的这种特质最容易让我们在行事为人时犯下致命的错误。

Imagination, not reason, reigns sovereign in the human mind and it can only be overthrown by great effort.

主宰人大脑的是想象而不是理性，需要付出巨大的努力才能推翻这种主宰。

The greatest part of mankind float betwixt vice and virtue.

绝大多数人类都在恶行和美德之间漂泊。

To a Philosopher & Historian the Madness and Imbecility & Wickedness of Mankind ought to appear ordinary Events.

在哲学家和历史学家看来，人类的疯狂、愚蠢和邪恶应当是普通平常的事。

Perfectibility is a chimera, human weakness unavoidable. All human beings can do is "endeavour to palliate what they cannot cure."

可臻完美，乃是一种妄想；人的弱点不可避免。人类能做的就是"尽力减轻他们无法克服的弱点"。

If you forget that we are all somewhat silly, fallible creatures, you become just the kind of dogmatist it is essential not to be.

如果你忘记了我们都是有些愚蠢、难免出错的人，你就会沦落为那种绝对有必要逃离的教条主义者。

论宗教

Generally speaking, the errors in religion are dangerous; those in philosophy only ridiculous.

总的来说，宗教中的错误是危险的；哲学中的错误只是可笑而已。

The soul, ... if immortal, existed before our birth: And if the former state of existence no wise concerned us, neither will the latter.

灵魂……若是不朽的，它在我们出生之前已经存在。如果前一个存在状态与我们毫不相干，后一个存在状态也与我们毫无瓜葛。

Belief in an eternal life is a lie we comfort ourselves with, knowing in our hearts it is a lie, but preferring the comfort to the truth.

相信永生，这是我们用来自我安慰的一个谎言；我们内心深处知道这是一个谎言，可我们喜欢安慰胜过真理。

What so pure as some of the morals, included in some theological systems? What so corrupt as some of the practices, to which these systems give rise?

有什么能像一些神学体系包含的一些道德如此纯粹？有什么能像这些神学体系产生的一些实践如此腐败？

Theology ... admits of no terms of composition, but bends every branch of knowledge to its own purpose, without much regard to the phænomena of nature.

神学……不允许任何的观念调和，它使知识的每个分支都服务于它，根本不尊重自然的现象。

When life on earth is good, we have no need to gaze longingly to imaginary heavens.

如果俗世的生活是美好的，我们就不必用渴望的目光凝望那想象的天堂。

Better a humane sympathy than a harsh, divine morality.

人道的共情优于严苛神圣的道德。

论偏见

There are great Advantages, in travelling, & nothing serves more to remove Prejudices.

旅行有许多好处，它是消除偏见的最佳方式。

Prejudice is destructive of sound judgment, and perverts all operations of the intellectual faculties.

偏见破坏良好的判断，颠覆智识能力所有的活动。

Never slavishly follow even the greatest minds, for they too have prejudices, weaknesses, and blind spots.

即使面对最伟大的思想家，也不可盲从，因为他们也有偏见、弱点和盲点。

Many blind spots are remarkably local, leaving the general field of vision perfectly clear.

许多盲点极具地域性,而视野整体上是一览无余的。

When men act in a faction, they are apt, without shame or remorse, to neglect all the ties of honour and morality, in order to serve their party.

人们按派别行事时,热衷于为自己的党派服务而无视名节和道德的一切约束,行恶事亦不知羞耻或懊悔。

I do not want to serve a man merely because he is celebrated.

我不想仅仅因为一个人是名人就向他效劳。

Even the keenest eye has blind spots: no one's field of vision is entirely in focus.

最敏锐的眼睛也有盲点:任何人视野内的事物都不完全清晰。

To have reasons for suspicion is not to have reasons for pronouncing guilt.

有理由怀疑,不等于有理由给他人定罪。

Be as willing to share your friends' loves as you are reluctant to embrace their hatreds.

你乐意分享朋友的爱,正如你不愿赞同朋友的恨。

Prejudice is often no more than a negative emotional reaction based on false ideas.

偏见往往只不过是立足于错误观念的、负面的情感反应。

When a person demonstrates freedom from some prejudices, that does not mean they are free from prejudice in all.

一个人能摆脱某些偏见，这并非意味着他在所有领域都能摆脱偏见。

论证与讨论

Refuse to meet intolerance with intolerance, religious extremism with secular extremism.

不要以偏狭面对偏狭，不要用世俗的极端主义面对宗教的极端主义。

When people strongly disagree, try to find what they haven't noticed unites them, not what they already know divides them.

人们若有强烈的意见分歧，尽量找到他们未曾察觉的却可以让他们统一的事物，而不是去寻找他们已知的、使他们分裂的事物。

Analogy is only as strong as the similarity between the two cases being compared.

只有当两种情况具有很强的相似性时，类比才具有很强的说服力。

When reason has nothing to do with why people hold their beliefs, reason is powerless to change them.

倘若人们持守信条的原因和理性无关，理性也就无力改变他们。

We should never completely dismiss even those who are almost always wrong, as they are almost always sometimes right too.

我们不应该完全摒弃那些几乎总是出错的人，因为他们几乎总是在某些时候是对的。

When any opinion leads us into absurdities, 'tis certainly false; but 'tis not certain an opinion is false, because 'tis of dangerous consequence.

如果一个意见使我们陷于荒谬之境，这个意见肯定是虚妄的；但是，如果一个意见产生危险的后果，它未必是虚妄的。

You cannot judge a good argument by an absolute standard. The best argument is simply the one that has no better rival.

无法用绝对的标准来检验一项好的论证；最好的论证没有更好的竞争对手。

Beauty may be in the eye of the beholder, but there must be something genuinely beautiful for the eye to behold.

美可能存在于审美者的眼睛里，但是，必须有真正美的事物可供眼睛去审视。

Avoid "that Vulgar error ... of putting nothing but nonsense into the Mouth of the Adversary."

避免"那种世俗的错误……即把荒谬放进对手的口中这样的错误"。

You should judge an ideal by its best version, not its most extreme one.

评价一个理想，要看它的最佳样式，不要看它最极端的样式。

论道德

Ethics without empathy is a contradiction in terms.

没有共情的道德是自相矛盾的。

A person who wishes gratuitous harm is not irrational but callous.

一个人若无谓地伤害他人，他并非没有理性而是冷酷无情。

Nothing can be more unphilosophical than those systems, which assert, that virtue is the same with what is natural, and vice with what is unnatural.

那些主张“德”与“自然”同义、“恶”与“不自然”同义的体系是最违反哲学的。

I feel a pleasure in doing good to my friend, because I love him; but do not love him for the sake of that pleasure.

我因善待朋友而快乐，乃是因为我爱朋友；但我并非为了快乐而去爱朋友。

If ever there was any thing, which cou’d be call’d natural, the sentiments of morality certainly may; since there never was any nation of the world, nor any single person in any nation, who was utterly depriv’d of them.

如果世上有任何事物可以称为自然的，那么道德情感一定是可以称为自然的，因为世上没有任何一个国家、任何国家也没有任何一个人完全没有道德情感。

The principles upon which men reason in morals are always the same; though the conclusions which they draw are often very different.

人们在道德上进行推理所依据的原则总是相同的，可他们得出的结论常常有天壤之别。

It's not that anything goes, simply that more than one thing goes.

并非一切意见都可接受，而是可接受的不止一种意见。

Truth is not always more important than courtesy, or even sometimes entertainment.

真理并非总是比礼仪更重要，甚至有时并非比娱乐更重要。

A morality based in nothing more than human nature is not only possible, but much more humane than most religious or rationalist alternatives.

以人性为根基的道德观不仅是可能的，而且比宗教的或理性主义的道德观更仁慈。

Justice is made to fit human beings, not the other way around.

正义为满足人类需要而创造；反之则不然。

Justice, in her decisions, never regards the fitness or unfitness of objects to particular persons, but conducts herself by more extensive views.

正义在行使判决时绝不考虑财物适合或不适合具体的个人，而是遵循更普遍适用的观点来做决定。

论情感需求

Passion is a wise master only when it has reason as a loyal servant that can see things that by itself it cannot.

理性能看见激情所不能见之物；只要激情视理性为忠诚的朋友，它就是有智慧的主人。

If you want to get someone to do something, it is quicker to work on their passions than their intellect.

你若想怂恿某人做一件事，最好是鼓舞他的激情而不是激发他的领悟力。

The sentiments of those, who are inclined to think favourably of mankind, are more advantageous to virtue, than the contrary principles, which give us a mean opinion of our nature.

对人类满怀好感的人，其见解比认为人性卑劣的人所持的相反的原则更有利于美德。

Emotion and reason are not entirely separate, and many of our emotions contain rational judgments.

情感和理性并非完全分离，我们的许多情感都包含了理性判断。

"Your sorrow is fruitless, and will not change the course of destiny." Very true: And for that very reason I am sorry.

"你的悲伤无效，它无法改变命运的轨迹。"说得很对，而我正是为此感到悲伤。

Tis not solely in poetry and music, we must follow our taste and sentiment, but likewise in philosophy.

不仅在诗歌和音乐中，即使在哲学中，我们肯定也遵循自己的爱好和情趣。

Knowing that something is inevitable does not necessarily make you happy to take it when it comes.

知道一件事必然发生，这未必使你开心地接受它的发生。

Those refined reflections, which philosophy suggests to us, is, that commonly they cannot diminish or extinguish our vicious passions, without diminishing or extinguishing such as are virtuous, and rendering the mind totally indifferent and unactive.

哲学引领我们所做的纯净的沉思，在减少或根除我们邪恶的激情时，势必也减少或根除我们高尚的激情，使人的心灵完全冷漠与消极。

论阅读和写作

There is nothing to be learnt from a Professor, which is not to be met with in Books.

教授教给我们的知识，书本里都有。

The book carries us, in a manner, into company, and unites the two greatest and purest pleasures of human life, study and society.

这本书在某种意义上把我们带进一群友伴之中，把研究和交友这两件人生最伟大最纯洁的乐事结合起来。

The worst writers choose their topics "less from persuasion, than from the pleasure of showing their invention, and surprising the reader by their paradoxes."

最糟糕的作家选择话题时"不是为了说理,而是为了炫耀奇技淫巧、用自相矛盾让读者震惊,并以此为乐"。

Learning should be part of a life well-lived, not something we do as though we were mere learning machines.

学识应当是良好生活的一部分;若把学识视为成绩,我们就沦为纯粹的学习机器。

Study and learning is rewarding in itself, and therefore worth doing for its own sake.

研究和学习本身是有益的,因此其本身就值得追求。

Never confuse a lightness of touch in the writing with a lightness of mind in the thinking.

不要把轻松的写作风格和轻浮的思想混为一谈。

The best writing combines rigor of thought with clarity of expression, difficulty of substance with ease of style.

最好的写作将严谨的思想和清晰的表达、深奥的内容和轻松的风格融为一体。

论美好生活

To imagine, that the gratifying of any sense, or the indulging of any delicacy in meat, drink, or apparel, is of itself a vice, can never enter into a head, that is not disordered by the frenzies of enthusiasm.

若一个人没有被狂热思想冲昏头脑，正常的头脑绝不可以把感官的享受、对美酒佳肴华服的嗜好想象成恶行。

Philosophers have endeavoured to render happiness entirely independent of every thing external. That degree of perfection is impossible to be attained.

哲学家已经尽力说明，幸福完全不取决于外部因素，然而，世事不可能尽善尽美。

Do not depend on others or chance more than is necessary for attaining all the satisthat life has to offer.

在实现生命所赐的所有福乐时，对他人或命运的依赖要适可而止。

You can only follow your dreams if you're completely awake.

如果你完全清醒，你可以只追求梦想。

Possession of a large fortune is largely dependent on fortune.

发财主要靠运气。

To believe that the universe is governed by laws, not chance, is to believe more strongly in the reality of luck in everyday life.

相信主宰宇宙的是规律而非偶然性，就是更坚决地相信日常生活中运气的真实性。

Although the worst is to be among the worst off, and it's better to be among the best off, it's best merely to be better off.

在处境最坏的人当中，会出现最坏的人，拥有最好的处境是比较好的；但是，处境比较好，这才是最好的。

Never think that as long as you are master of your own fireside and your own time, you can be unhappy, or that any other circumstance can make an addition to your enjoyment.

不要以为你悠闲地坐在火炉边会不幸福，也不要以为换一个环境你会更惬意。

Without life, there is neither peace nor disturbance, only nothing.

没有了生命，既没有平静也没有纷扰，只有虚无。

Accepting death is not the same as welcoming it; loving life does not mean clinging to it.

接受死亡不等于欢迎死亡；爱生命并不意味着紧抓生命不放。

To reduce life to exact rule and method, is commonly a painful, oft a fruitless occupation.

将人生简化为精确的原则和方法，通常是一件痛苦的事，常常一无所获。

参考文献

休谟的著作

除书信外，休谟的几乎所有著作都可以在网站“休谟文本在线”（https:// davidhume.org）上查阅。大多数著作都有各种印刷版本。他的主要著作如下：

A Treatise of Human Nature

Book One: Of the Understanding (1739)

Book Two: Of the Passions (1740)

Book Three: Of Morals (1740)

Essays, Moral, Political, and Literary, Part 1 (1741)

Essays, Moral, Political, and Literary, Part 2 (1752)

Philosophical Essays concerning Human Understanding (1748), *subsequently renamed An Enquiry concerning Human Understanding*

An Enquiry concerning the Principles of Morals (1751)

Political discourses (1752)

The History of England, from the Invasion of Julius Cæsar to the Revolution in 1688

The History of Great Britain. Vol. I. Containing the reigns of James I. and Charles I (1754)

The History of Great Britain. Vol. II. Containing the Commonwealth, and the reigns of Charles II. and James II (1757)

The History of England, under the House of Tudor Comprehending the reigns of K. Henry VII. K. Henry VIII. K. Edward VI. Q. Mary, and Q. Elizabeth (1759)

The History of England, from the Invasion of Julius Cæsar to the Accession of Henry VII (1762)

Four Dissertations (1757)

The Life of David Hume, Esq. Written by Himself (1777)

Dialogues Concerning Natural Religion (1779)

Letters of David Hume, Volumes 1 and 2, ed. J. Y. T. Greig (Oxford University Press, 1932)

New Letters of David Hume, ed. Raymond Klibansky and Ernest C. Mossner (Oxford University Press, 1954)

Further Letters of David Hume, ed. Felix Waldmann (Edinburgh Bibliographical Society, 2014)

关于休谟的作品

Baier, Annette C. *The Pursuits of Philosophy: An Introduction to the Life and Thought of David Hume*. Harvard University Press, 2011.

Blom, Philipp. *A Wicked Company: The Forgotten Radicalism of the European Enlightenment*. Basic Books, 2010.

Edmonds, David, and John Eidinow. *Rousseau's Dog: Two Great Thinkers at War in the Age of Enlightenment*. Faber & Faber, 2006.

Harris, James A. *Hume: An Intellectual Biography*. Cambridge University Press, 2015.

Mossner, E. C. *The Life of David Hume*. Oxford University Press, 1980.

Rasmussen, Dennis C. *The Infidel and the Professor: David Hume, Adam Smith, and the Friendship That Shaped Modern Thought*. Princeton University Press, 2017.

其他参考文献

Ainslie, D. C. *Hume's True Scepticism*. Oxford University Press, 2015.

Ainslie, D. C., and Annemarie Butler, eds. *The Cambridge Companion to Hume's Treatise*. Cambridge University Press, 2015.

Allison, H. E. *Custom and Reason in Hume*. Oxford University Press, 2008.

Baier, A. C. *Death and Character: Further Reflections on Hume*. Harvard University Press, 2008.

——. *A Progress of Sentiments: Reflections on Hume's "Treatise."* Harvard University Press, 1991.

Beauchamp, T. L., and A. Rosenberg. *Hume and the Problem of Causation*. Oxford University Press, 1981.

Cohon, R. *Hume's Morality*. Oxford University Press, 2008.

Fodor, J. A. *Hume Variations*. Clarendon Press, 2003.

Fogelin, R. J. *Hume's Skeptical Crisis*. Oxford University Press, 2009.

Garrett, D. *Hume*. Routledge, 2015.

Millican, P., ed. *Reading Hume on Human Understanding*. Clarendon Press, 2002.

Noonan, H. W. *Hume on Knowledge*. Routledge, 1999.

Norton, D. F. *David Hume: Common-Sense Moralist, Sceptical*

Metaphysician. Princeton University Press, 1982.

Norton, D. F., and J. Taylor, eds. *The Cambridge Companion to Hume*. 2nd ed. Cambridge University Press, 2009.

Noxon, J. *Hume's Philosophical Development*. Oxford University Press, 1973.

Pears, D. *Hume's System*. Oxford University Press, 1990.

Penelhum, T. *Themes in Hume*: The Will, the Self, Religion. Clarendon Press, 2000.

Radcliffe, E. S., ed. *A Companion to Hume*. Blackwell, 2008.

——. *Hume, Passion, and Action*. Oxford University Press, 2018.

Read, R., and K. A. Richman, eds. *The New Hume Debate*. Routledge, 2000.

Russell, P. *The Oxford Handbook of Hume*. Oxford University Press, 2016.

Strawson, G. *The Secret Connexion: Causation, Realism and David Hume*. Oxford University Press, 1989.

Taylor, J. *Reflecting Subjects: Passion, Sympathy, and Society in Hume's Philosophy*. Oxford University Press, 2015.

索 引

人文与社会译丛

第一批书目

1.《政治自由主义》(增订版),[美]J. 罗尔斯著,万俊人译 118.00 元
2.《文化的解释》,[美]C. 格尔茨著,韩莉译 89.00 元
3.《技术与时间:1. 爱比米修斯的过失》,[法]B. 斯蒂格勒著,裴程译 62.00 元
4.《依附性积累与不发达》,[德]A. G. 弗兰克著,高铦等译 13.60 元
5.《身处欧美的波兰农民》,[美]F. 兹纳涅茨基、W. I. 托马斯著,张友云译 9.20 元
6.《现代性的后果》,[英]A. 吉登斯著,田禾译 45.00 元
7.《消费文化与后现代主义》,[英]M. 费瑟斯通著,刘精明译 14.20 元
8.《英国工人阶级的形成》(上、下册),[英]E. P. 汤普森著,钱乘旦等译 168.00 元
9.《知识人的社会角色》,[美]F. 兹纳涅茨基著,郏斌祥译 49.00 元

第二批书目

10.《文化生产:媒体与都市艺术》,[美]D. 克兰著,赵国新译 49.00 元
11.《现代社会中的法律》,[美]R. M. 昂格尔著,吴玉章等译 39.00 元
12.《后形而上学思想》,[德]J. 哈贝马斯著,曹卫东等译 58.00 元
13.《自由主义与正义的局限》,[美]M. 桑德尔著,万俊人等译 30.00 元

14.《临床医学的诞生》,[法]M. 福柯著,刘北成译　55.00 元
15.《农民的道义经济学》,[美]J. C. 斯科特著,程立显等译　42.00 元
16.《俄国思想家》,[英]I. 伯林著,彭淮栋译　35.00 元
17.《自我的根源:现代认同的形成》,[加]C. 泰勒著,韩震等译　128.00 元
18.《霍布斯的政治哲学》,[美]L. 施特劳斯著,申彤译　49.00 元
19.《现代性与大屠杀》,[英]Z. 鲍曼著,杨渝东等译　59.00 元

第三批书目

20.《新功能主义及其后》,[美]J. C. 亚历山大著,彭牧等译　15.80 元
21.《自由史论》,[英]J. 阿克顿著,胡传胜等译　89.00 元
22.《伯林谈话录》,[伊朗]R. 贾汉贝格鲁等著,杨祯钦译　48.00 元
23.《阶级斗争》,[法]R. 阿隆著,周以光译　13.50 元
24.《正义诸领域:为多元主义与平等一辩》,[美]M. 沃尔泽著,褚松燕等译　24.80 元
25.《大萧条的孩子们》,[美]G. H. 埃尔德著,田禾等译　27.30 元
26.《黑格尔》,[加]C. 泰勒著,张国清等译　135.00 元
27.《反潮流》,[英]I. 伯林著,冯克利译　48.00 元
28.《统治阶级》,[意]G. 莫斯卡著,贾鹤鹏译　98.00 元
29.《现代性的哲学话语》,[德]J. 哈贝马斯著,曹卫东等译　78.00 元

第四批书目

30.《自由论》(修订版),[英]I. 伯林著,胡传胜译　69.00 元
31.《保守主义》,[德]K. 曼海姆著,李朝晖、牟建君译　58.00 元
32.《科学的反革命》(修订版),[英]F. 哈耶克著,冯克利译　68.00 元

33.《实践感》,[法]P. 布迪厄著,蒋梓骅译 75.00 元
34.《风险社会:新的现代性之路》,[德]U. 贝克著,张文杰等译 58.00 元
35.《社会行动的结构》,[美]T. 帕森斯著,彭刚等译 80.00 元
36.《个体的社会》,[德]N. 埃利亚斯著,翟三江、陆兴华译 15.30 元
37.《传统的发明》,[英]E. 霍布斯鲍姆等著,顾杭、庞冠群译 68.00 元
38.《关于马基雅维里的思考》,[美]L. 施特劳斯著,申彤译 78.00 元
39.《追寻美德》,[美]A. 麦金太尔著,宋继杰译 68.00 元

第五批书目

40.《现实感》,[英]I. 伯林著,潘荣荣、林茂、魏钊凌译 78.00 元
41.《启蒙的时代》,[英]I. 伯林著,孙尚扬、杨深译 35.00 元
42.《元史学》,[美]H. 怀特著,陈新译 89.00 元
43.《意识形态与现代文化》,[英]J. B. 汤普森著,高铦等译 79.00 元
44.《美国大城市的死与生》,[加]J. 雅各布斯著,金衡山译 78.00 元
45.《社会理论和社会结构》,[美]R. K. 默顿著,唐少杰等译 128.00 元
46.《黑皮肤,白面具》,[法]F. 法农著,万冰译 58.00 元
47.《德国的历史观》,[美]G. 伊格尔斯著,彭刚、顾杭译 58.00 元
48.《全世界受苦的人》,[法]F. 法农著,万冰译 17.80 元
49.《知识分子的鸦片》,[法]R. 阿隆著,吕一民、顾杭译 59.00 元

第六批书目

50.《驯化君主》,[美]H. C. 曼斯菲尔德著,冯克利译 88.00 元
51.《黑格尔导读》,[法]A. 科耶夫著,姜志辉译 98.00 元
52.《象征交换与死亡》,[法]J. 波德里亚著,车槿山译 68.00 元
53.《自由及其背叛》,[英]I. 伯林著,赵国新译 48.00 元

54.《启蒙的三个批评者》,[英]I. 伯林著,马寅卯、郑想译 48.00 元
55.《运动中的力量》,[美]S. 塔罗著,吴庆宏译 23.50 元
56.《斗争的动力》,[美]D. 麦克亚当、S. 塔罗、C. 蒂利著,李义中等译 31.50 元
57.《善的脆弱性》,[美]M. 纳斯鲍姆著,徐向东、陆萌译 55.00 元
58.《弱者的武器》,[美]J. C. 斯科特著,郑广怀等译 82.00 元
59.《图绘》,[美]S. 弗里德曼著,陈丽译 49.00 元

第七批书目

60.《现代悲剧》,[英]R. 威廉斯著,丁尔苏译 45.00 元
61.《论革命》,[美]H. 阿伦特著,陈周旺译 59.00 元
62.《美国精神的封闭》,[美]A. 布卢姆著,战旭英译,冯克利校 89.00 元
63.《浪漫主义的根源》,[英]I. 伯林著,吕梁等译 49.00 元
64.《扭曲的人性之材》,[英]I. 伯林著,岳秀坤译 69.00 元
65.《民族主义思想与殖民地世界》,[美]P. 查特吉著,范慕尤、杨曦译 18.00 元
66.《现代性社会学》,[法]D. 马尔图切利著,姜志辉译 32.00 元
67.《社会政治理论的重构》,[美]R. J. 伯恩斯坦著,黄瑞祺译 72.00 元
68.《以色列与启示》,[美]E. 沃格林著,霍伟岸、叶颖译 128.00 元
69.《城邦的世界》,[美]E. 沃格林著,陈周旺译 85.00 元
70.《历史主义的兴起》,[德]F. 梅尼克著,陆月宏译 48.00 元

第八批书目

71.《环境与历史》,[英]W. 贝纳特、P. 科茨著,包茂红译 25.00 元
72.《人类与自然世界》,[英]K. 托马斯著,宋丽丽译 35.00 元

73.《卢梭问题》,[德]E. 卡西勒著,王春华译 39.00 元
74.《男性气概》,[美]H. C. 曼斯菲尔德著,刘玮译 28.00 元
75.《战争与和平的权利》,[美]R. 塔克著,罗炯等译 25.00 元
76.《谁统治美国》,[美]W. 多姆霍夫著,吕鹏、闻翔译 35.00 元
77.《健康与社会》,[法]M. 德吕勒著,王鲲译 35.00 元
78.《读柏拉图》,[德]T. A. 斯勒扎克著,程炜译 68.00 元
79.《苏联的心灵》,[英]I. 伯林著,潘永强、刘北成译 59.00 元
80.《个人印象》,[英]I. 伯林著,覃学岚译 88.00 元

第九批书目

81.《技术与时间:2. 迷失方向》,[法]B. 斯蒂格勒著,赵和平、印螺译 59.00 元
82.《抗争政治》,[美]C. 蒂利、S. 塔罗著,李义中译 28.00 元
83.《亚当·斯密的政治学》,[英]D. 温奇著,褚平译 21.00 元
84.《怀旧的未来》,[美]S. 博伊姆著,杨德友译 85.00 元
85.《妇女在经济发展中的角色》,[丹]E. 博斯拉普著,陈慧平译 30.00 元
86.《风景与认同》,[美]W. J. 达比著,张箭飞、赵红英译 79.00 元
87.《过去与未来之间》,[美]H. 阿伦特著,王寅丽、张立立译 58.00 元
88.《大西洋的跨越》,[美]D. T. 罗杰斯著,吴万伟译 108.00 元
89.《资本主义的新精神》,[法]L. 博尔坦斯基、E. 希亚佩洛著,高铦译 58.00 元
90.《比较的幽灵》,[美]B. 安德森著,甘会斌译 79.00 元

第十批书目

91.《灾异手记》,[美]E. 科尔伯特著,何恬译 25.00 元

92.《技术与时间:3. 电影的时间与存在之痛的问题》,
[法]B. 斯蒂格勒著,方尔平译 65.00 元
93.《马克思主义与历史学》,[英]S. H. 里格比著,吴英译 78.00 元
94.《学做工》,[英]P. 威利斯著,秘舒、凌旻华译 68.00 元
95.《哲学与治术:1572—1651》,[美]R. 塔克著,韩潮译 45.00 元
96.《认同伦理学》,[美]K. A. 阿皮亚著,张容南译 45.00 元
97.《风景与记忆》,[英]S. 沙玛著,胡淑陈、冯樨译 78.00 元
98.《马基雅维里时刻》,[英]J. G. A. 波考克著,冯克利、傅乾译 108.00 元
99.《未完的对话》,[英]I. 伯林、[波]B. P. -塞古尔斯卡著,
杨德友译 65.00 元
100.《后殖民理性批判》,[印]G. C. 斯皮瓦克著,严蓓雯译 79.00 元

第十一批书目

101.《现代社会想象》,[加]C. 泰勒著,林曼红译 45.00 元
102.《柏拉图与亚里士多德》,[美]E. 沃格林著,刘曙辉译 78.00 元
103.《论个体主义》,[法]L. 迪蒙著,桂裕芳译 30.00 元
104.《根本恶》,[美]R. J. 伯恩斯坦著,王钦、朱康译 78.00 元
105.《这受难的国度》,[美]D. G. 福斯特著,孙宏哲、张聚国译 39.00 元
106.《公民的激情》,[美]S. 克劳斯著,谭安奎译 49.00 元
107.《美国生活中的同化》,[美]M. M. 戈登著,马戎译 58.00 元
108.《风景与权力》,[美]W. J. T. 米切尔著,杨丽、万信琼译 78.00 元
109.《第二人称观点》,[美]S. 达沃尔著,章晟译 69.00 元
110.《性的起源》,[英] F. 达伯霍瓦拉著,杨朗译 85.00 元

第十二批书目

111.《希腊民主的问题》,[法]J. 罗米伊著,高煜译　48.00元
112.《论人权》,[英]J. 格里芬著,徐向东、刘明译　75.00元
113.《柏拉图的伦理学》,[英]T. 埃尔文著,陈玮、刘玮译　118.00元
114.《自由主义与荣誉》,[美]S. 克劳斯著,林垚译　62.00元
115.《法国大革命的文化起源》,[法]R. 夏蒂埃著,洪庆明译　38.00元
116.《对知识的恐惧》,[美]P. 博格西昂著,刘鹏博译　38.00元
117.《修辞术的诞生》,[英]R. 沃迪著,何博超译　59.00元
118.《历史表现中的真理、意义和指称》,[荷]F. 安克斯密特著,周建漳译　58.00元
119.《天下时代》,[美]E. 沃格林著,叶颖译　78.00元
120.《求索秩序》,[美]E. 沃格林著,徐志跃译　48.00元

第十三批书目

121.《美德伦理学》,[新西兰]R. 赫斯特豪斯著,李义天译　68.00元
122.《同情的启蒙》,[美]M. 弗雷泽著,胡靖译　48.00元
123.《图绘暹罗》,[美]T. 威尼差恭著,袁剑译　76.00元
124.《道德的演化》,[新西兰]R. 乔伊斯著,刘鹏博、黄素珍译　65.00元
125.《大屠杀与集体记忆》,[美]P. 诺维克著,王志华译　78.00元
126.《帝国之眼》,[美]M. L. 普拉特著,方杰、方宸译　68.00元
127.《帝国之河》,[美]D. 沃斯特著,侯深译　76.00元
128.《从道德到美德》,[美]M. 斯洛特著,周亮译　58.00元
129.《源自动机的道德》,[美]M. 斯洛特著,韩辰锴译　58.00元
130.《理解海德格尔:范式的转变》,[美]T. 希恩著,邓定译　89.00元

第十四批书目

131.《城邦与灵魂:费拉里〈理想国〉论集》,[美]G. R. F. 费拉里著,刘玮编译 69.00 元
132.《人民主权与德国宪法危机》,[美]P. C. 考威尔著,曹晗蓉、虞维华译 58.00 元
133.《16 和 17 世纪英格兰大众信仰研究》,[英]K. 托马斯著,芮传明、梅剑华译 168.00 元
134.《民族认同》,[英]A. D. 史密斯著,王娟译 55.00 元
135.《世俗主义之乐:我们当下如何生活》,[英]G. 莱文编,赵元译 58.00 元
136.《休谟的人生智慧》,[英]J. 巴吉尼著,杨春丽译 68.00 元
137.《自由意志、能动性与生命的意义》,[美] D. 佩里布姆著,张可译 69.00 元
138.《自由与多元论:以赛亚·伯林思想研究》,[英]G. 克劳德著,应奇等译 58.00 元
139.《暴力:思无所限》,[美]R. J. 伯恩斯坦著,李元来译 59.00 元
140.《中心与边缘:宏观社会学论集》,[美]E. 希尔斯著,甘会斌、余昕译 88.00 元

第十五批书目

141.《自足的世俗社会》,[美]P. 朱克曼著,杨靖译 58.00 元
142.《历史与记忆》,[英]G. 丘比特著,王晨凤译 59.00 元
143.《媒体、国家与民族》,[英]P. 施莱辛格著,林玮译 68.00 元
144.《道德错误论:历史、批判、辩护》,

[瑞典]J. 奥尔松著，周奕李译　58.00 元

145.《废墟上的未来：联合国教科文组织、世界遗产与和平之梦》，[澳]L. 梅斯克尔著，王丹阳、胡牧译　88.00 元

146.《为历史而战》，[法]L. 费弗尔著，高煜译　98.00 元

147.《康德与现代政治哲学》，[英]K. 弗利克舒著，徐向东译　58.00 元

148.《我们中的我：承认理论研究》，[德]A. 霍耐特著，张曦、孙逸凡译　69.00 元

149.《人文学科与公共生活》，[美]P. 布鲁克斯、H. 杰维特编，余婉卉译　52.00 元

150.《美国生活中的反智主义》，[美]R. 霍夫施塔特著，何博超译　68.00 元

第十六批书目

151.《关怀伦理与移情》，[美]M. 斯洛特著，韩玉胜译　48.00 元

152.《形象与象征》，[罗]M. 伊利亚德著，沈珂译　48.00 元

153.《艾希曼审判》，[美]D. 利普斯塔特著，刘颖洁译　49.00 元

154.《现代主义观念论：黑格尔式变奏》，[美]R. B. 皮平著，郭东辉译(即出)

155.《文化绝望的政治：日耳曼意识形态崛起研究》，[美]F. R. 斯特恩著，杨靖译　98.00 元

156.《作为文化现实的未来：全球现状论集》，[印]A. 阿帕杜莱著，周云水、马建福译(即出)

157.《一种思想及其时代：以赛亚·伯林政治思想的发展》，[美]J. L. 彻尼斯著，寿天艺、宋文佳译　88.00 元

158.《人类的领土性：理论与历史》，[美]R. B. 萨克著，袁剑译(即出)

159.《理想的暴政:多元社会中的正义》,[美]G.高斯著,范震亚译(即出)

160.《荒原:一部历史》,[美]V.D.帕尔玛著,梅雪芹等译　88.00元

第十七批书目

161.《浪漫派为什么重要》,[美]P.盖伊著,王燕秋译　49.00元

162.《欧美思想中的自治》,[美]J.T.克洛彭伯格著,褚平译(即出)

163.《冲突中的族群》,[美]D.霍洛维茨著,魏英杰、段海燕译(即出)

164.《八个欧洲中心主义历史学家》,[美]J.M.布劳特著,杨卫东译(即出)

165.《记忆之地,悼念之地》,[美]J.温特著,王红利译(即出)

166.《20世纪的战争与纪念》,[美]J.温特著,吴霞译(即出)

167.《病态社会》,[美]R.B.埃杰顿著,杨靖、杨依依译(即出)

168.《种族与文化的少数群体》,[美]G.E.辛普森、J.M.英格尔著,马戎、王凡妹等译(即出)

169.《美国城市新主张》,R.H.普拉特著,周允程译(即出)

170.《五种官能》,[法]M.塞尔著,徐明译(即出)